Touring Atlas

FolyMaps

AF648306

ITALIEN NORD

Südtirol • Dolomiten • Trentino • Gardasee
Friaul • Venetien • Lombardei • Aostatal
Piemont • Ligurien

LEGENDE

- 45 24 Autobahn mit Nummer und Anschlussstelle
- 471 4- oder mehrspurige Schnellstraße mit Nummer und Anschlussstelle
- Fernstraße
- 16 % Wichtige Hauptstraße, Steigung in Prozent
- XII-II Hauptstraße, Mautstelle, Wintersperre
- Nebenstraße, Pass, Straße gesperrt
- Autofähre
- Autoverladebahnhof
- ICE IC/EC ICE/IC/EC Bahnhof
- Autobahn- Tankstelle, Raststätte, mit Motel, Autohof
- Sehenswürdigkeiten
- Internationaler Flughafen
- Flughafen

IMPRESSUM

1. Auflage Juni 2018 | © 2018

HERAUSGEBER
TVV Touristik-Verlag GmbH | Werner Henschel Str. 2 | D-34233 Fuldatal-Ihringshausen
Tel.: +49 - (0) 561/400 85 - 0 | Fax: +49 - (0) 561/400 85 - 21
info@bikerbetten.de | www.bikerbetten.de
Vertretungsberechtigter Geschäftsführer: Peter Schmitz
Registergericht: Kassel | Registernummer: 13254
Umsatzsteuer-Identifikationsnummer gemäß § 27 a Umsatzsteuergesetz: DE813611060

REDAKTION Stephan Fennel
UMSCHLAGGESTALTUNG TVV Touristik-Verlag GmbH
PRODUKTION TVV Touristik-Verlag GmbH
KARTENBASIS © Kunth Verlag GmbH & Co. KG

BLATTSCHNITTKARTE 123map; Daten: OpenStreetMap; Lizenz ODbL 1.0

Die GPS-Daten gibt es zum kostenlosen Download auf www.bikerbetten.de

ISBN 978-3-937063-58-4

Am Pordoijoch in den Dolomiten

© gulrich - Fotolia.com

INHALT

Blattschnitt

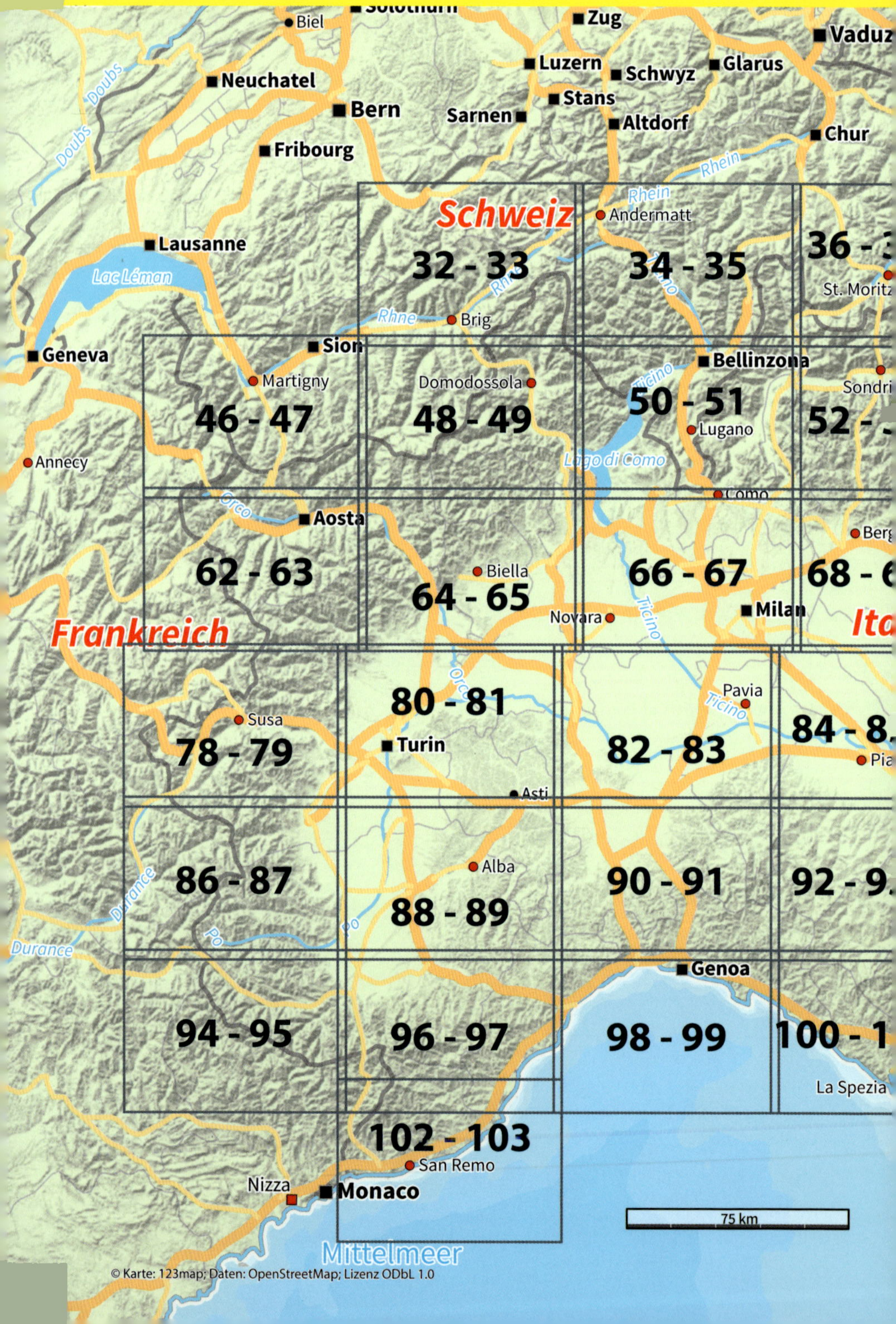

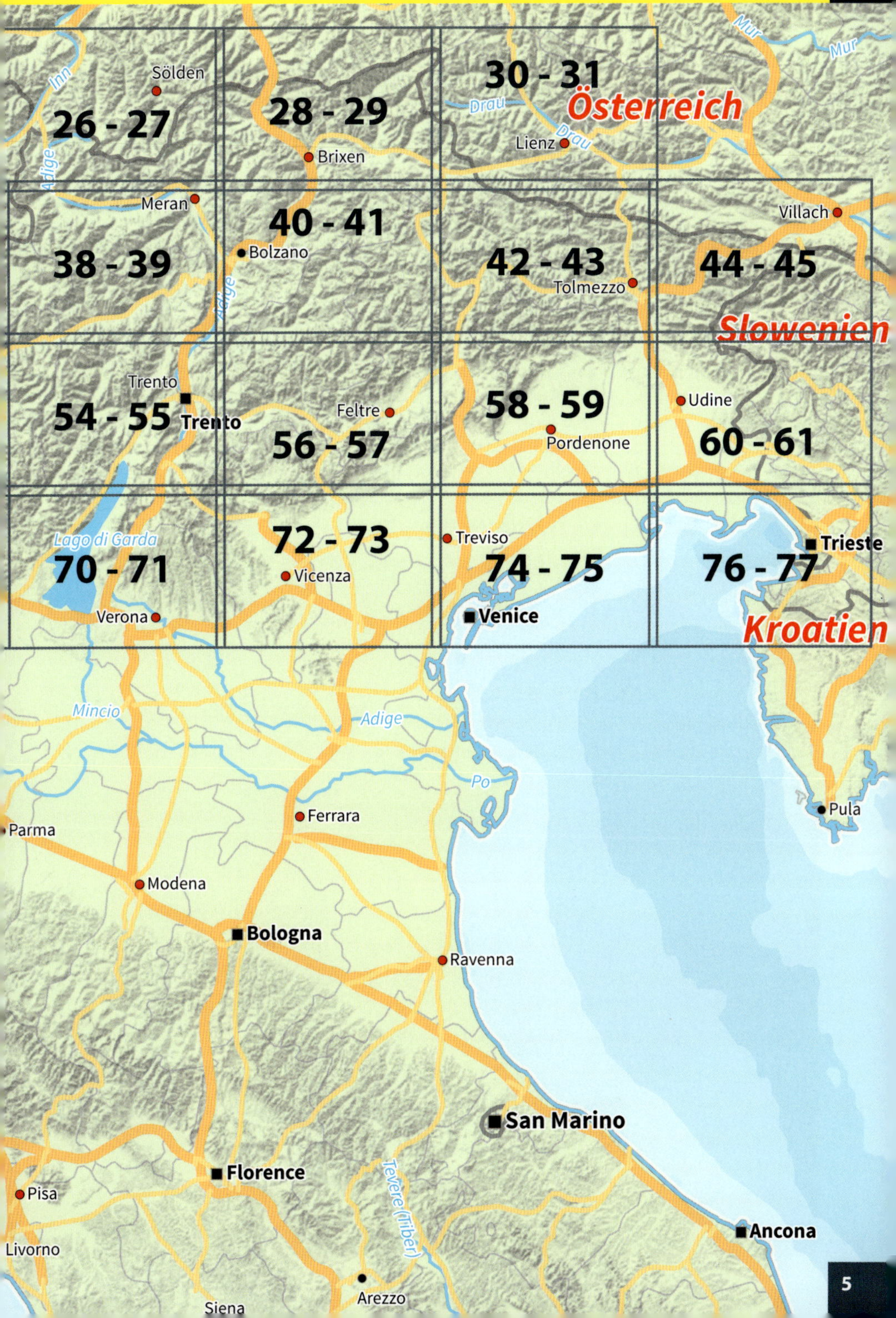
26 - 27
28 - 29
30 - 31
38 - 39
40 - 41
42 - 43
44 - 45
54 - 55
56 - 57
58 - 59
60 - 61
70 - 71
72 - 73
74 - 75
76 - 77
Österreich
Slowenien
Kroatien
Inn
Sölden
Adige
Brixen
Drau
Lienz
Mur
Meran
Bolzano
Villach
Tolmezzo
Trento
Trento
Feltre
Pordenone
Udine
Lago di Garda
Verona
Vicenza
Treviso
Venice
Trieste
Mincio
Adige
Po
Ferrara
Parma
Modena
Bologna
Ravenna
Pula
San Marino
Florence
Pisa
Livorno
Tevere (Tiber)
Ancona
Arezzo
Siena

Nigerpass: Südtirols Hauptstadt Bozen wird nach Osten verlassen. Nur wenig später geht es schon aus dem Eisacktal hinaus. Die Westrampe des Niger verläuft über Tiers extrem steil mit Steigungen um 20 Prozent. Vom 1688 Meter hohen Scheitel bis zum Anschluss an den Karerpass bleibt man auf der Höhenlage, kann sich dafür aber umso mehr an sensationellen Ausblicken auf den Gebirgszug Rosengarten erfreuen.

Lavazejoch/Jochgrimm: Statt über die Hauptstraße führt diese Route nun „über die Dörfer". An Obereggen und Rauth vorbei geht es hinauf zum 1805 Meter hohen Lavazejoch. Wer im Anschluss auf das 1989 Meter hohe Jochgrimm fahren möchte, muss nach der Passhöhe leider wieder umkehren. Die Weiterfahrt ist mit Schranke gesperrt. Stattdessen geht es über die Lavazestraße nach Cavalese hinab.

Mendelpass: Bei Auer ist auf dieser Runde das Etschtal erreicht. Vorbei am Kalterer See zweigt die Route in Kaltern zum Mendelpass ab. Dessen weit geschwungene Kehren sind eine beliebte Motorradstrecke. Vor allem an Wochenenden ist hier Vorsicht walten zu lassen: Mit 1363 Metern ist der Pass nicht besonders hoch, aber sehr fahraktiv.

Gampenjoch: Über Fondo und Tret steuert der weitere Verlauf der Tour aufs Gampenjoch zu. Die Strecke liegt meist in bewaldetem Gebiet. Erst nach dem 1518 Meter hoch gelegenen Scheitel öffnen sich an der kurvenreicheren Nordrampe Ausblicke aufs Etschtal.

Bozen: Von Meran wird Südtirols Hauptstadt über eine sehenswerte Nebenstrecke angefahren, die über Hafling und Mölten nach Terlan führt. Wer mag, kann noch Schloss Sigmundskron, eines der Messner-Museen, besichtigen.

ROADBOOK ca. 215 km
Bozen – Blumau – Tiers – Nigerpass – Karersee –Obereggen – Lavazejoch – Jochgrimm – Auer – Kaltern – Mendelpass – Fondo – Gampenjoch – Lana – Meran – Hafling – Terlan – Bozen
MERAN MERANO
BOZEN BOLZANO
BRIXEN
Cavalese
Moena
Predazzo
Lavis
Baselga di Pinè

Passo di Giau: Für einen Dolomitenpass ist am Giau geradezu verkehrsarme Zone. Es sei denn, die Sonne lacht und es ist Ferragosta. Ansonsten kann man die 55 tollen Kehren in aller Ruhe genießen. Aber Vorsicht: Hier wird gerne das Tempolimit überprüft. Dazu wurden zwei stationäre Blitzer installiert, die aber nicht im Dauerbetrieb sind. Versöhnlich stimmt auf jeden Fall der Blick auf Sellastock und Marmolada – so das Wetter mitspielt. Allzu gerne ist der 2 233 Meter hohe Pass nämlich wolkenverhangen.

Forcella Staulanza: Am 1766 Meter hoch gelegenen Scheitelpunkt bietet sich ein wahrlich spektakulärer Blick auf einer der höchsten Dolomitengipfel, den 3168 Meter messenden Monte Pelmo. Einen nur kurzen Fußmarsch vom Pass-Parkplatz entfernt bieten – zumindest während der Saison – einige Almkäsereien ihre schmackhaften Erzeugnisse an.

Passo Cibiana: Von Forno die Zoldo verläuft die Strecke über den 1536 Meter hohen Pass weitgehend in dichter Bewaldung nach Venas di Cadore. Den Reiz macht hier eindeutig der Kurvenreichtum dieses Teilstücks aus. Im gleichnamigen Ort machen einige hübsche Wandmalereien auf sich aufmerksam.

Passo Duran: Er bietet immer wieder einen flotten Serpentinenritt, egal in welche Richtung. Dabei ist der Duran nur 1601 Meter hoch, wird aber gut in Schuss gehalten. Einige schmale Stellen mahnen zu Vorsicht.

Passo di Falzarego: Auf dieser Tour empfehlen wir, den 2110 Meter hohen Übergang als Tagesabschluss von Süden her anzufahren. Da lassen sich die Kehren genießen. Und hinab nach Cortina dieser einmalige Ausblick…!

ROADBOOK ca. 200 km
Cortina d'Ampezzo – Passo di Giau – Selva di Cadore – Forcella Staulanza – Forno di Zoldo – Longarone – Pieve di Cadore – Passo Cibiana – Passo Duran – Agordo – Passo di Falzarego – Cortina
CORTINA d'Ampezzo
Passo di Falzárego
Große Dolomitenstr.
Passo di Giau 2233
Selva di Cadore
Forcella Staulanza 1773
Alleghe
M. Civetta 3220
M. Pelmo 3168
Antelao 3263
Forno di Zoldo
Passo Duran 1601
Ágordo
Longarone
Calalzo di Cadore
Pieve di
Pso. Cibiana 1530
MMM Dolomites
Gruppo del Cristallo
Gruppo delle Marmarole
Valle d'Ampezzo
Valle di Zoldo
Canale di Ágordo
Riserva Nat. M. Pelmo-Mondeval-Passo Giau
Parco Naturale delle Dolomiti d'Ampezzo
Parco Nazionale delle Dolomiti Bellunesi
Tofana di Mezzo 3224
Ponte n. Alpi

Tolmezzo: Unbedingt zu empfehlen ist eine Besichtigung des Doms. Außen eher schlicht, ist er im Inneren von typisch alpiner Kirchenpracht. Die Deckengemälde und das Bild am Hochaltar sind von beeindruckender Schönheit.

Passo di Tanamea: Vorbei am Lago di Canazzo geht es über Bordano nach Tarcento. Dort zweigt eine bis vor wenigen Jahren noch teilasphaltierte Straße ab, die überaus verkehrsarm bis nach Slowenien führt. Mittlerweile ist der Belag durchgehend asphaltiert und auch zumeist in gutem Zustand. Der Pass erreicht 851 Höhenmeter. Nach der Grenze bietet sich ein Stopp in Bovec an, das sich als Aktivsportzentrum am Triglav Nationalpark etabliert hat.

Mangartstraße: Wer gleich zurück ins Friaul möchte, muss den Vršič-Sattel auslassen. Kurz vor der Grenze zu Italien und dem Predil Pass geht rechterhand ein Weg zum Mangart. Die mautpflichtige Straße (fünf Euro, wenn das Kassenhäuschen mal besetzt ist) führt auf 2055 Meter an den Gipfel des Mangart heran und ist die höchste Straße Sloweniens. Einen kleinen Fußmarsch zur Klanska Škrbina (der Lahnscharte) sollten nur Schwindelfreie unternehmen. Hier geht es mehrere hundert Meter steil in die Tiefe.

Passo del Predil: Verkehrsarm geht es auch über diesen Grenzpass in 1156 Metern Höhe. Die Region war in mehreren Kriegen, vor allem im Ersten Weltkrieg, stark umkämpft. Davon zeugen heute noch Mahnmale sowie Bunker- und Befestigungsanlagen.

Sella Nevea: Nach einer eher ruhigen Anfahrt möchte man vor allem das rund um ein Skigebiet entstandene Hoteldorf am Scheitel schnell hinter sich lassen. Dazu eignen sich die knackigen Kehren der Westrampe nur zu gut.

© Mike Mareen - Fotolia.com

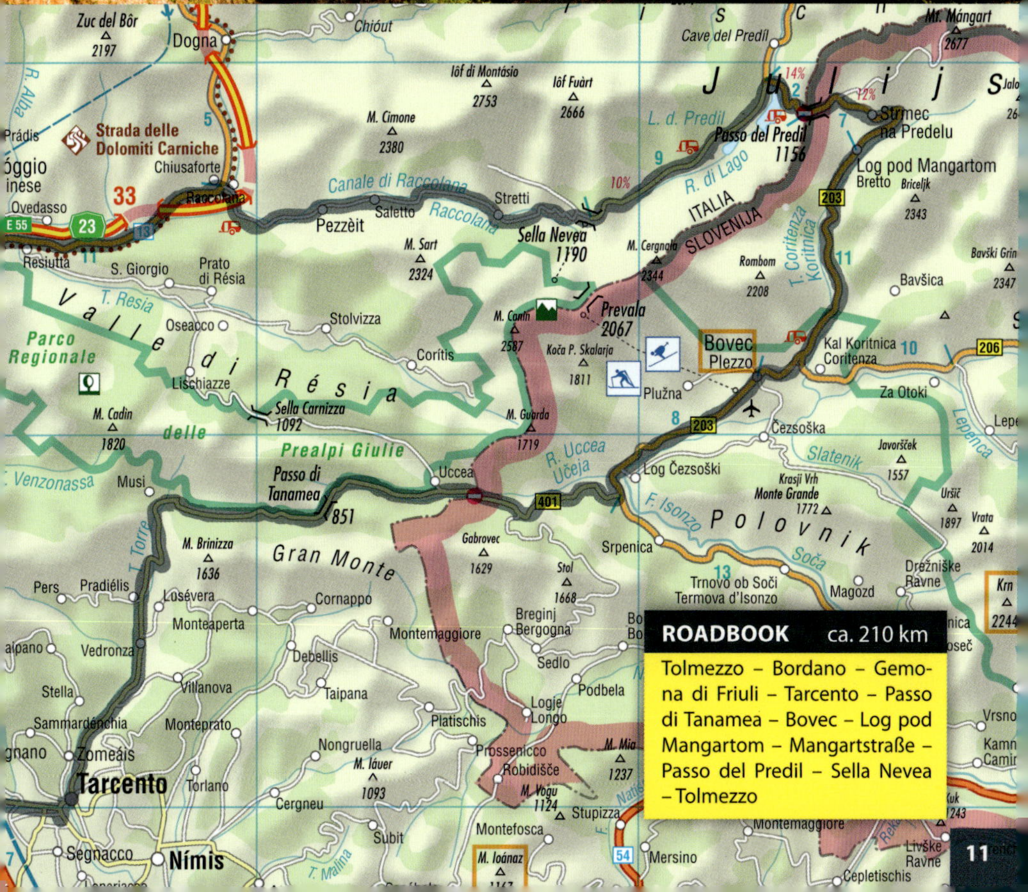

ROADBOOK ca. 210 km

Tolmezzo – Bordano – Gemona di Friuli – Tarcento – Passo di Tanamea – Bovec – Log pod Mangartom – Mangartstraße – Passo del Predil – Sella Nevea – Tolmezzo

Monte Baldo: Der 30 Kilometer lange Bergrücken an der Ostseite des Gardasees ist mit seinen fünf bis auf mehr als 2200 Meter ansteigenden Spitzen in weiten Teilen für das einzigartige Panorama an diesem beliebten Reiseziel verantwortlich. Von Bretonico aus gibt es zwei Möglichkeiten der Durchfahrt: zum einen über die kurvenreiche, tiefer gelegene Strecke, die über den Passo Pozza di Cola zum Cavallo di Novezza führt, zum anderen über die Monte Baldo Höhenstraße. Die steigt am Bocca di Creer auf über 1600 Meter an und vereint sich am 1433 Meter hohen Cavallo di Novezza wieder mit der Hauptroute.

Cavallo di Novezza: Der tollen Kurvenhatz, die sich auf der Südrampe des Passes bietet, darf man getrost mal Einhalt gebieten. Dazu ist ein Abstecher nach Madonna della Corona bestens geeignet. Die Wallfahrtskirche schwebt zwischen Himmel und Erde, versteckt im Herzen der Felsen des Monte Baldo.

Verona: Was für ein historisches Monument diese Stadt doch ist. Viel zu schön, als dass man sie auslassen könnte. Das Amphitheater ist gewaltig. Außerdem nahm hier die Geschichte von Romeo und Julia ihren tragischen Verlauf.

Passo Pian di Fugazze: Nördlich von Verona liegen die wunderschönen Monte Lessini. Sie wollen ebenso wie der Passo Xon auf dem Weg zum 1162 Meter hohen Scheitel des Fugazze überquert werden. Der belohnt Fahrer mit toll ausgebauten Kehren und Traumausblicken.

Rovereto: Vor der Rückkehr an den Gardasee lockt noch die schönste Stadt des Trentino. Das Museum für moderne Kunst MART ist dabei ebenso einen Besuch wert wie das Schloss oder die Plätze der Altstadt.

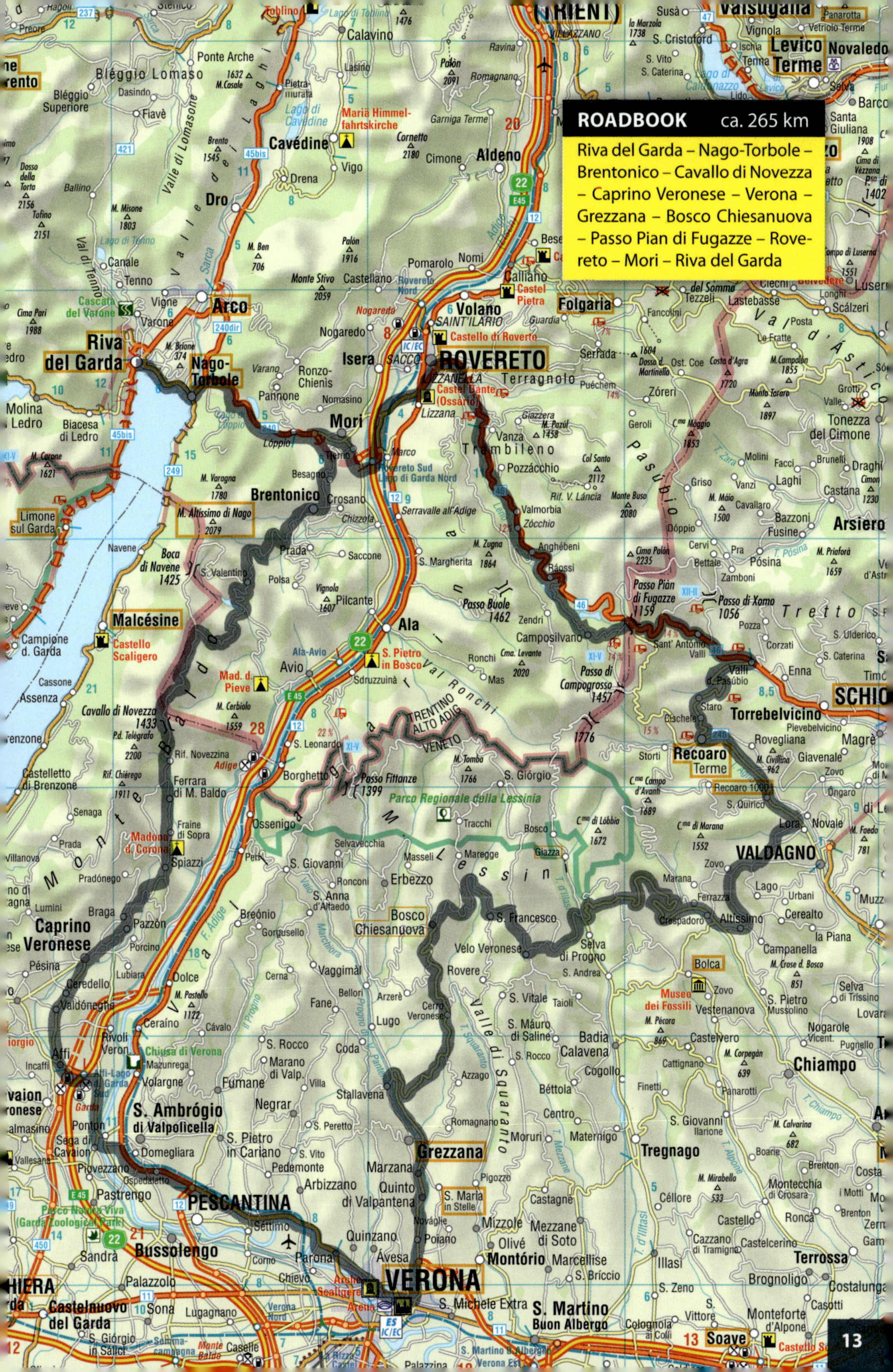

ROADBOOK ca. 265 km
Riva del Garda – Nago-Torbole – Brentonico – Cavallo di Novezza – Caprino Veronese – Verona – Grezzana – Bosco Chiesanuova – Passo Pian di Fugazze – Rovereto – Mori – Riva del Garda
Riva del Garda
Nago-Torbole
Arco
Mori
Brentonico
ROVERETO
Folgaria
Ala
Avio
Malcésine
Caprino Veronese
Cavallo di Novezza
Bosco Chiesanuova
Grezzana
VERONA
PESCANTINA
Bussolengo
S. Ambrógio di Valpolicella
Passo Pian di Fugazze
Recoaro Terme
VALDAGNO
Torrebelvicino
SCHIO
Chiampo
Bolca
Soave
Levico Terme
Parco Regionale della Lessinia

Lago di Ledro: Von Riva aus muss man heute leider die neue Route durch den langen Tunnel nehmen. Die alte, schöne Hangstraße ist offiziell gesperrt. Im See wurden bei einer Absenkung des Wasserspiegels Überreste von Pfahlbauten aus der Bronzezeit entdeckt. Ein kleines Museum in Molina klärt darüber ansehnlich auf.

Passo di Croce Domini: Die Ostrampe des 1892 Meter hohen Passes weist im letzten Drittel ein ansehnliches Kurvenwerk auf. An der Passhöhe steht ein Rifugio, das sich über die Jahre zum Bikertreff entwickelt hat. Den spannenderen Teil des Passes sollte nur befahren, wer losen Untergrund nicht scheut. Dieser ist auf dem Weg zum Maniva zwar mit jeder Art Motorrad zu meistern, kann sich bei Nässe aber zu einem echten Hindernis mausern.

Giogo del Maniva: Das Verbindungsstück zum Maniva ist die Tre-Valli-Höhenstraße, die noch zwei weitere Hochpunkte mit bis zu 2129 Metern überwindet, bevor sie westlich des 1664 Meter hohen Scheitels nach Collio abknickt.

Lago d'Idro: An der Mella entlang, die durch das Val Trompo fließt, geht es nach Tavernole sul Mella. Dort zweigt die Route über den 954 Meter hohen Passo del Termine zum Idrosee ab. Der Naturstausee wird im Sommer um 25 Grad warm und neben Freizeitaktivitäten auch seit Jahrhunderten zum Fischfang genutzt.

Gargnano: In Gargnano trifft die Route wieder auf den Gardasee. Über die am Westufer verlaufende Gardesana Occidentale geht es zurück nach Riva. Wer noch Lust auf ein spektakuläres Bögelchen hat, zweigt bei Piovere über die SP38 steil in die Berge ab. Die Straße führt ab Vesio, dann als SP115, wieder zurück an den See.

ROADBOOK ca. 210 km

Riva del Garda – Molina di Ledro – Lago di Ledro – Storo – Bagolino – Passo di Croce Domini – Gigog del Maniva – Collio – Bovegno – Passo del Termine – Idro/ Lago d'Idro – Gargnano – Riva

Luino: Nach dem Start in Arona nimmt sich diese Tour zunächst einmal das östliche, zur Provinz Lombardei gehörende Ufer des Lago Maggiore vor. In Luino sollte man sich unbedingt Zeit für einen Spaziergang an der mit uraltem Platanenbestand gesäumten Uferpromenade nehmen. Ist man zufällig an einem Mittwoch hier, lässt sich einer der ältesten, buntesten und beliebtesten Wochenmärkte dieser Region erleben. Seit Mitte des 16. Jahrhunderts abgehalten, ziehen die gut 350 Stände massenhaft Besucher an.

Porto Ceresio: Die Gemeinde liegt an einer kleinen Bucht des Luganer Sees und bietet schöne Ausblicke auf die Schweizer Seite.

Mendrisio: Der Ort hat sich als internationales Kompetenzzentrum für Elektrofahrzeuge weltweit einen Namen gemacht. Tourenfahrer interessieren sich mehr fürs Umland, das Medrisiotto, und seine kleinen, feinen Bergstrecken.

Bellagio: Schon seit Jahrhunderten ist der Ort wegen seiner pittoresken Lage ein Anziehungspunkt für Prominenz aus Politik, Wirtschaft, Kunst und Kultur. Hier gibt es einige prächtige Villen zu bestaunen. Die exponierte Lage am Comer See bietet zudem einige Zu- und Abfahrtmöglichkeiten, nicht zuletzt über die Uferstraße von Como nach Lecco.

Mandello del Lario: Wer sich für Motorradgeschichte interessiert, kommt um einen Besuch im Museo Moto Guzzi nicht vorbei. Hier wird die ruhmreiche Geschichte der bekannten italienischen Marke aufgearbeitet. Das große Werksgelände mit dem ersten im Motorradbau verwendeten Windkanal sieht leider etwas verlassen aus. Dabei werden alle aktuellen Moto Guzzi-Modelle hier zumindest noch endmontiert.

ROADBOOK ca. 180 km

Arona – Besozzo – Laveno – Luino – Ponte Tresa – Porto Ceresio – Mendrisio – Cabbio – Vacallo – Como – Nesso – Bellagio – Onno – Lecco – Mandello del Lario

Colle del Nivolet: Von Aosta aus kommend muss man sich erst durch das Verkehrschaos im zugestopften Aostatal nach Ivrea kämpfen, um in den Genuss einer der abgelegensten, aber auch lohnensten Alpenstraßen hinauf zu diesem 2612 Meter hohen Pass zu kommen. Den Ausbau der eigentlich vorgesehenen Trassierung ins nördlich gelegene Valsavarenche – und damit direkt nach Aosta – hat man zugunsten des Gran Paradiso Nationalparks aufgegeben. Stattdessen wurde die Durchfahrt mit einer Schranke versperrt. Von der Passhöhe bietet sich ein grandioser Blick auf einige der schönsten Dreitausender der Alpen und ein paar bemerkenswerte Seen.

Valle di Locana: Nach dem Aostatal ist die Zu- und Rückfahrt zum Niviolet durch dieses Tal Entspannung pur. Es bieten sich ein paar Abzweige zu weiteren sehenswerten Naturschauspielen an, die aber allesamt als Stichstraßen ausgeführt sind.

Lago di Teleccio: Das gilt auch für die Zufahrt zu diesem auf 1971 Metern gelegenen Stausee. Die Straße ist auf ihren 14 Kilometern von Rosone aus schmal und sehr wenig befahren, wird deshalb aber auch vernachlässigt und präsentiert sich in einem nur mäßigen Zustand. Der Blick über den See auf die dahinter liegenden Berge ist allerdings unbezahlbar.

Pont Canavese: Das kleine Bergdorf wird von einer prächtigen Kirche gekrönt und bietet Durchreisenden auf dem Weg zum oder vom Nivolet in seinen Gassen Gelegenheit zu einer Pause in einem der Cafés oder Restaurants.

Ivrea: Seit über 2 000 Jahren siedeln hier schon Menschen. Der einst bekannte Büromaschinenhersteller Olivetti wurde hier gegründet. Als ruhiges Etappenziel außerhalb Turins gut geeignet.

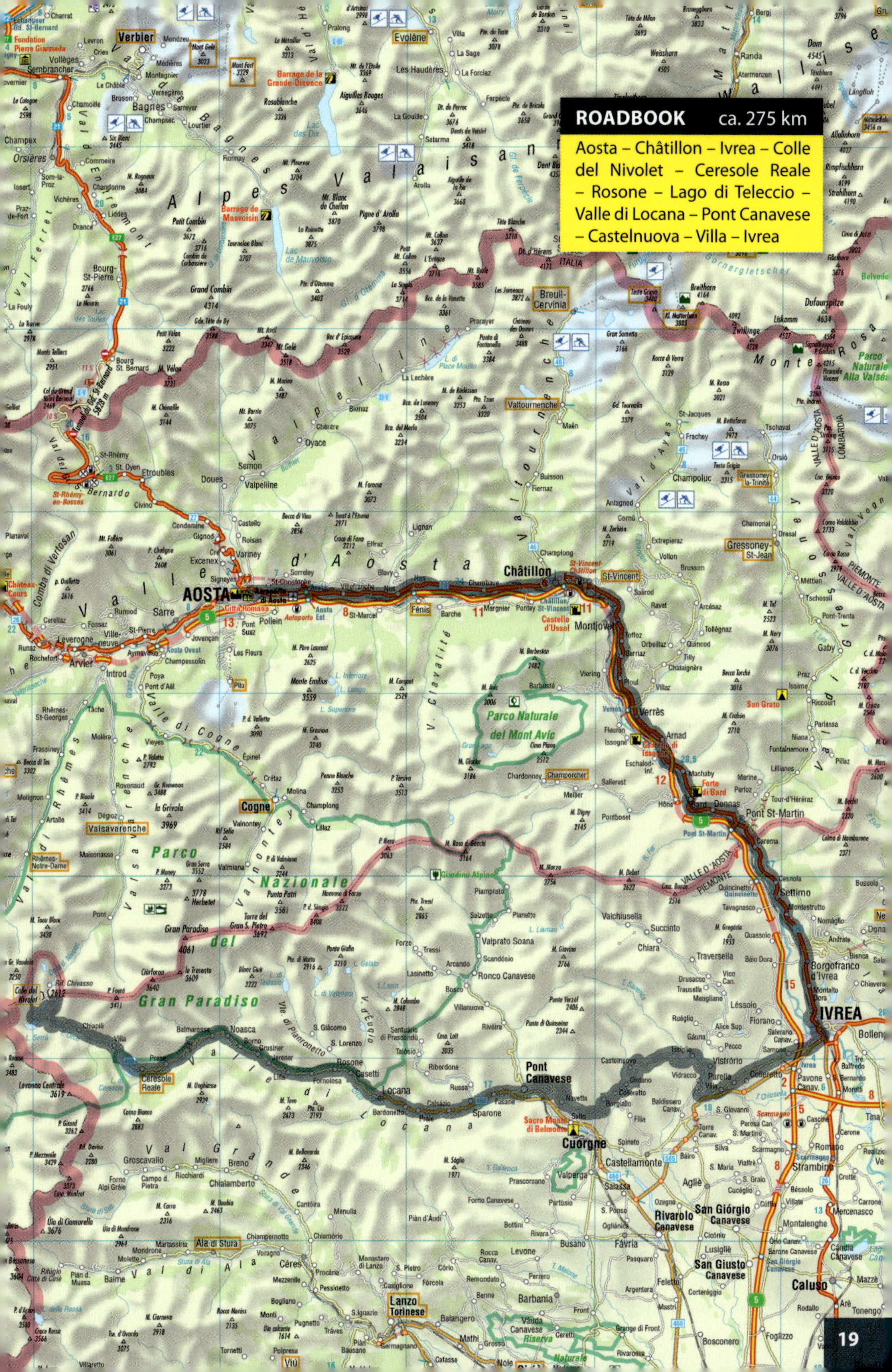
ROADBOOK ca. 275 km
Aosta – Châtillon – Ivrea – Colle del Nivolet – Ceresole Reale – Rosone – Lago di Teleccio – Valle di Locana – Pont Canavese – Castelnuova – Villa – Ivrea
AOSTA
Châtillon
IVREA
Pont Canavese
Cuorgnè
Parco Naturale del Mont Avic
Parco Nazionale del Gran Paradiso
Alpes Valaisannes

Passo Ghimbegna: Nach dem Tourstart in Ventimiglia geht es zunächst über Dolceacqua nach Apricale. Hier zweigt die Südwestrampe des knapp 900 Meter hohen Passes ab. Der Scheitel ist Kreuzungspunkt mehrerer Straßen, die weitere kurvenreiche Alternativen zu unserer Route bereit halten.

Colle San Bartolomeo: Nachdem im weiteren Verlauf der Tour die 1000 Meter-Marke schon mal erreicht war, ist dieser Pass auf „nur" noch 620 Metern angesiedelt. Er liegt an der alten Bergstraße vom Küstenort Imperia nach Pieve di Teco. Wer heute über den schmalen Pfad mit seinen engen Kurven steuert weiß, warum die neue SS28 als begradigte Verbindung durch zahlreiche Tunnel geführt wird. Positiver Nebeneffekt: Es herrscht kaum Verkehr.

Colle di Nava: Ein Stück weit muss auch unsere Tour über die Hauptstraße SS28 führen. Dabei wird dieser dem Verkehrsaufkommen entsprechend gut ausgebaute Pass auf 941 Metern Höhe genommen. Kurz hinter dem Scheitel folgt dann aber schon der Abzweig auf die nächste einsame Strecke, die acht Kilometer weiter auch den nächsten Pass bereit hält.

Colla San Bernardo: Ein weiterer, nach dem Heiligen Bernhard benannter Pass. Und dazu weitgehend unbekannt. Jedenfalls ist er mit seinen doch für hiesige Verhältnisse schon imposanten 1216 Höhenmetern kaum irgendwo beschrieben. Dabei liegt er immerhin an der Provinzstraße 1.

Colle di Langan: An der 1127 Meter hoch gelegenen Passhöhe zweigt die südliche Zufahrt zur Ligurischen Grenzkammstraße ab. Der Pass selbst hat in den letzten Jahren sehr gelitten und weist einige Abschnitte auf, die zu Vorsicht mahnen.

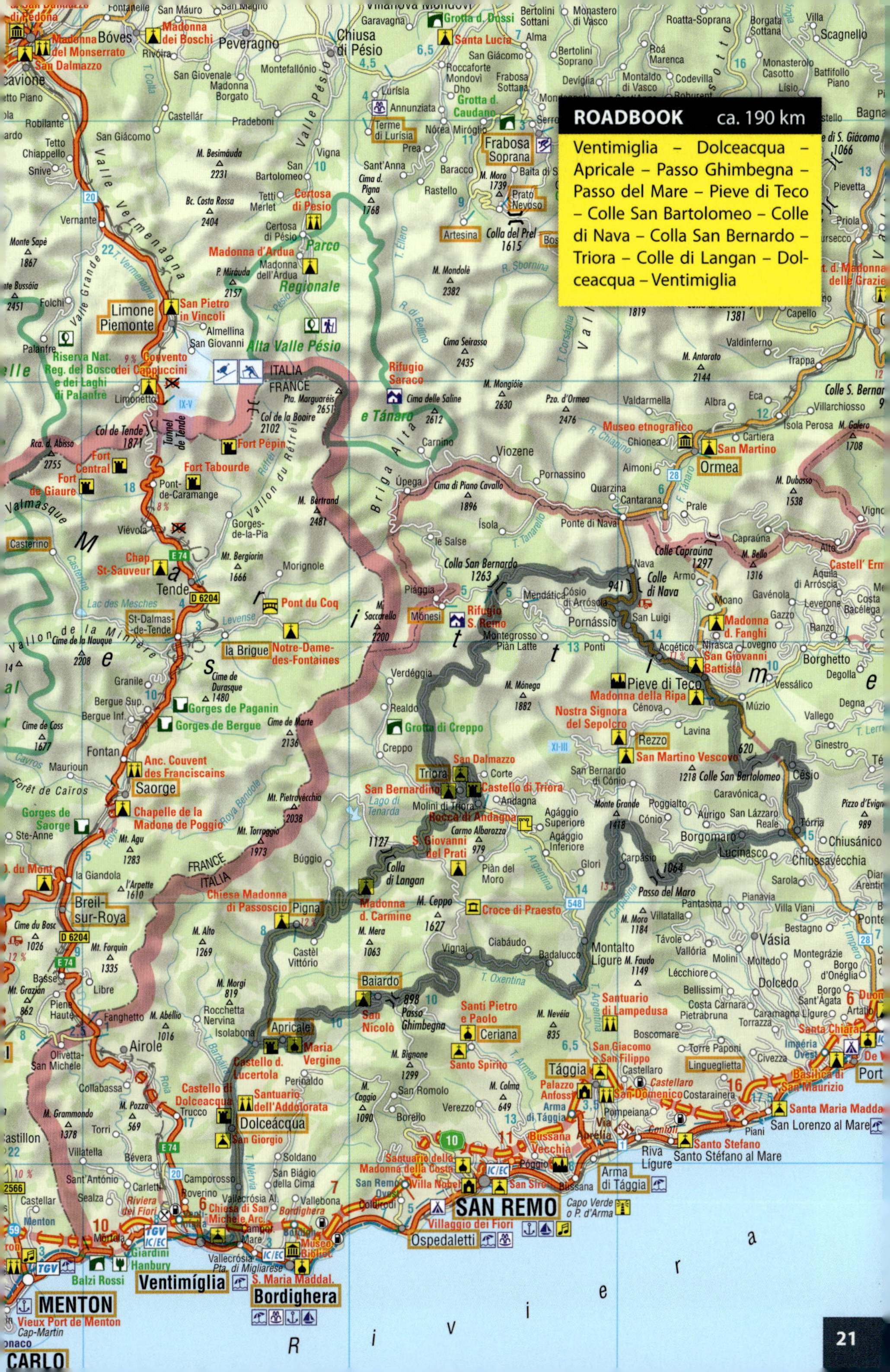
ROADBOOK ca. 190 km
Ventimiglia – Dolceacqua – Apricale – Passo Ghimbegna – Passo del Mare – Pieve di Teco – Colle San Bartolomeo – Colle di Nava – Colla San Bernardo – Triora – Colle di Langan – Dolceacqua – Ventimiglia
Limone Piemonte
Tende
la Brigue
Saorge
Breil-sur-Roya
Ormea
Pieve di Teco
Triora
Pigna
Apricale
Dolceácqua
Baiardo
Ceriana
Tággia
SAN REMO
Ospedaletti
Ventimíglia
Bordighera
MENTON
Colle di Nava
Colle S. Bartolomeo
Passo del Maro
Colla San Bernardo
Colla di Langan
Passo Ghimbegna
ITALIA
FRANCE
Riviera

Lago del Brugneto: Von Genua aus führt die Tour gleich mal ins Hinterland, weg von der Küste. Bei Cicagna zweigt die Route auf kleine, schmale Pfade ab, die bis nach Montebruno führen. Von hier aus drehen wir eine Runde um den malerisch gelegenen See, der erst 1959 aufgestaut wurde und der Wasserversorgung Genuas dient.

Passo di Fregarolo: Wie fast alle Übergänge in Ligurien, liegt auch dieser Pass weitgehend in stark bewaldetem Gebiet. Fahrerisch reizvoll ist er dennoch, wenn man aus dem stillen, beschaulichen Val Trebbia auf knapp über 1200 Meter ansteigt. Damit zählt der Pass zu den höchsten Liguriens.

Passo del Tomarlo: Nordöstlich von Santo Stefano d'Aveto erhebt sich der 1804 Meter hohe Monte Maggiorasca und markiert hier die Grenze zur Emilia Romagna. Und der südlich vorbeiführende Pass darf sich immerhin mit 1494 Höhenmetern schmücken.

Passo del Romezzano: Mitten im Naturpark Aveto, schließt sich auf der weithin einsamen und schmalen Kammstraße dieser 1399 Meter hoch gelegene Pass seinem Vorgänger direkt an. Just an dem Abzweig, an dem unsere Route noch tiefer in die Nachbarprovinz eindringt, nimmt man dann auch noch den etwas unscheinbaren, aber 1458 Meter hohen Passo di Chiodo mit.

Passo del Bocco: Mit Überwindung seiner 956 Höhenmeter kehrt die Route nach Ligurien zurück und begrüßt Tourenfahrer mit einem feinen Kurvenlabyrinth bis fast hinab ans Meer.

Lavagna: Der Badeort und sein imposanter Yachthafen sind ein perfektes Etappenziel. Hier lässt sich das italienische „Dolce Vita" besonders gut genießen, etwa bei schmackhaften Speisen am Meer.

ROADBOOK ca. 210 km

Genova – Cicagna – Montebruno – Lago del Brugneto – Passo di Fregarolo – Passo del Tomarlo – Passo del Romezzano – Passo del Bocco – Borgonovo Ligure – Lavagna

La Spezia: Die Provinzhauptstadt am östlichen Ende der Riviera di Levante ist nur wenige Kilometer von der Regionalgrenze zur Toskana entfernt. Die einzigartige Lage an einer geschützten Bucht, hinter der auch gleich die ersten Gebirgszüge aufsteigen, prädestinierten den Ort früh als aufstrebende Hafenstadt. Obwohl im Zweiten Weltkrieg stark zerstört, sind die Altstadt und einige Paläste bis heute ein Besuchermagnet, darunter auch das Castello San Giorgio. Außerdem gibt es mehr als eine Handvoll attraktiver Museen mit Kunstausstellungen von Rang oder auch das Marinetechnikmuseum. In den engen Bergen hinter der Stadt müssen sich zwei Autobahnen den Platz mit Haupt- und Nebenstraßen teilen. Aber so kommt man wenigstens schnell aus dem dicht besiedelten Zentrum in die Ausläufer des toskanischen Apennin.

Pontremoli: Das hübsche, toskanische Städtchen, das sich am Verlauf des Magna entlang schlängelt, gilt als das westliche Tor zum Apennin-Gebirge.

Passo di Cirone: Der Pass ist auf 1255 Metern Höhe einer der Zugänge in den Nationalpark Toskanisch-Emilianischer Apennin. In der Umgebung gibt es noch einige weitere Pässe, allesamt wenig befahren, da für den Durchgangsverkehr uninteressant. Das hat aber auch eine gewisse Vernachlässigung zur Folge. Nach Erdrutschen ist der Pass oft und länger gesperrt.

Passo di Lagastrello: Die Rückkehr unserer Route ans Meer erfolgt über den sehr fahraktiven Pass mit 1200 Höhenmetern.

Nationalpark Apennin: Das Schutzgebiet erstreckt sich grenzübergreifend über zwei Regionen und ist die Heimat des berühmten Käses Parmigiano-Reggiano.

ROADBOOK ca. 220 km

La Spezia – Aulla – Pontremoli – Passo di Cirone – Corniglio – Pastorello – Lagrimone – Palanzano – Passo di Lagastrello – Ceserano – Fosdinovo – La Spezia

LANDECK
Zams
Schonwies
Brennwald
Ober-Leins
Unter-Leins
Wenns
Zamserberg
Lahnbach
Oberinntal
Matzlewald
Jerzens
Graslehn
Taschen
Piller
1349
Glander-spitz
2513
Venet
Liebfrauenkirche
Schloss Landeck
Stanz bei Landeck
Grins
Landeck West
Pians
Flirsch
Lache
Schnann
Strengen
Brunnen
Tobadill
Trisanna-brücke
Parseiersp.
3036
Vorderseesp.
2889
Eisensp.
2859
Rauher K.
2811
2461
Hoher Riffler
3168
Grossgfallkopf
2639
Pezinersp.
2550
Seekopf
2850
Fließ
Urgen
Fassern
Runserau
Fuchsmoos
Puschlin
Falpaus
Aifenspitze
2566
Wiesle
Ritzenried
Zaunhof
Köpfle
2836
Schalen-Berg
2947
Kauns
Faggen
Kaunerberg
Entbruck
Ladis
Prutz
Fendels
Fiss
Schönjöchl
2493
Serfauser-Feld
Serfaus
Ried im Oberinntal
Hohlenegg
Nufels
Boden
Vergötschen
Mühlbach
Wallfahrtsj.
2770
Roter Schrofen
2704
Kaunertal
Feichten
Grasse
Genden
See
Neder
Unter-bichl
Seß-lebne
Perpat
Oberhaus
Labebne
Habigen
Kappl
Lochau
Grübletal
Visnitztal
Stillegg
2670
Furgler
3004
Vord. Kreuzj.
2845
Karlessp.
2858
2853
Hint. Kreuzj.
3035
Hexenkopf
Steinbrücken
Tösens
Schöneck
Stein
Lafairs
Birkach
Boden
Alter Mann
2883
Kupphof
Rifen
Am See
Watzespitze
3533
Grübelek.
2894
ÖSTERREICH
SCHWEIZ
Kreuzjoch
2698
Stuben
Pfunds
Frudiger-Joch
2150
Blaue Wand
2468
Pfroslkopf
3148
Glockhaus
3101
Löcherkogel
3326
Compatsch
Laret
Ravaisch
Spiss
Gstalden
Pfandshof
Samnaungruppe
ZOLLFREIE ZONE
P. Mundin
3146
Vinadi
Schmalz-K.
2724
Radurschltal
Hochjoch
2897
Plattigkopf
3170
Wurmtalerk.
3228
Rifflkarsp.
3219
Gepatsch-Stausee
Bligg-Sp.
3398
3299
Vd.Ölgrubenspitze
Ht.Ölgrubensp.
3296
Hochvernagt
3539
P. Malmurainza
3038
Ovella
Tschütta
Muttler
3294
3254
Schartl-K.
2808
Muttler-K.
2747
Glockturm
3355
Ochsen-K.
2944
Martina
1405
Nauders
Ötztaler Alpen
Tschlin
Sclamischot
Strada
Seraplana
Ramosch/Remüs
Vná
En/Inn
Crusch
Sur-En
Reschenpass
Passo di Résia
1504
Bergkastelspitze
Cima Castello
2913
ITALIA
Matscher-Winkelk.
M.Cantone
3030
Weißenseespitze
P.Lago Bianco
3526
Gepatsch-Ferner
3514
Fluchtkogel
Reschen / Résia
Vallelunga
Melag
Hinter-kirch
Langtauferer Tal
Patzin
Kapron
Caprone
Malsau
Langtauferer Fr.
3486
Hintere
Hintereissp.
Hintereis-Ferner
Rojen
Róia
Santa Anna
Reschen see
Graun in Vinschgau
Curon Venosta
Falbanairspitze
3200
Weißkugel
Palla Bianca
3739
Val d'Uina
P. S-chalembert
3029
Uina Dadaint
Lischana
3105
P. Rims
2772
2896
Grionkopf
Cma. di Grion
Uinaschlucht
Dazebell
Cma. Dentrovalle
3145
Valvelspitze
Pta. Valbella
3359
Grawand
3250
St.Valentin auf der Haide/
S.Valentino alla Muta
Mittereck
P.di Mezzo
2908
Seebodenspitze
Cma. Pian del Lago
2858
Oberer Vinschgau
Haider See
Plawenn
Piavenna
Val di Planol
Portlesspitze
Pzo. Pórtles
3074
Saldurnspitze
P. Saldura
3433
Saldurkamm
Kurzras
P. Cristannes
3092
Watles
M. Vátles
2554
Planeil
Planol
Burgeis/
Burgúsio
Matscher Tal
Glieshöfe
Mázia
Sesvenna
Sesvennagruppe
S. 38

Umhausen
Stuibenfall
Sankt Leonhard im Pitztal
Längenfeld
Sölden
Wildspitze 3768
Vent
Obergurgl
Hochgurgl
Passo del Rombo Timmelsjoch 2474
Moos i.Passeier Moso i.P.
St.Leonhard S.Leonardo
St.Martin i.P. S.Martino i.P.
Zuckerhütl 3507
Stubaier Alpen
Ötztaler Alpen
Texelgruppe
Naturpark
Unser Frau in Schnals Madonna di Senáles
Pfelders Plan
Ranalt
Falbeson
Mutterberg-Alm
Lüsens
Praxmar
Gries
Landesbergbau-museum
ÖSTERREICH
ITALIA
S. 28
S. 39

Fulpmes
Mieders
Telfes
Stubaital
Schlicker Seesp. 2808
Burgstall
2611
Rastbichl
Kampl
Neder
St. Georg
Kartnal
Neustift im Stubaital
Matrei
Matrei am Brenner
Mühlbachl
2718 Serles
Pfons
Gedeier
Navis
Unterweg
Schöfens
Außerweg
St. Kathrein
Matrei/ Steinach
Steinach am Brenner
Bendelstein 2436
Schafseiten-Sp. 2602
Blaser 2241
Wipptalerhof
Kesselspitze 2728
Rauher Kamm 2654
Lizumer Reckner 2886
Kreuzjöchl 2536
Gamskarspitze 2750
Hintertux
Lanersbach
Juns
Madseit
Tuxer Tal
Tuxbach
Realspitze 3039
Kasern
Frauenwand 2541
Hoher Riffler 3231
Toldern
Zum hl. Joseph
Schmirn
Kl. Kaserer 3093
Gefrorene Wand 3288
Schaller
Elferspitze 2499
Hohe Burg 2198
Leiten
Trins
Gschnitztal
2549 Zwölfer-spitze
Kirchdach-Spitze 2840
Nösslach
Nösslachjoch 2231
St. Jodok am Brenner
Hohe Warte 2687
2528
Olperer 3476
Steinernes Lamm
Dominikus-hütte
Zamser Tal
Schlegeis speicher
Kalkwand 2564
Gschnitz
Stauden
Habicht 3277
Gurns
Leitnerberg 2309
Gries
Gries am Brenner
Vals
NSG
2634
Schrammacher 3410
Hohe Kirche
Obertal
Rölensp. 2481
Schmiedhof
Obernberg am Brenner
Vinaders
Zillertal
Kreuzjöchl 2651
Brennersee
Brenner Brènnero
Brennerpass Passo del Brènnero 1375
Kraxentrager La Gerla 2999
Hohe Wand Croda Alta 3289
Pfitscher Joch Pso. di Vizze 2251
Schlegeisgrund
Haupenhö
M. Lavizzo 3040
Hochfe
Gran Pilo 3510
Pflerscher Tribulaun Tribuláun 3098
Schwarze Wanspitze 2917
Österreich
Italia
Weiswandsp. Parete Bianca 3018
Brennerbad Terme di Brènnero
Brenner-ort
Wolfendorn Spina d.Lupo 2776
Kinzen Quinzo
Stein Sasso
Hoher Lorenzenberg 2313
Pflersch Fléres
Brennerbad Terme di Brènnero
Kematen Caminata
Rein
St. Jakob S. Giácomo
Hocheck
Pflerschtal Val di Fléres
Amthor-Spitze Cma. Gallina 2749
Pontigl Ponticolo
Wieden Saletto
Pfitscher Tal Val di Vizze
Grabspitze Cma. Grava 3058
2949 Rotes Beil P. Rossa
Magsteinwipfel 2767
Wetterspitze Cima di Tempo 2709
Gossensaß Colle Isarco
Burgum
Ried Novale
Telfer Weißen Cime Bianche di Telves 2566
Roßkopf Monte Cavallo 2176
Afens Avénes
Wilde Kreuzspitze Pco. d. Croce 3134
Wurmaulspitze Cma. di Valmala 3022
2905 Rotwand Cda. Rossa
Autoporto Ovest
Ridnaun Ridanna
Wiesen Prati
Pfitscher-B.
Pfunders Fundres
Mareit Mareta
Sterzing Vipiteno
Flains
Deutschordens-kommende
Freienfeld Campo di Trens
Ridnauntal
Schl. Wolfsthurn
Stange Stanga
Ratschings Racines
Sterzing Vipiteno
Elzenbaum Pruno
Stilfes
Trens
Wiese
Kalch Cálice
Jaufental
Plazzspitz Cima Piatta 2669
Rizzolo Ritzeil
2568 Fallmetzer M. Val di Mezzo
Pfundersbach
Jaufenpass Pso. di M. Giovo
Valgiovo
Zinseler Cma. di Stilves 2422
Egg Dosso
Mauls
Valser Tal
Vals Válles
Altfaßbach
Walten Váltina
2094
2480
Janfenspitze P.di M.Giovo
St. Johann
Penser Joch Passo di Pennes 2214
2526
V. Isarco
Eisack
Sack Sacco
Mittewald Mezzaselva
Mühlbach Rio di Pusteria
Meransen Maranza
Vintl Vandóies
Rienz
Pustertal
Leonhard i.P.
Leonardo i.P.
Weißhorn Corno Bianco 2705
Tatschspitze Montáccio di Pénnes
Eisacktal
Tagewaldhorn Corno di Tramin 2708
Franzensfeste Fortezza
Aicha Aica
Rodeneck Rodengo
Schloss Rodeneck
2746 Hohe Warte Guardialta
Pens Pénnes
Penser Tal
Karspitze Pta. di Quáira 2517
Brixen-Pustertal Bressanone-Val Pusteria
Schabs Sciáves
Alplerspitz Pta. d. Alpetta 2752
Weißenbach Riobianco
Gießer
Jakobsspitze Cima San Giácomo 2741
Vahrn Varna
Kloster Neustift
Natz Naz
Elvas
V. di Luson
Rabenstein Corvara
Karnspitz Cima di Quáire 2412
Durnholz Valdurna
Littelspitze M.Lívolo 2590
Plose
Hirzerspitze Cma. Cervina 2781
V. di Pénnes
Durnholzer Tal
Sarntaler Alpen
Sarentini
Aberstück Sonvigo
2422
Radelspitze Cima Rodella
Brixen Bressanone
Dom Mariä Him
Hofburg Brixen
Diözesan-museum
Millan Milland
Kreuztal
Unt. Reinswald
Brixen-Industriezone

S. 27

S. 40

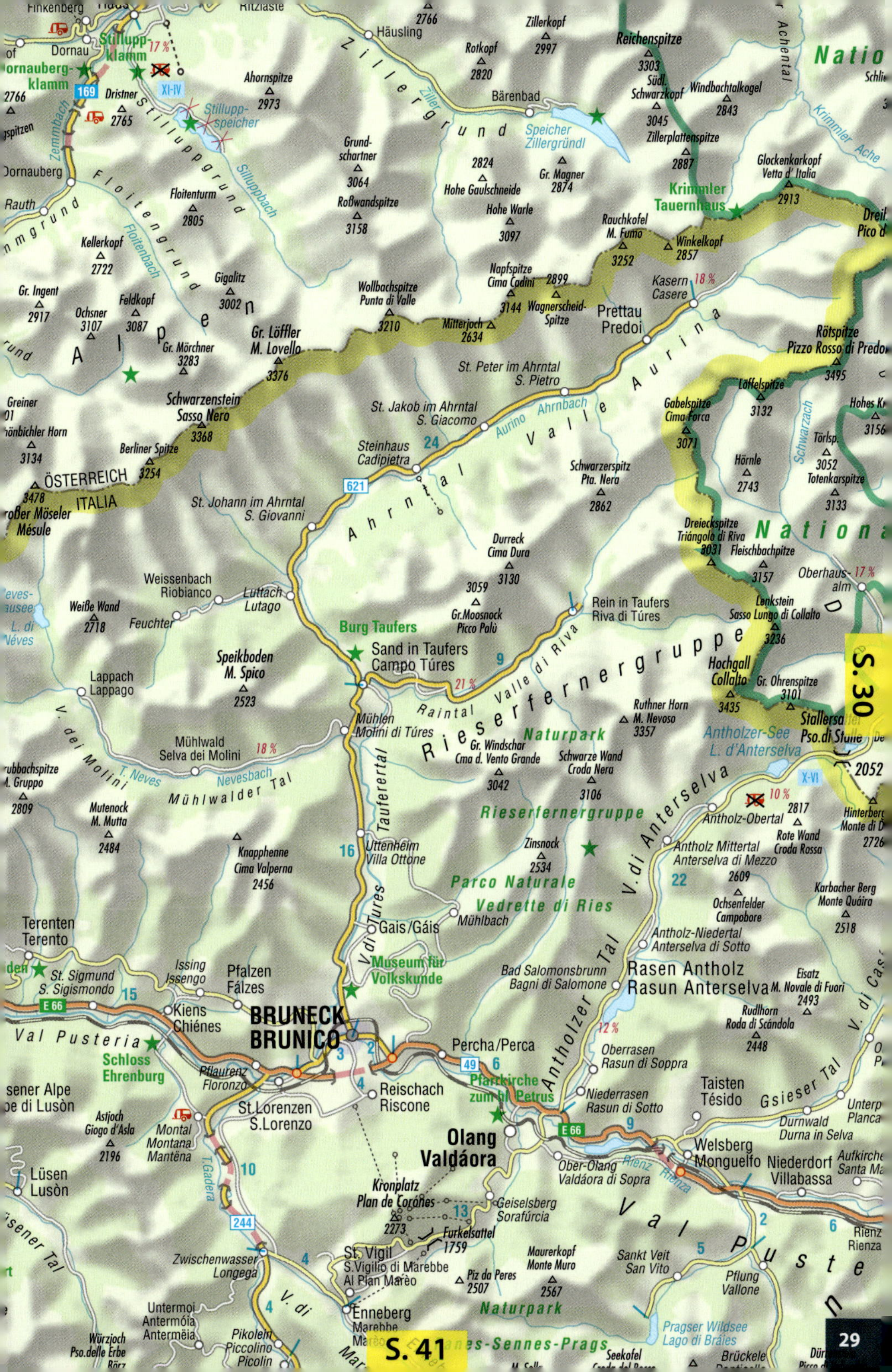
Finkenberg
Dornau
Stillupp-klamm
17 %
Dornauberg-klamm
169
XI-IV
Dristner 2765
2766
Zemmbach
Stillupp-speicher
Stilluppgrund
Stilluppbach
Dornauberg
Rauth
Floitengrund
Floitenbach
Floitenturm 2805
Kellerkopf 2722
Gr. Ingent 2917
Ochsner 3107
Feldkopf 3087
Gigalitz 3002
Gr. Mörchner 3283
Gr. Löffler M. Lovello 3376
Alpen
Ahornspitze 2973
Häusling
Zillergrund
Ziller
2766
Rotkopf 2820
Zillerkopf 2997
Bärenbad
Speicher Zillergründl
Grund-schartner 3064
Roßwandspitze 3158
2824
Hohe Gaulschneide
Gr. Magner 2874
Hohe Warte 3097
Reichenspitze 3303
Südl. Schwarzkopf 3045
Windbachtalkogel 2843
Zillerplattenspitze 2887
Krimmler Achental
Krimmler Ache
Glockenkarkopf Vetta d' Italia 2913
Krimmler Tauernhaus
Rauchkofel M. Fumo 3252
Winkelkopf 2857
Napfspitze Cima Cadini 3144
2899
Wagnerscharf-Spitze
Wollbachspitze Punta di Valle 3210
Mitterjoch 2634
Kasern Casere
18 %
Prettau Predoi
Rötspitze Pizzo Rosso di Predoi 3495
Dreiherrnspitze Pico d
Natio
Greiner
Schönbichler Horn 3134
Schwarzenstein Sasso Nero 3368
Berliner Spitze 3254
ÖSTERREICH
ITALIA
3478
Großer Möseler Mésule
St. Peter im Ahrntal S. Pietro
St. Jakob im Ahrntal S. Giacomo
Ahrnbach
Aurino
Valle Aurina
Steinhaus Cadipietra
24
621
Ahrntal
St. Johann im Ahrntal S. Giovanni
Löffelspitze 3132
Gabelspitze Cima Forca 3071
Schwarzach
Hohes Kreuz 3156
Törlspitze 3052
Totenkarspitze 3133
Hörnle 2743
Schwarzerspitz Pta. Nera 2862
Dreieckspitze Triángolo di Riva 3031
Fleischbachspitze 3157
Nationalpark
Oberhaus-alm
17 %
Durreck Cima Dura 3130
3059
Gr. Moosnock Picco Palù
Rein in Taufers Riva di Túres
Lenkstein Sasso Lungo di Collalto 3236
Weissenbach Riobianco
Luttach Lutago
Neves-stausee L. di Néves
Weiße Wand 2718
Feuchter
Burg Taufers
Sand in Taufers Campo Túres
9
Hochgall Collalto 3435
Gr. Ohrenspitze 3101
S. 30
Speikboden M. Spico 2523
Lappach Lappago
21 %
Raintal Valle di Riva
Rieserfernergruppe
Ruthner Horn M. Nevoso 3357
Stallersattel Pso. di Stalle
2052
Antholzer-See L. d'Anterselva
Mühlen Molini di Túres
Naturpark
V. dei Molini
Mühlwald Selva dei Molini
18 %
Rubbachspitze Gruppo 2809
T. Neves
Nevesbach
Mühlwalder Tal
Gr. Windschar Cma d. Vento Grande 3042
Schwarze Wand Croda Nera 3106
X-VI
10 %
2817
Hinterbergkofel Monte di D 2726
Mutenock M. Mutta 2484
Knapphenne Cima Valperna 2456
Tauferertal
Rieserfernergruppe
Antholz-Obertal
Rote Wand Croda Rossa
V. di Anterselva
16
Uttenheim Villa Ottone
Zinsnock 2534
Parco Naturale Vedrette di Ries
Antholz Mittertal Anterselva di Mezzo
22
2609
Ochsenfelder Campobore
Karbacher Berg Monte Quáira 2518
Terenten Terento
V. di Túres
Gais/Gáis
Mühlbach
Antholz-Niedertal Anterselva di Sotto
St. Sigmund S. Sigismondo
15
Issing Issengo
Pfalzen Fálzes
Museum für Volkskunde
Bad Salomonsbrunn Bagni di Salomone
Antholzer Tal
Rasen Antholz Rasun Anterselva
Eisatz M. Novale di Fuori 2493
E 66
Kiens Chiénes
BRUNECK BRUNICO
Rudlhorn Roda di Scándola 2448
Val Pusteria
Schloss Ehrenburg
Pflaurenz Floronzo
3
2
Percha/Perca
49
6
12 %
Oberrasen Rasun di Soppra
Pfarrkirche zum hl. Petrus
Niederrasen Rasun di Sotto
Taisten Tésido
Gsieser Tal
Unterplanken Planca
Rodenecker-Lüsener Alpe
St. Lorenzen S. Lorenzo
4
Reischach Riscone
Astjoch Giogo d'Asla 2196
Montal Montana Mantèna
Olang Valdáora
E 66
9
Durnwald Durna in Selva
Welsberg Monguelfo
Niederdorf Villabassa
Aufkirchen Santa Maria
T. Gadera
10
Lüsen Lusòn
Ober-Olang Valdáora di Sopra
Rienz
Kronplatz Plan de Corónes
Geiselsberg Sorafúrcia
13
2273
Furkelsattel 1759
244
Val Pusteria
2
6
Rienz Rienza
Lüsener Tal
Zwischenwasser Longega
4
St. Vigil S. Vigilio di Marebbe Al Plan Marèo
Piz da Peres 2507
Maurerkopf Monte Muro 2567
Sankt Veit San Vito
5
Pflung Vallone
V. di Marebbe
Enneberg Marebbe
Naturpark
Untermoi Antermóia Antermëia
Würzjoch Pso. delle Erbe
Pikolein Piccolino Picolin
Fanes-Sennes-Prags
Seekofel
Prager Wildsee Lago di Bráies
Brückele
S. 41

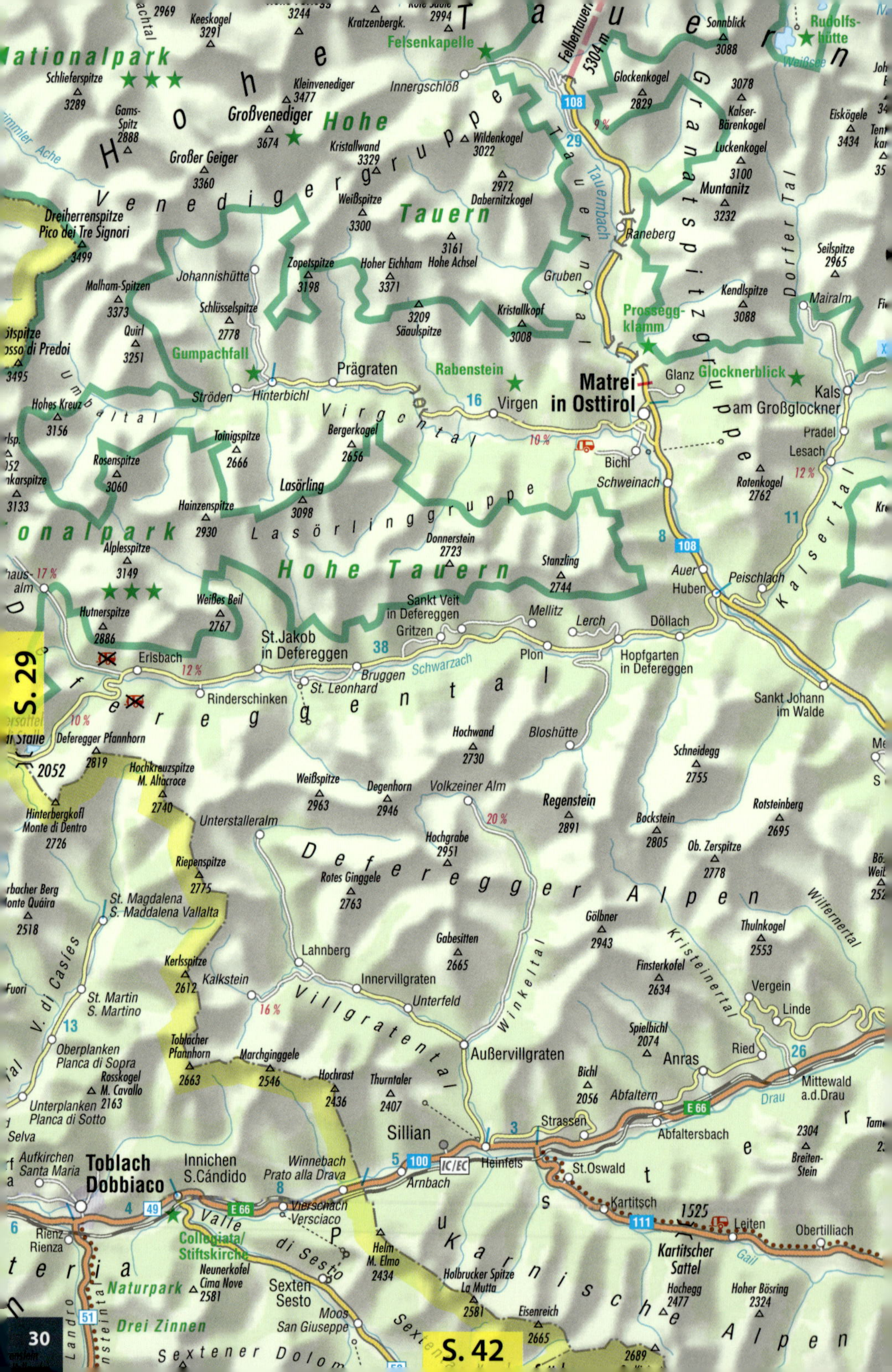

Nationalpark Hohe Tauern
Hohe Tauern
Venedigergruppe
Tauern
Felsenkapelle
Kratzenbergk.
Keeskogel 3291
Schlieferspitze 3289
Gams-Spitz 2888
Kleinvenediger 3477
Großvenediger 3674
Großer Geiger 3360
Kristallwand 3329
Wildenkogel 3022
Weißspitze 3300
Dabernitzkogel 2972
Innergschlöß
Felbertauern 5304 m
108
29
9 %
Tauerntal
Tauernbach
Glockenkogel 2829
Granatspitzgruppe
Sonnblick 3088
Rudolfshütte
Weißsee
Kalser-Bärenkogel 3078
Luckenkogel 3100
Muntanitz 3232
Eiskögele 3434
Dorfer Tal
Seilspitze 2965
Kendlspitze 3088
Mairalm
Raneberg
Gruben
Proßegg-klamm
Dreiherrenspitze Pico dei Tre Signori 3499
Malham-Spitzen 3373
Johannishütte
Zopetspitze 3198
Hoher Eichham 3371
Hohe Achsel 3161
Schlüsselspitze 2778
Quirl 3251
Säulspitze 3209
Kristallkopf 3008
Gumpachfall
Umbaltal
Hohes Kreuz 3156
Ströden
Hinterbichl
Prägraten
Rabenstein
Virgental
Virgen
16
Matrei in Osttirol
Glanz
Glocknerblick
Kals am Großglockner
Pradel
Lesach
12 %
Bergerkogel 2656
Toinigspitze 2666
Rosenspitze 3060
Lasörling 3098
Hainzenspitze 2930
Lasörlinggruppe
10 %
Bichl
Schweinach
Rotenkogel 2762
Kalsertal
11
8
Alplesspitze 3149
Donnerstein 2723
Stanzling 2744
Auer
Huben
Peischlach
Hutnerspitze 2886
Weißes Beil 2767
Sankt Veit in Defereggen
Mellitz
Gritzen
Lerch
Döllach
St.Jakob in Defereggen
38
Plon
Hopfgarten in Defereggen
Erlsbach
17 %
Bruggen
Schwarzach
St. Leonhard
Rinderschinken
Defereggental
Sankt Johann im Walde
Defereggger Pfannhorn 2819
2052
Hochwand 2730
Bloshütte
Schneidegg 2755
Hochkreuzspitze M. Altacroce 2740
Weißspitze 2963
Degenhorn 2946
Volkzeiner Alm
20 %
Regenstein 2891
Bockstein 2805
Rotsteinberg 2695
Hinterbergkofl Monte di Dentro 2726
Unterstalleralm
Hochgrabe 2951
Ob. Zerspitze 2778
Riepenspitze 2775
Rotes Ginggele 2763
Defereggger Alpen
Wilternertal
St. Magdalena S. Maddalena Vallalta
Gölbner 2943
Thulnkogel 2553
Kristeinertal
2518
Lahnberg
Gabesitten 2665
Kerlsspitze 2612
Kalkstein
Innervillgraten
Finsterkofel 2634
Vergein
Linde
St. Martin S. Martino
16 %
Villgratental
Unterfeld
Winkeltal
V. di Casies
13
Spielbichl 2074
Ried
26
Oberplanken Planca di Sopra
Toblacher Pfannhorn 2663
Marchginggele 2546
Außervillgraten
Anras
Mittewald a.d.Drau
Rosskogel M. Cavallo 2163
Hochrast 2436
Thurntaler 2407
Bichl 2056
Abfaltern
Drau
E 66
Unterplanken Planca di Sotto
Selva
Sillian
Strassen
Abfaltersbach
2304
Breiten-Stein
Aufkirchen Santa Maria
Toblach Dobbiaco
Innichen S.Cándido
Winnebach Prato alla Drava
5
100
IC/EC
3
Heinfels
St.Oswald
8
Arnbach
4
49
Vierschach Versciaco
Kartitsch
1525
111
Leiten
Obertilliach
6
Rienz Rienza
Valle di Sesto
Collegiata/ Stiftskirche
Helm M. Elmo 2434
Karnische Alpen
Kartitscher Sattel
Gail
Neunerkofel Cima Nove 2581
Naturpark Drei Zinnen
Sexten Sesto
Holbrucker Spitze La Mutta 2581
Hochegg 2477
Hoher Bösring 2324
51
Moos San Giuseppe
Eisenreich 2665
2689
Sextener Dolomiten

S. 29
S. 42

Klockerin 3401
Großer Bärenkopf
Hochmaiß
Edelweißspitze 2577
Hohe Tauern
Gamskarkogel 2588
Ritterkopf 3006
Lechnerhäusl
Kalkbretterkopf 2412
2246
Stubner Kogel
Bad
Zitterauer Tisch 2461
Böckstein
Silberpfennig 2600
Fuscher Karkopf 3331
2394 Fuscher Törl
Hochtor 2576
Pasterze
Naßfeldstausee
Franz-Josefs-Höhe
Gjaidtroghöhe 2989
Hocharn 3254
Kolm-Saigurn
Unterer Bockhartsee
Sportgastein
Kreuzkogel 2686
Schareck 2604
Margaritzenstausee
Schwerteck 3247
Gößnitz-Fall
Roßbach
St. Vinzenz
Heiligenblut
Hoher Sonnblick 3105
Zittelhaus
Observatorium Sonnblick
Sandkopf 3090
Schareck 3122
Hochwurtenspeicher
Großsee
Ober-Schachnern
Pockhorn
Jöchelk. 2341
Zinkelzkamp 2876
Kreuzkopf 2497
Aichhorn
Apriach
Vorderer Gesselkopf 2974
Tauerntunnel 8552
Weißsee
Wurtenspeicher
Kammspitze 2757
Böseck 2834
Gr. Oscheniksee
Böses Weibl 3121
Karlkamp 3114
Fleckenkopf 2483
Prahödl
Mitten
Hilmersberg 2657
Rote Wand 2855
Hohe Tauern
Kögele 3030
Putschall
Großkirchheim
Möll
Mohar 2604
Innerfragant
Roter Knopf 3281
Großer Horn-Kopf 3251
Graskopf 2640
Heimatmuseum (Schloss Kirchheimegg)
Sagritz
Glödis-Spitze 3206
Petzeck 3283
Ochsenk. 2610
Sadnig 2745
Klenitzen 2440
Laas
Flattach
Hochschober 3240
Stellenkopf 2590
Schwarzseekopf 2664
Grafenberg
Außerfragant
Prikachberg
Gößnitz
Wangenitz-See
Törlkopf 2527
Mörtschach
Stranach
2581 Mellenkopf
Alkuser Rotspitze 3053
St. Maria i. d. Au
Mittagsspitze 2433
Rettenbach
Zellinkopf 2595
Stall
Schleinitz 2905
Stadl
Pußtratten
Striedenkopf 2749
Alkus
Steinermandl 2213
Winklern
Tressdorf
Rangersdorf
Witschdorf
Törlkopf 2440
Ainet
Brenntratten
Kreuzeck 2702
Oberdrum
Lainachdiesseits
Großer Griedlkopf 2659
Thurn
Gaimberg
Nußdorf-Debant
Schloss Bruck
Oberlienz
Iselsberg-Stronach
Kreuzeckgruppe
LIENZ
Dölsach
Aguntum
Peggetz
Tristach
Gödnach
Hochstein 2057
Leisach
Amlach
Bad Jungbrunn
Tristacher See
Ziethenkopf 2484
Sandfeldkopf 2555
Hochkreuz 2708
Lengberg
Scharnik 2655
Lavant
Nikolsdorf
Mokarspitze 2304
Knotenberg 2216
Laserzwand 2614
Drau
Nörsach
Spitzkofel 2718
Große Sandspitze 2772
Hochstadel 2680
1687 Anettwände
Zwickenberg
St. Leonhard
Irschen
Berg im Drautal
Seekofel 2744
Schmelz
Oberdrauburg
Pötschling
2694 Kreuzkofel
Lienzer Dolomiten
Böses Weibele 2599
Dellach im Drautal
Tratten (i. Pl.)
Waidach
Schloss Stein
Riebenkofel 2383
Lumkofel 2286
Schätzbichl 2090
Gailbergsattel 981
Jukbichl 1888
Torkofel 2275
Unter-eggen
Röten 1309
Laas
Untertilliach
Wallfahrtskirche
St. Lorenzen im Lesachtal
Liesing
Mattling
Kötschach-Mauthen
Unsere liebe Frau
St. Jakob im Lesachtal
St. Daniel
Dellach
Gail
Würmlach
Zwölferspitz
Gailtal
43

Thuner See
Brienzersee
SPIEZ
Oberhofen
Sigriswil
Gwatt
Einigen
Aeschlen
Gunten
Merligen
Tschingel
Niederhorn 1950
Beatenberg
Waldegg
Habkern
Niederried bei Interlaken
Ringgenberg
Goldswil
Iseltwald
Sengg
Bönigen
Unterseen
Interlaken
Interlaken-West
Interlaken-Ost
Wilderswil
Sundlauenen
St. Beatus-Höhlen
Faulensee
Krattigen
Därligen
Leissigen
Hondrich
Aeschi bei Spiez
Aeschiried
Wimmis
Reutigen
Niederstocken
Oey
Niesen 2362
Kander
Mülenen
Reichenbach
Rüdlen
Kien
Wengi
Scharnachtal
Suld
Pochtenfall
Kiental
Dreispitz 2520
Morgenberghorn 2249
Saxeten
Sulegg 2413
Isenfluh
Gsteigwiler
Lütschine
Schynige Platte 2100
Gündlischwand
Lütschental
Schwarze Lütschine
Männlichen 2343
Wengen
Lauterbrunnen
Kl. Scheidegg 2067
Eiger 3970
Mönch 4099
Jungfrau 4158
Jungfraujoch 3454 m
Jungfraubahn
Trümmelbachfälle
Staubbachfall
Mürren
Schilthorn 2970
Gimmelwald
Stechelberg
Schwalmere 2777
Faulhorn 2681
Sägissa 2464
Drunengalm 2408
Tschipparellenhorn 2399
Hohniesen 2454
Frutigen
Kanderbrück
Engstlige
Achseten
Kandergrund
Ärmighorn 2742
Griesschlucht
Chiene
Lötschberg Basistunnel 34600 m
Mitholz
Dündenhorn 2872
Gspaltenhorn 3437
Äbeni Flue 3962
Mittaghorn 3897
Jungfraufirn
Oeschinensee
Kandersteg
Blüemlisalphorn 3664
Doldenhorn 3643
Fründenhorn 3369
Lötschbergtunnel 14612 m
Gasteretal
Gastere
Petersgrat
Birghorn 3243
Tschingelhorn 3576
Breithorn 3782
Gr. Aletschfirn
Langgletscher
Aletschhorn 4195
Dreieckhorn 3811
Schinhorn 3797
Geisshorn 3740
Fusshörner 3627
Gr. Lohner 3049
Engstligenalp
Daubensee
Balmhorn 3699
Hockenhorn 3293
Rinderhorn 3453
Gemmipass 2314
Fafleralp
Kühmad
Blatten
Wiler
Kippel
Ferden
Lötschental
Lötschentaler Breithorn 3785
Nesthorn 3824
Oberaletschgl.
Sparrhorn 3021
Bietschhorn 3934
Strahlhorn 3200
Aletschwald
Riederalp
Leukerbad
Torrenthorn 2998
Niwen 2769
Goppenstein
Wilerhorn 3307
Chistelhorn 2785
Wiwannihorn 3001
Baltschiedertal
Gredetschtal
Gärsthorn 2927
Blatten
Ried-Mörel
Bitsch
Birchen
Bodmen
Albinen
Inden
Feschel
Mittal
Naters
BRIG
Termer
Leuk
Varen
Guttet
Erschmatt
Bratsch
Gampel
Hohtenn
Gestelnburg
Niedergesteln
Ausserberg
Eggerberg
Birgisch
Steg
Raron
Baltschieder
Lalden
Brigerbad
Glis
Susten
Leuk (i.B.)
Turtmann
Pfyn
Agarn
Unterems
Oberems
Ergisch
Gampel/Steg (i.B.)
Eischoll
Raron (i.B.)
Unterbäch
Bürchen
Visp-West (i.Bau)
Vispertäler (i.Bau)
Visp
Visp-Ost
Brig-Glis
Brig Zentrum
Eyholz
Stalden
Zeneggen
Visperterminen
Glishorn 2525
Saltinaschlucht
Schallt
Spitzhorli 2726
Illhorn 2716
Wänge
Brunnethorn 2952
Ergischhorn 2533
Signalhorn 2911
Mariä Heimsuchung

S. 48

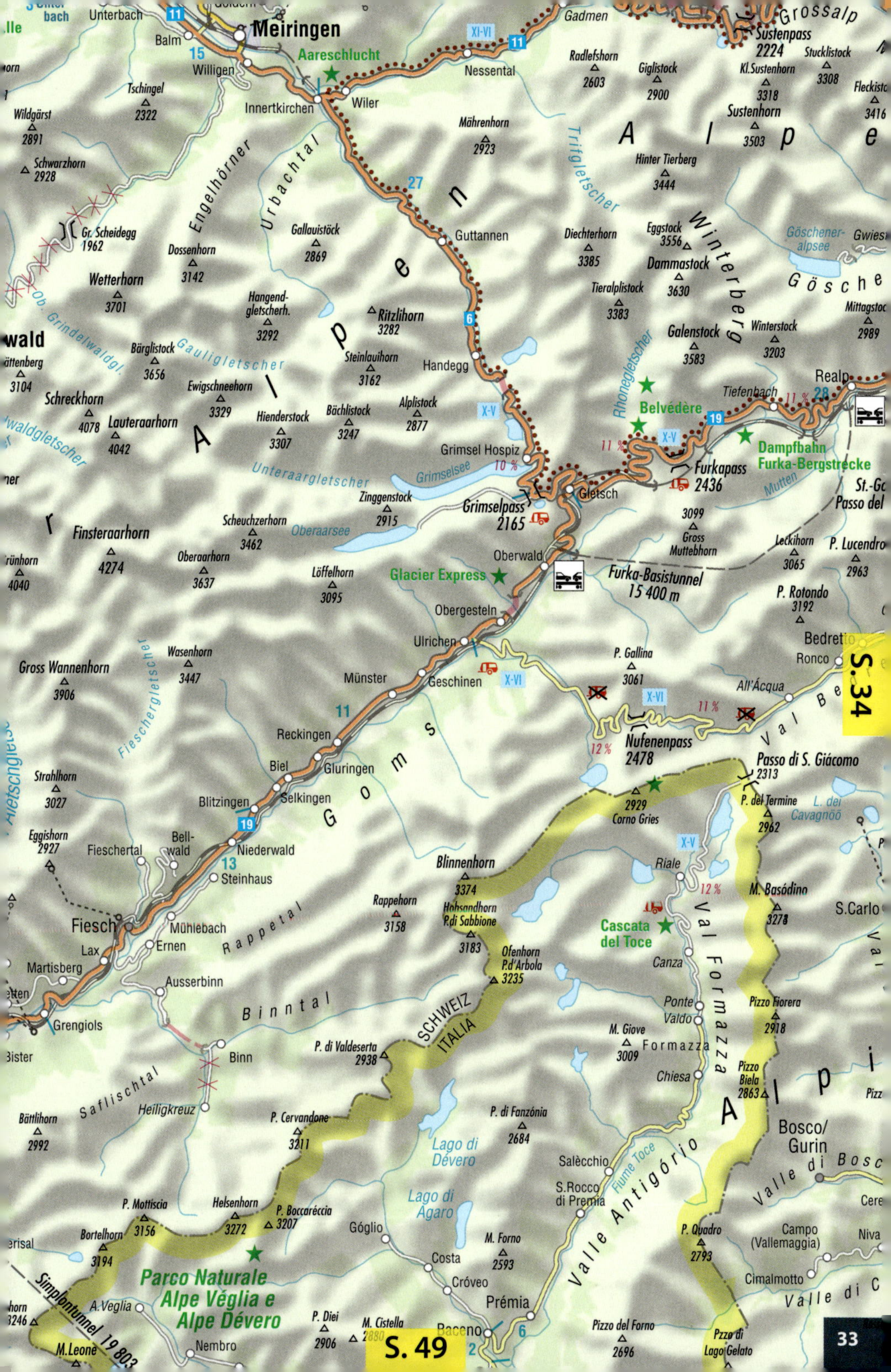
Meiringen
Aareschlucht
Innertkirchen
Guttannen
Grimsel Hospiz
Grimselpass 2165
Gletsch
Furkapass 2436
Belvédère
Dampfbahn Furka-Bergstrecke
Furka-Basistunnel 15 400 m
Glacier Express
Oberwald
Obergesteln
Ulrichen
Münster
Geschinen
Nufenenpass 2478
Passo di S. Giácomo 2313
Reckingen
Gluringen
Biel
Selkingen
Blitzingen
Niederwald
Fiesch
Ernen
Binn
Binntal
Goms
Finsteraarhorn 4274
Schreckhorn 4078
Lauteraarhorn 4042
Wetterhorn 3701
Gr. Scheidegg 1962
Sustenpass 2224
Sustenhorn 3503
Dammastock 3630
Galenstock 3583
Blinnenhorn 3374
Basódino 3273
Cascata del Toce
Val Formazza
Riale
Bosco/Gurin
Valle Antigório
Parco Naturale Alpe Véglia e Alpe Dévero
Simplontunnel 19 803
Lago di Dévero
Lago di Agaro
Baceno
Prémia
SCHWEIZ
ITALIA
S. 34
S. 49

Disentis/Mustér
Glacier Express
Sumvitg
Cumpadials
Laus
Vorderrhein
Acletta
Segnas
Tujetsch
Rueras
Sedrun
Tavetsch
Surrein
Medel (Lucmagn)
Curaglia
Platta
Val Medel
Acla
Val Strem
Val Giuv
Piz Giuv 3096
Piz Nair 3059
P. Ault 3027
Oberalppass 2044
Oberalp
Selva
Tschamut
Pardatsch
Val Nalps
Val Curnera
Val Maighels
Rossbodenstock 2836
Andermatt
Hospental
Göschenen
Gross-boden
Teufelsbrücke
Schöni
Wassen
Pfaffensprung
Dörfli
Husen
Meiental
Fleckistock 3416
Salbitschijen 2981
Göschener Tal
Rienzenstock 2957
Fellital
Mittagstock 2989
Urseren
Unteralp
Gemsstock 2961
P. Centrale 2999
St.-Gotthard-Strassentunnel 16 321 m
St.-Gotthard-Bahntunnel 15 000 m
St.-Gotthard-Pass
Passo del S. Gottardo 2109
Sasso S. Gottardo
P. Lucendro 2963
Winterh. 2661
Motto Bartola
Airolo
San Gottardo Sud
Fontana
Ossasco
Val Canaria
Val Piora
P. Paradis 2884
P. Gannaretsch 3040
P. Lai Blau 2961
P. Pazzola 2581
P. Cristallina 3128
P. Medel 3211
P. Muraun 2897
P. Santeri 2881
P. Caziraun 2935
Val Cristallina
Lai da Sontga Maria
Passo del Lucomagno
Cuolm Lucmagn
Lukmanierpass
Piz Blas 3019
Scopi 3190
Val Camadra
Val di Campo
Orsaira
Pradasca
Dötra
Camperio
Campra
Pizzo Sole 2773
Pizzo di Cambello 2660
P. Molare 2585
Quinto
Piotta
Ambrì
Valle Leventina
Rodi
Prato
Dalpe
Osco
Faido
Rossura
Chiggiogna
Calonico
Anzónico
Cavagnago
Chironico
Gola Biaschina
Giornico
San Nicolao
Sobrio
Bodio
Personico
Ticino
Biasca
Cascata Piumogna
Áquila
Ponte Valentino
Marolta
Castro
Leontica
Corzóneso
Poncione di Véspero 2717
Madone 2756
Cristallina 2912
L. di Naret
Poncione dei Laghetti 2616
L. del Sambuco
Pizzo Massari 2760
P. Campolungo 2714
P. Campo Ténica 3072
Pizzo Forno 2907
Fusio
Mogno
Corsgell
Piano di Peccia
Peccia
S. Carlo
Prato-Sornico
Val Lavizzara
L. di Robièi
Poncione di Braga 2864
P. Castello 2808
S.Carlo
Val Bavona
Sonlèrto
Roseto
Foroglio
Fontana
Alpi Lepontine
Pizzo Barone 2864
Cima Bianca 2612
Pizzo di Mezzodì 2708
Madone Grosso 2741
Pizzo Brunéscio 2429
Bróglio
Menzónio
Brontallo
Cavergno
Bignasco
Pizzo Orsaletto 2476
M. Zucchero 2736
Seccada
Sonogno
Frasco
Gerra (Verzasca)
Valle Verzasca
Cma. di Gagnone 2518
P. delle Pecore 2381
Cevio
Visletto
Linéscio
Cerentino
Niva
Bosco
Boschetto
Riveo
Someo
Valle Maggia
Giumaglio
Coglio
Lodano
Pizzo Alzasco 2262
P. Cramalina 2322
V. d'Osura
Pne. Piumascia 2360
Brione (Verzasca)
Poncione Rosso 2505
Poncione dei Laghetti 2445
Poncione Piota 2499
Motta
Ponte dei Salti
Lavertezzo
Verzasca
Valle di Campo

S. 33

S. 50

Obersaxen
St. Martin
Val Zavragia
Morissen
Cumbel
Pitasch
V. de Pitasch
P. Fess 2880
Egschi
Dalin
Cazis
Villa
Duvin
Grava
Tguma 2163
Sarn
Thusis
P. Titschal 2550
P. Sezner 2310
Vattiz
Degen
Camuns
Grüner Lückli 2470
Neukirch
Portein
Tartar
Vignogn
Val Uastg
Safien
Flerden
Masein
P. Nadels 2789
Surcasti
Uors-Peiden
P. Radun 2581
Urmein
P. Gren 2890
Tersnaus
Tschappina
Thusis
Lumbrein
St. Martin
Safien Platz
Hof
S. Andriu
Munt
Via Mala
Lumnezia
P. Cavel 2946
Crap Grisch 2861
Piz Beverin 2998
Cons
Vrin
Bäch
Lohn
Mathon
Zillis
Puzatsch
Piz Serenastga 2874
14 %
Thalkirch
Bruschghorn 3056
Donath
Camp
Casti-Wergenstein
Pl. la Greina
Piz Aul 3121
Vals
P. Tomül 2946
Clugin
Platz
Valé
P. Terri 3149
Valserrhein
P. d'Anarosa 3000
P. Vizan 2471
Andeer
Frunthorn 3030
X-V
14%
Alperschellihorn 3039
Roflaschlucht
P. Scharboda 3122
Frunt
Bärenhorn 2929
Sufers
Rofla
Zervreilasee
Valsertal
Peil
Plattenberg 3041
Valser Horn 2886
Medels im Splügen
Rheinwald
Ausserferrera
Fanellahorn 3124
Nufenen
E43
Splügen
Furggeltihorn 3043
Canaltal
Länta
Hinterrhein
Medels
P. Cassumoi 3129
Lorenzhorn 3048
S. Bernardino Pass
Rheinwald
10 %
Hüreli 2855
Innerferrera
XI-V
12%
Splügenpass
Surettahorn 3027
Rheinwaldhorn 3402
Hinterrhein
9%
Pso. del S. Bernardino 2065
Galleria del S. Bernardino 6596 m
P. Uccello 2724
P. Tambo 3279
Pso. dello Spluga 2113
S. 36
Vogelberg 3218
Zapporthorn
P. de la Lumbreida 2983
Val Curciusa
2721
Spadolazzo
Cima de Val Loga 3004
M. Spluga
L. di M. Spluga
Val Niemet
P. di Gana Bianca 2842
3202
3152
P. de Mucia 2967
12%
San Bernardino
Stuetta
P. Timun 3209
M. Cardine 2467
Poncione dei Fracion
San Bernardino
P. di Pian 3158
M. Matèr 3023
Dandrio
Radond 2830
10
Ísola
Madèsimo
Valle di Lei
Valle Malvaglia
Cima dei Cogn 3063
Calancasca
Cima de Barna 2862
Pianazzo
XII-III
P. Pian Grand 2689
Moesa
M. Tignoso 2376
Pizzo Groppera 2948
Pizza Pianaccio 2832
Pian S. Giacomo
Pian San Giacomo
P. de Montagnia 2718
Corti
Malvaglia-Chiesa
Valbella
Mesocco-Nord
Mesocco
Fracísco
Campodolcino
P. di Strega 2912
Cima de Gagela 2805
Prestone
Pontirone
XI-V
Mesocco-Süd
P. Corbet 3025 2967
P. Stella 3163
Val Pontirone
Rossa
Castello di Misox
L. del Truzzo
Cimaganda
Santi Pietro e Paolo
Áugio
P. de l'Ardion 3507
Soazza
P. Pmbi
Val San Giácomo
Gallivaggio
Biasca
Santa Domenica
Ri di Buffalora
Pizzo del Torto 2723
S. Bernardo
Pizzo Alto 2479
Torrone Alto 2950
Fil de Nomnom 2633
San Giácomo Filippo
Cauco
Valle Calanca
Olmo
Piuro
Bórgonuovo
Cabbiolo
Selma
P. de Groven 2694
Pizzo della Fórcola 2675
Bette
Osogna
Lostallo
Chiavenna
Arvigo
Menarola
Mese
Lostallo
Valle Mesolcina
Prata Camportaccio
P. di Claro 2720
Brággio
Cresciano
Sass Castell 2516
Gordona
Piano di Chiavenna
Cama
Buseno
Bodengo
San Cassiano
Verdábbio
Pra Pince
Sta. Maria
Léggia
P. Rogione 2576
Valle Bodengo
San Pietro
Castaneda
Grono
Claro
S. 51

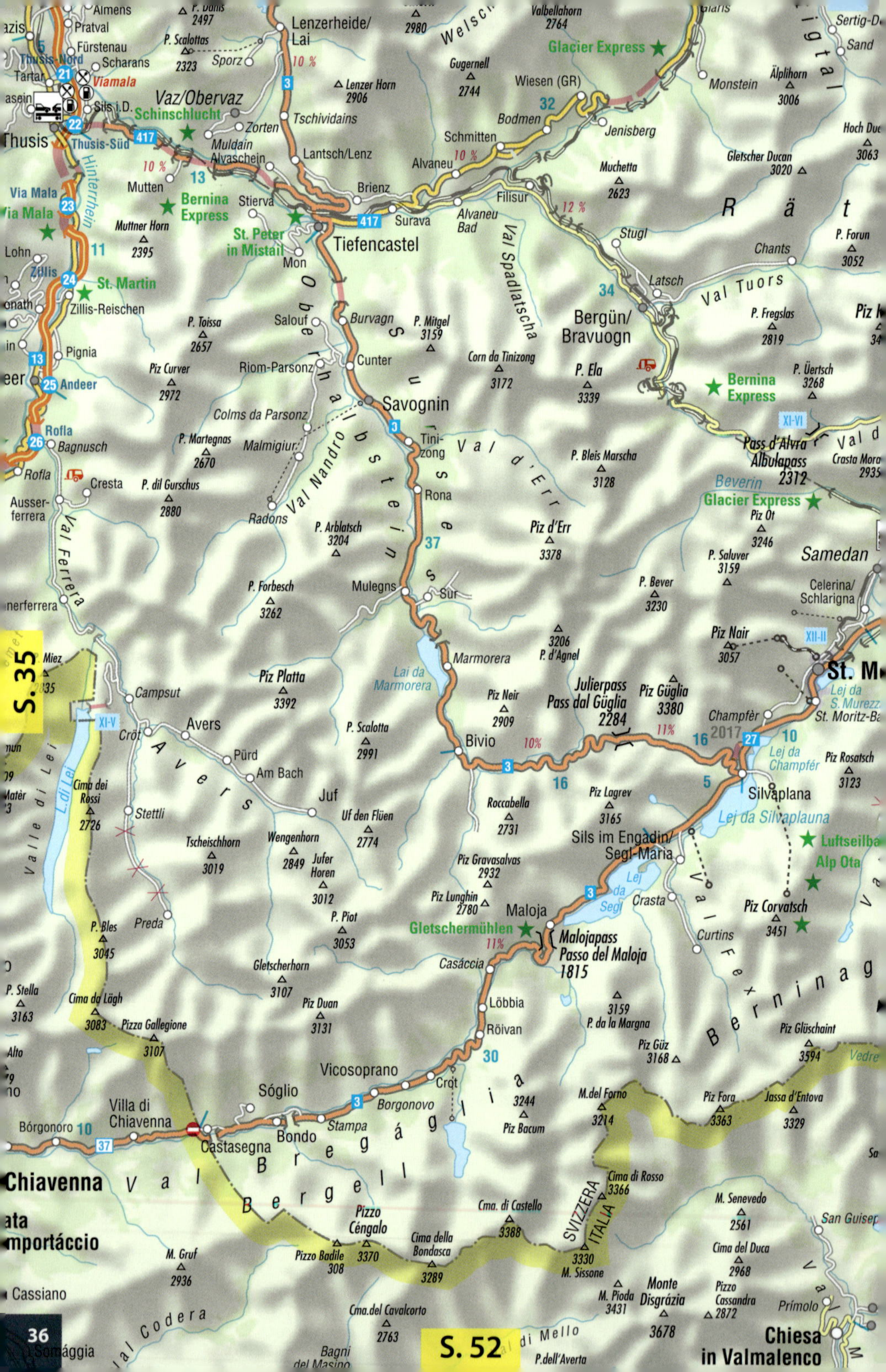

Almens
Pratval
Fürstenau
Scharans
Thusis-Nord
Tartar
Viamala
Sils i.D.
Thusis
Thusis-Süd
Hinterrhein
Via Mala
Mutten
Vaz/Obervaz
Schinschlucht
Zorten
Muldain
Alvaschein
Sporz
P. Scalottas
2323
Lenzerheide/
Lai
10 %
Tschividains
Lantsch/Lenz
Lenzer Horn
2906
Brienz
Stierva
Bernina
Express
St. Peter
in Mistail
Mon
Tiefencastel
Surava
Alvaneu
Bad
Alvaneu
Schmitten
Bodmen
Wiesen (GR)
Gugernell
2744
Valbellahorn
2764
Glacier Express
Monstein
Älplihorn
3006
Hoch Ducan
3063
Gletscher Ducan
3020
Jenisberg
Muchetta
2623
Filisur
12 %
Stugl
Val Spadlatscha
Latsch
Chants
Val Tuors
Bergün/
Bravuogn
P. Forun
3052
P. Fregslas
2819
P. Üertsch
3268
P. Ela
3339
Corn da Tinizong
3172
Muttner Horn
2395
Lohn
Zillis
St. Martin
Zillis-Reischen
Pignia
Andeer
Rofla
Bagnusch
Cresta
Ausser-
ferrera
Val Ferrera
P. Toissa
2657
Piz Curver
2972
Salouf
Riom-Parsonz
Burvagn
Cunter
P. Mitgel
3159
Savognin
Colms da Parsonz
Malmigiur
Tinizong
P. Martegnas
2670
P. dil Gurschus
2880
Radons
Val Nandro
Oberhalbstein
Surses
Rona
Val d'Err
P. Bleis Marscha
3128
Pass d'Alvra
Albulapass
2312
Crasta Mora
2935
Beverin
Glacier Express
Piz Ot
3246
Samedan
P. Saluver
3159
Piz d'Err
3378
P. Arblatsch
3204
P. Forbesch
3262
Mulegns
Sur
P. Bever
3230
Celerina/
Schlarigna
Piz Nair
3057
St. Moritz
Lej da S. Murezzan
St. Moritz-Bad
3206
P. d'Agnel
Marmorera
Lai da
Marmorera
Piz Platta
3392
Piz Neir
2909
Julierpass
Pass dal Güglia
2284
Piz Güglia
3380
Champfèr
2017
Lej da
Champfèr
Piz Rosatsch
3123
Silvaplana
Lej da Silvaplauna
Campsut
Cröt
Avers
Pürd
Am Bach
Juf
P. Scalotta
2991
Bivio
10%
11%
Roccabella
2731
Piz Lagrev
3165
Sils im Engadin/
Segl-Maria
Luftseilbahn
Alp Ota
Val Fex
Piz Corvatsch
3451
Crasta
Curtins
Lej da Segl
Cima dei
Rossi
2726
Stettli
L. di Lei
Valle di Lei
Tscheischhorn
3019
Wengenhorn
2849
Jufer
Horen
3012
Uf den Flüen
2774
Piz Gravasalvas
2932
Piz Lunghin
2780
Maloja
Gletschermühlen
Malojapass
Passo del Maloja
1815
P. Bles
3045
Preda
P. Piot
3053
Gletscherhorn
3107
Casáccia
Löbbia
Röivan
3159
P. da la Margna
Piz Güz
3168
Bernina
Piz Glüschaint
3594
P. Stella
3163
Cima da Lägh
3083
Pizza Gallegione
3107
Piz Duan
3131
30
Vicosoprano
Sóglio
Crot
Borgonovo
Stampa
Bondo
Castasegna
Villa di
Chiavenna
Bórgonoro
Chiavenna
3244
Piz Bacum
M.del Forno
3214
Piz Fora
3363
Jassa d'Entova
3329
Val Bregáglia
Val Bergell
Pizzo
Cengalo
3370
Pizzo Badile
308
Cima della
Bondasca
3289
Cma. di Castello
3388
SVIZZERA
ITALIA
Cima di Rosso
3366
3330
M. Sissone
M. Senevedo
2561
San Guiseppe
Cima del Duca
2968
Pizzo
Cassandra
2872
M. Gruf
2936
Cassiano
Val Codera
Cma.del Cavalcorto
2763
Bagni
del Masino
M. Pioda
3431
Monte
Disgrázia
3678
Val di Mello
P.dell'Averta
Prímolo
Chiesa
in Valmalenco

S. 35
S. 52

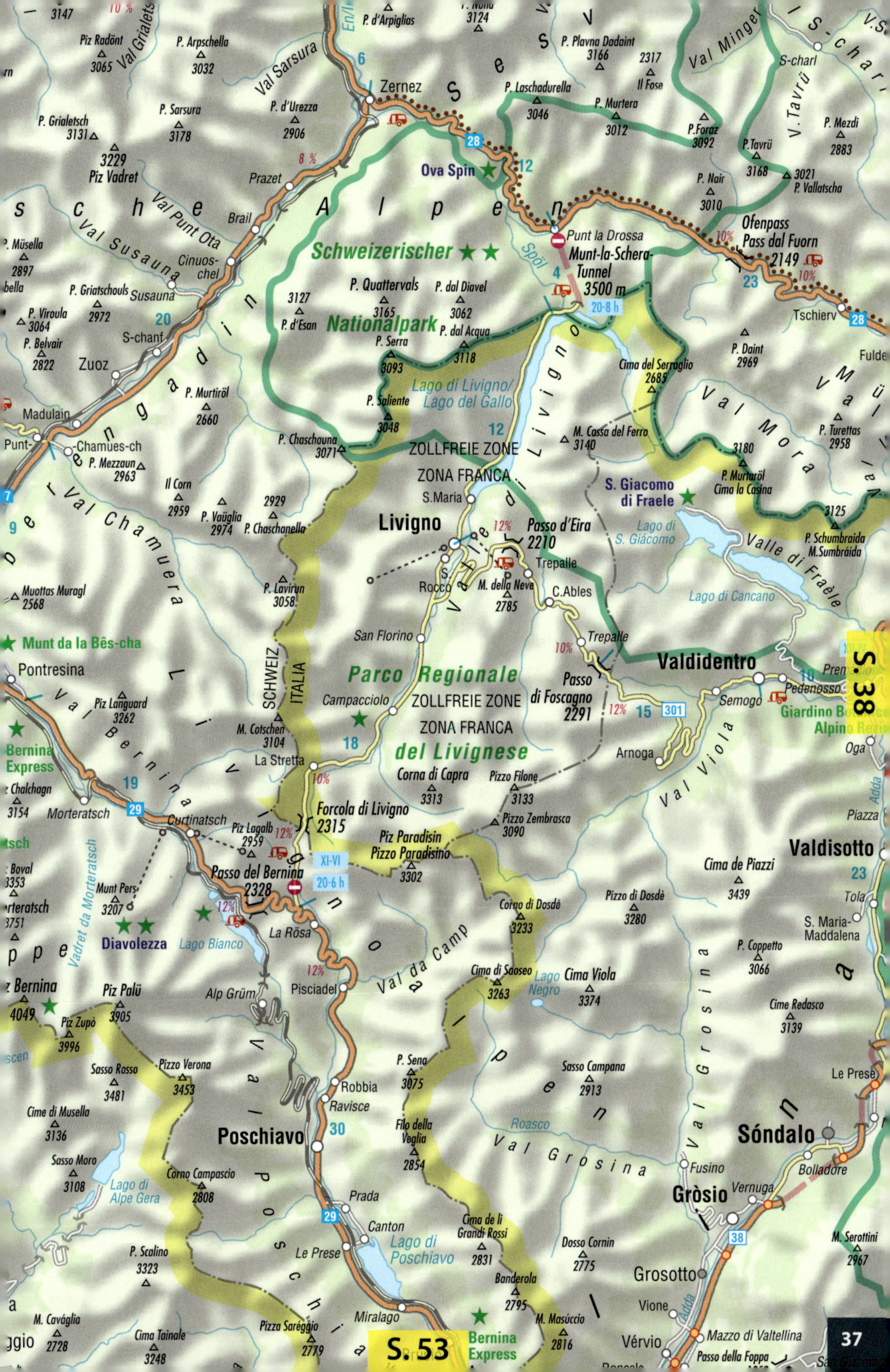

Zernez
P. d'Arpiglias
Piz Radönt 3065
Val Grialetsch
P. Arpschella 3032
Val Sarsura
P. Plavna Dadaint 3166
Val Minger
S-charl
V. Tavrü
P. Grialetsch 3131
P. Sarsura 3178
P. d'Urezza 2906
P. Laschadurella 3046
P. Murtera 3012
Il Fose
P. Foraz 3092
P. Mezdi 2883
3229 Piz Vadret
Prazet
Ova Spin
P. Tavrü 3168
3021 P. Vallatscha
P. Nair 3010
Val Punt Ota
Brail
Val Susauna
Cinuos-chel
Schweizerischer Nationalpark
Punt la Drossa
Munt-la-Schera-Tunnel 3500 m
20-8 h
Ofenpass Pass dal Fuorn 2149
Spöl
P. Müsella 2897
P. Griatschouls 2972
Susauna
P. Quattervals 3165
P. dal Diavel 3062
3127 P. d'Esan
P. Viroula 3064
P. Belvair 2822
S-chanf
Zuoz
P. dal Acqua 3118
P. Serra 3093
Tschierv
P. Daint 2969
Fuldera
Cima del Serraglio 2685
Lago di Livigno/ Lago del Gallo
P. Saliente 3048
Madulain
P. Murtiröl 2660
Val Mora
P. Turettas 2958
Punt-Chamues-ch
P. Mezzaun 2963
P. Chaschauna 3071
ZOLLFREIE ZONE ZONA FRANCA
M. Cassa del Ferro 3140
3180 P. Murtaröl Cima la Casina
S. Giacomo di Fraele
Il Corn 2959
P. Vaüglia 2974
2929 P. Chaschanella
S.Maria
Livigno
Passo d'Eira 2210
Lago di S. Giácomo
3125
P. Schumbraida M.Sumbráida
Valle di Fraèle
Val Chamuera
S. Rocco
M. della Neve 2785
Trepalle
C.Ables
Lago di Cancano
Muottas Muragl 2568
P. Lavirun 3058
Munt da la Bês-cha
San Florino
Trepalle
Pontresina
Parco Regionale del Livignese
Passo di Foscagno 2291
Valdidentro
S. 38
Premadio
Pedenosso
Semogo
Giardino Botanico Alpino Rezia
Oga
Piz Languard 3262
SCHWEIZ
ITALIA
Campacciolo
ZOLLFREIE ZONE ZONA FRANCA
M. Cotschen 3104
Arnoga
Val Viola
Bernina Express
La Stretta
Corna di Capra 3313
Pizzo Filone 3133
Val Bernina
Chalchagn 3154
Morteratsch
Curtinatsch
Forcola di Livigno 2315
Piz Lagalb 2959
Pizzo Zembrasca 3090
Piazza
Valdisotto
Piz Paradisin Pizzo Paradisino 3302
XI-VI
20-6 h
Passo del Bernina 2328
Cima de Piazzi 3439
Munt Pers 3207
Vadret da Morteratsch
Corno di Dosdè 3233
Pizzo di Dosdè 3280
Tola
S. Maria-Maddalena
Diavolezza
Lago Bianco
La Rösa
Val da Camp
P. Coppetto 3066
Piz Bernina 4049
Piz Palü 3905
Alp Grüm
Pisciadel
Cima di Saoseo 3263
Lago Negro
Cima Viola 3374
Cime Redasco 3139
Piz Zupò 3996
Pizzo Verona 3453
P. Sena 3075
Sasso Campana 2913
Val Grosina
Sasso Rosso 3481
Robbia
Ravisce
Le Prese
Cime di Musella 3136
Poschiavo
Filo della Veglia 2854
Roasco
Sóndalo
Sasso Moro 3108
Lago di Alpe Gera
Corno Campascio 2808
Fusino
Bolladore
Prada
Val Poschiavo
Grósio
Vernuga
Canton
Cima de li Grandi Rossi 2831
Lago di Poschiavo
M. Serottini 2967
P. Scalino 3323
Le Prese
Dosso Cornin 2775
Grosotto
Banderola 2795
Vione
M. Caváglia 2728
Cima Tainale 3248
Pizzo Saréggio 2779
Miralago
S. 53
Bernina Express
M. Masúccio 2816
Vérvio
Mazzo di Valtellina
Passo della Foppa
Adda

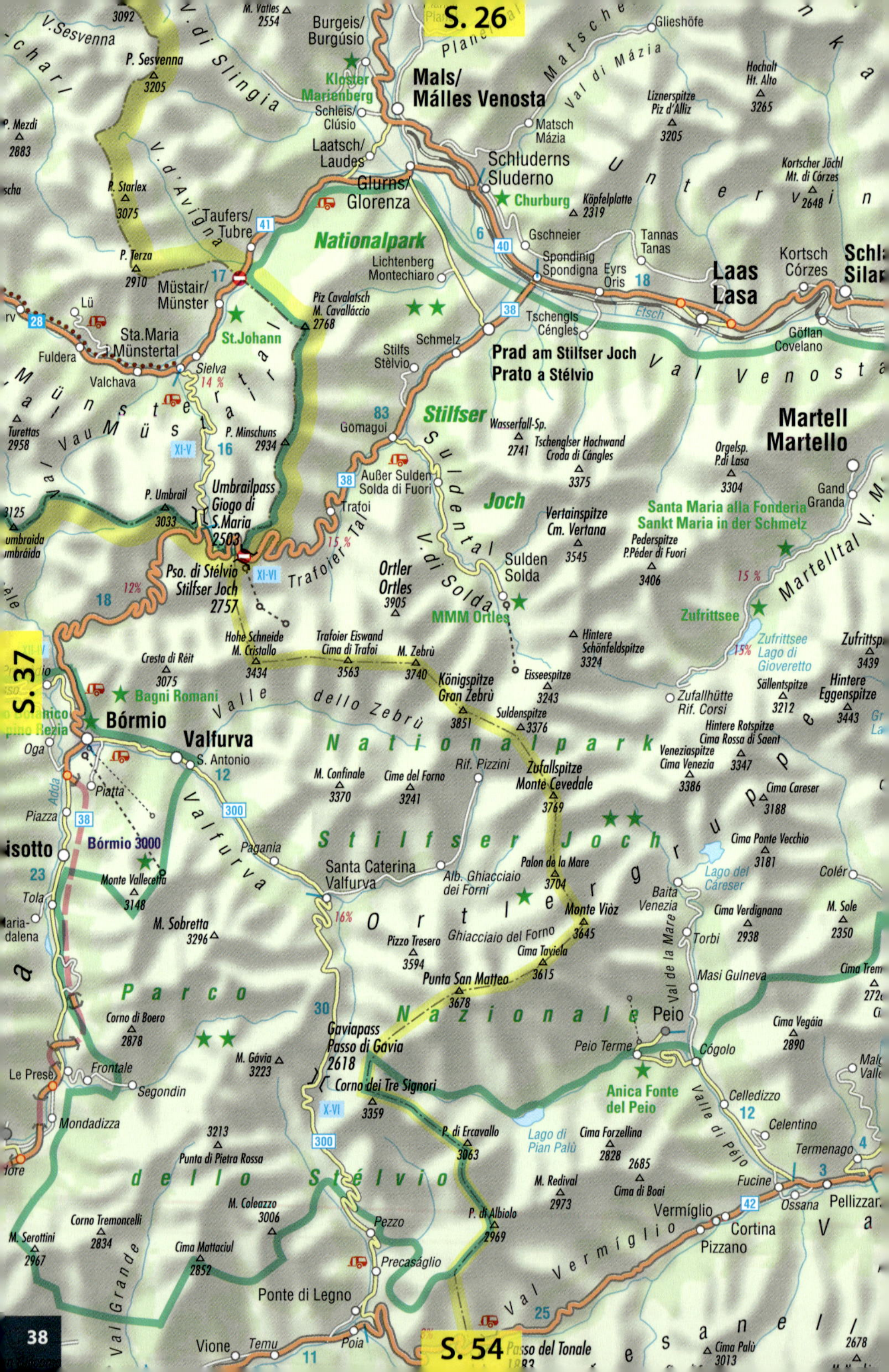
S. 26
S. 37
S. 54
Mals/
Málles Venosta
Burgeis/
Burgúsio
Kloster Marienberg
Schleis/
Clúsio
Laatsch/
Laudes
Glurns/
Glorenza
Schluderns
Sluderno
Churburg
Matsch
Mázia
Glieshöfe
Val di Mázia
Planeil
V.Sesvenna
P. Sesvenna
3205
3092
M. Vallies
2554
V. di Slingia
P. Mezdi
2883
P. Starlex
3075
V. d'Avigna
Taufers/
Tubre
P. Terza
2910
Müstair/
Münster
St.Johann
Lü
Fuldera
Sta.Maria
i.Münstertal
Valchava
Sielva
14 %
Val Müstair
Val Mora
Turettas
2958
P. Minschuns
2934
P. Umbrail
3033
Umbrailpass
Giogo di
S.Maria
2503
Pso. di Stélvio
Stilfser Joch
2757
12%
Nationalpark
Lichtenberg
Montechiaro
Piz Cavalatsch
M. Cavallàccio
2768
Schmelz
Stilfs
Stèlvio
Gomagoi
Prad am Stilfser Joch
Prato a Stélvio
Stilfser
Joch
Außer Sulden
Solda di Fuori
Trafoi
15 %
Trafoier Tal
Suldental
V. di Solda
Sulden
Solda
Ortler
Ortles
3905
MMM Ortles
Wasserfall-Sp.
2741
Tschenglser Hochwand
Croda di Cángles
3375
Vertainspitze
Cm. Vertana
3545
Gschneier
Spondinig
Spondigna
Eyrs
Oris
Tschengls
Céngles
Köpfelplatte
2319
Liznerspitze
Piz d'Alliz
3205
Hochalt
Ht. Alto
3265
Kortscher Jöchl
Mt. di Córzes
2648
Untervinschgau
Tannas
Tanas
Laas
Lasa
Kortsch
Córzes
Schl
Silar
Göflan
Covelano
Etsch
Val Venosta
Martell
Martello
Orgelsp.
P.di Lasa
3304
Gand
Granda
Santa Maria alla Fonderia
Sankt Maria in der Schmelz
Pederspitze
P.Péder di Fuori
3406
Martelltal
15 %
Zufrittsee
Zufrittsee
Lago di
Gioveretto
Zufrittsp.
3439
Hintere
Eggenspitze
3443
Sällentspitze
3212
Hohe Schneide
M. Cristallo
3434
Trafoier Eiswand
Cima di Trafoi
3563
M. Zebrù
3740
Königspitze
Gran Zebrù
3851
Eisseespitze
3243
Hintere
Schönfeldspitze
3324
Suldenspitze
3376
Zufallhütte
Rif. Corsi
Hintere Rotspitze
Cima Rossa di Saent
3347
Veneziaspitze
Cima Venezia
3386
Cresta di Réit
3075
Bagni Romani
Valle dello Zebrù
Bórmio
Oga
Valfurva
S. Antonio
Piatta
Piazza
Bórmio 3000
Isotto
Monte Vallecetta
3148
Tola
M. Sobretta
3296
Nationalpark
M. Confinale
3370
Cime del Forno
3241
Rif. Pizzini
Zufallspitze
Monte Cevedale
3769
Cima Careser
3188
Cima Ponte Vecchio
3181
Stilfser Joch
Pagania
Santa Caterina
Valfurva
16%
Alb. Ghiacciaio
dei Forni
Palon de la Mare
3704
Ortlergruppe
Ghiacciaio del Forno
Monte Viòz
3645
Cima Taviela
3615
Pizzo Tresero
3594
Punta San Matteo
3678
Lago del
Cáreser
Baita
Venezia
Colér
Cima Verdignana
2938
M. Sole
2350
Torbi
Val de la Mare
Masi Gulneva
Cima Tremenesca
Parco Nazionale dello Stélvio
Corno di Boero
2878
M. Gávia
3223
Gaviapass
Passo di Gavia
2618
Corno dei Tre Signori
3359
Peio
Peio Terme
Cógolo
Cima Vegáia
2890
Anica Fonte
del Peio
Le Prese
Frontale
Segondin
Mondadizza
3213
Punta di Pietra Rossa
P. di Ercavallo
3063
Lago di
Pian Palù
Cima Forzellina
2828
2685
Cima di Boai
M. Redival
2973
Celledizzo
Valle di Péio
Celentino
Termenago
Fucine
Ossana
Pellizzano
M. Coleazzo
3006
P. di Albiolo
2969
Vermíglio
Cortina
Pizzano
Corno Tremoncelli
2834
M. Serottini
2967
Cima Mattaciul
2852
Pezzo
Precaságlio
Ponte di Legno
Val Vermíglio
Val Grande
Vione
Temù
Poia
Passo del Tonale
Presanella
Cima Palù
3013
2678

S. 27

Parco Naturale Gruppo di Tessa
Texelspitze
Cima d.Tessa
3317
3337
Roteck
Monterosso
Karthaus
Cartosa
Schnalstal
Val Senales
Gfallwand
Croda d.Tovale
Katharinen-
berg
Sta. Caterina
3175
Trumser Spitze
Pta. di Trúmes
2912
Altratteis
Rattísio Vécchio
Vinschgau
Castel Juval
Schloss Juval
Naturns
Naturno
Ladurner
Partschins
Parcínes
Rabland
Rablà
Plars
Castello Tirolo
Schloss Tirol
D.Tirol
Tirolo
Riffian
Rifiano
Algund
Lagundo
Schenna
Scena
Naifjoch
2030
Meran 2000
MERAN
MERANO
Hafling
Avelengo
2086
Saring
Marling
Marlengo
Plaus
S. Prócolo
St. Prokulus
Castello Montejeone
Schloss Lebenberg
Schloss
Kastelbell
Tschars
Ciárdes
Kastelbell
Castelbello
Galsaun
Colsano
Tabland
Tablà
Tschirland
Cirlano
2027
Rauhe Bühel
Celle Scabro
Lana
Tscherms
Cérmes
Aschl
Eschio
Völlan
Verano
Burgstall
Póstal
St. Ulrich
Mölten
Méltina
Latsch
Laces
Jörg-Lederer-
Altar
Tarsch
Tárres
Freiberg
Merzoner Alm
Mga. Marzòn
Hochwart
Guárdia Alta
2608
St.Pankraz
S.Pancrázio
Klaus
Mariä
Himmelfahrt
Schlaneid
Salonetto
Niederwies
Rontscher Joch
2711
Hoher Dieb
il Gran Ladro
2728
Ortler
Tschahaun
Platzers
Plazzóles
Tisens
Tésimo
Vilpian
Vilpiano
Verschneid
Frassinet
Auß.Dura
Hasenöhrl
l'Orécchiadi Lepre
3256
Arzkersee/
L.di Quaira
St.Walburg/
S.Valburgia
Mitterbad
Bagni di Mezzo
Ultental
Laugenspitze
M.Luco
2433
Prissian
Prissiano
San Giacomo
Sankt Jakob
Nals
Náiles
Kreut/Novale
Terlan/Ter
Ulten
Último
Val d'Ultimo
Gampen-J.
Pso.Palade
1518
Festenstein
Ob.-Glan
Hochwart
Vedetta Alta
2627
Senale-
Unsere liebe Frau
im Walde
Andrian
Andriano
Siebeneich
Settequerce
St.Nikolaus
S.Nicolò
Mandelspitz
Cima Ometto
2396
St. Felix
S. Felice
Waldruh
Burg/Castel
Hocheppan
Ruine
Boymont
Ilmenspitz
Monte degli Olmi
2656
Tret
St. Gertraud
S. Gertrude
Weißbrunner
See
M. Ori
1880
St. Pauls/S. Pàolo
Berg Monte
Proveis
Proves
Tanna
Laurein
Lauregno
Castelfondo
Dovena
Castelfondo
Eppan
Appiano
Cima Trenta
2635
Schrummspitze
2626
Lanza
Karspitze
Punta di Quaira
2750
Marcena
Corte
Fondo
M. Pénegal
1737
Ober-
planitzing
Pianizza di Sopra
Unterplan
M. Pin
2420
Tregiovo
Brez
Malosco
Val di Brésimo
Malga Bordolona
Cima Zóccolo
2561
Bévia
Sarnónico
St.Nikolaus
S. Nicolò
Cloz
Cavereno
Ruffrè
Passo di
Mendola
1360
St. Anton
S. Antònio
Piazzola
Preghena
Livo
Brésimo
Dámbel
Romallo
San Bernardo
Ceresè
Cima Cándei
2200
Cis
Bordiana
Romeno
Don
Amblàr
Schl.
Ringberg
Altenburg
Castelvécchio
Val di Rabbi
Revò
Banco
Casèz
Sálter
San Romédio
Stadel
Maso Stad
Caldès
Terzolàs
Cavizzana
Lago di Sta Giustina
Cles
Sanzeno
Tavon
Castello
Córedo
M. Roèn
2116
Kaltener See
(Lago di Caldaro)
Söll
Sella
Cima Camucina
2287
Malé
Croviana
Tramin
Termeno
Méchel
Córedo
Smarano
Dermulle
Sfruz
Neumarkt-Auer
Egna-Ora
Montés
Monclássico
Tuenno
Tassullo
Castello Brughiero
Altopiano della Predaia
Nonsberggruppe
Kurtatsch
Cortaccia
Rungg
Ronchi
Commezzadura
Dimaro
Val di Sole
Taio
Tres
M. Péller
2320
Nanno
Vervò
Penon
Penone
Neu
Egna
Térres
Corno di Tres
1812
Margreid
Magrè
Folgárida
Palon
2361
Brenta
Flavòn
Torrente Noce
Val di Non
Priò
St.Florian
Sasso Rosso
2645
Cunevo
Toss
Castel Thun
Fennberg
Favogna
Kurtinig
Cortina
Laag
Laghetti
M. Corno
1962
Denno
Rocca Piana
1874
Val Melédrio
Albergo Miralago
Vigo
Anáunia
Roverè
della Luna
Campo Carlo Magno
1682
Cima Sassara
Lago
di Tóvel
Campodenno
Monticello
1859
Salurner
10 %
8%
9%
10%

S. 40

S. 55

S. 28

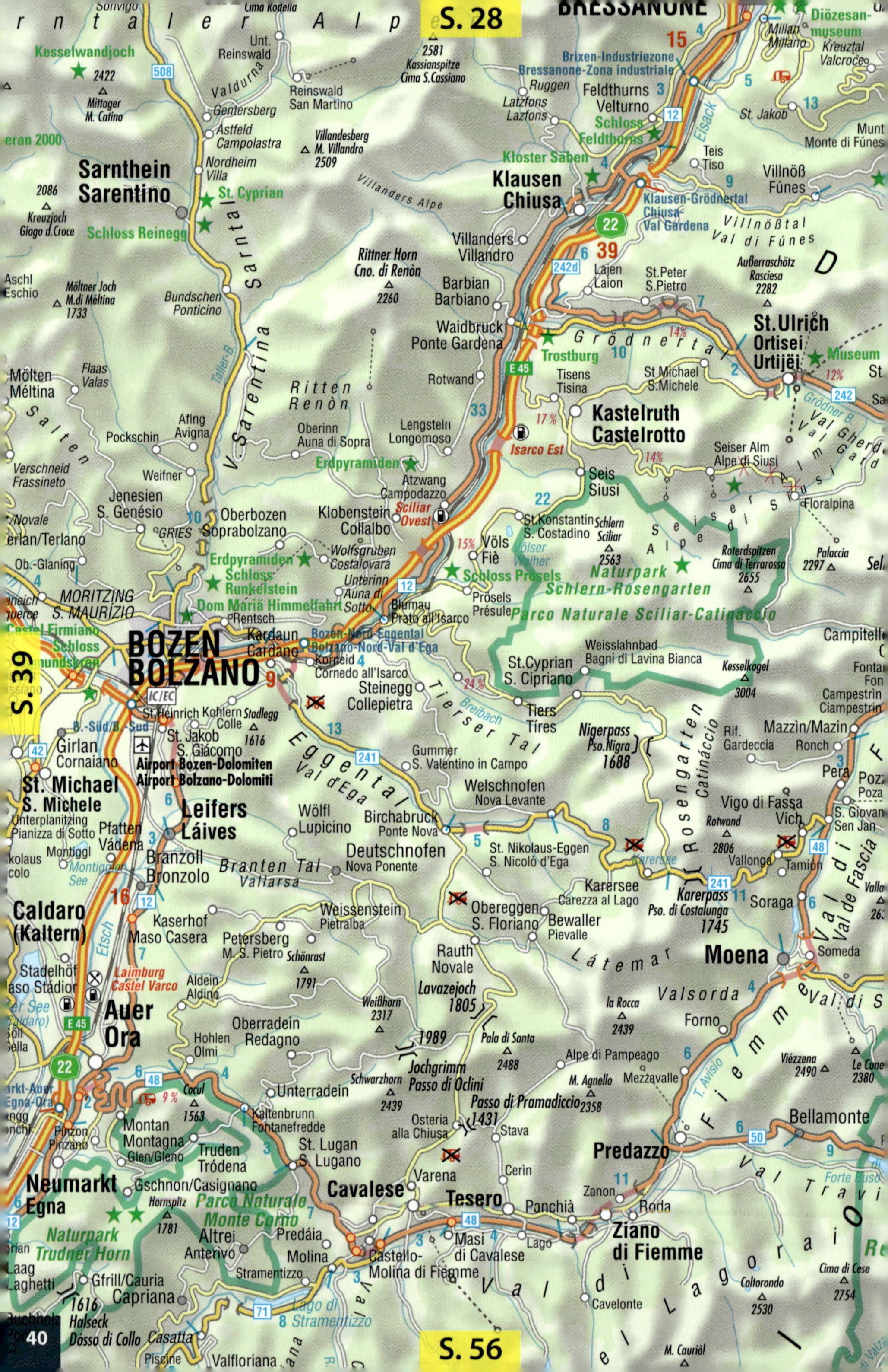
BRESSANONE
Diözesan-museum
Millan Millano
Kreuztal Valcroce
Brixen-Industriezone
Bressanone-Zona industriale
Ruggen
Feldthurns Velturno
Schloss Feldthurns
Latzfons Lazfons
St. Jakob
Munt Monte di Fúnes
Teis Tiso
Kloster Säben
Klausen Chiusa
Klausen-Grödnertal Chiusa-Val Gardena
Villnöß Fúnes
Villnößtal Val di Fúnes
Villanders Villandro
Villanders Alpe
Lajen Laion
St.Peter S.Pietro
Außerraschötz Rasciesa 2282
Rittner Horn Cno. di Renòn 2260
Barbian Barbiano
Waidbruck Ponte Gardena
Trostburg
Grödnertal
St.Ulrich Ortisei Urtijëi
Museum
Tisens Tisina
St.Michael S.Michele
Rotwand
Kastelruth Castelrotto
Lengstein Longomoso
Isarco Est
Seiser Alm Alpe di Siusi
Val Gherdëina
Seis Siusi
Floralpina
Erdpyramiden
Atzwang Campodazzo
Sciliar Ovest
Klobenstein Collalbo
St.Konstantin S. Costadino
Schlern Sciliar 2563
Völs Fiè
Völser Weiher
Roterdspitzen Cima di Terrarossa 2655
Palaccia 2297
Seiser Alpe
Naturpark Schlern-Rosengarten
Schloss Prösels
Prösels Présule
Parco Naturale Sciliar-Catinaccio
Wolfsgruben Costalovara
Unterinn Auna di Sotto
Blumau Prato all'Isarco
Ritten Renòn
Oberinn Auna di Sopra
Kesselwandjoch
2422 Mittager M. Catino
Reinswald San Martino
Unt. Reinswald
Valdurna
Gentersberg
Astfeld Campolastra
Villandesberg M. Villandro 2509
Nordheim Villa
2581 Kassianspitze Cima S.Cassiano
Sarnthein Sarentino
St. Cyprian
Schloss Reinegg
2086 Kreuzjoch Giogo d.Croce
Sarntal
Möltner Joch M.di Méltina 1733
Aschl Eschio
Bundschen Ponticino
Mölten Méltina
Flaas Valas
Salten
Afing Avigna
Pockschin
V. Sarentina
Verschneid Frassineto
Weifner
Jenesien S. Genésio
GRIES
Oberbozen Soprabolzano
Ob.-Glaning
Erdpyramiden
Schloss Runkelstein
Dom Mariä Himmelfahrt
MORITZING S. MAURIZIO
Castel Firmiano
Schloss Sigmundskron
Rentsch
BOZEN BOLZANO
Kardaun Cardano
Bozen-Nord-Eggental Bolzano-Nord-Val d'Ega
Kornéid Cornedo all'Isarco
Steinegg Collepietra
St.Cyprian S. Cipriano
Weisslahnbad Bagni di Lavina Bianca
Kesselkogel 3004
Campitello
Campestrin Ciampestrin
Tierser Tal
Tiers Tires
Nigerpass Pso.Nigra 1688
Rosengarten Catináccio
Rif. Gardeccia
Mazzìn/Mazin
Ronch
Pera
Pozza Poza
Vigo di Fassa Vich
S. Giovanni Sen Jan
St.Heinrich Kohlern Colle
Stadlegg 1616
St. Jakob S. Giácomo
Airport Bozen-Dolomiten Airport Bolzano-Dolomiti
Girlan Cornaiano
St. Michael S. Michele
Unterplanitzing Pianizza di Sotto
Eggental Val d'Ega
Gummer S. Valentino in Campo
Welschnofen Nova Levante
Leifers Láives
Pfatten Vádena
Montiggl
Montiggler See
Wölfl Lupicino
Birchabruck Ponte Nova
Deutschnofen Nova Ponente
St. Nikolaus-Eggen S. Nicolò d'Ega
Karersee
Rotwand 2806
Vallonga
Tamion
Val di Fassa
Branzoll Bronzolo
Branten Tal Vallarsa
Karersee Carezza al Lago
Karerpass Pso. di Costalunga 1745
Soraga
Caldaro (Kaltern)
Kaserhof Maso Casera
Weissenstein Pietralba
Obereggen S. Floriano
Bewaller Pievalle
Petersberg M. S. Pietro
Schönrast 1791
Látemar
Moena
Someda
Stadelhof Maso Stádio
Laimburg Castel Varco
Aldein Aldino
Rauth Novale
Lavazejoch 1805
Valsorda
Val di S
Auer Ora
Weißhorn 2317
la Rocca 2439
Forno
Hohlen Olmi
Oberradein Redagno
1989
Pala di Santa 2488
Alpe di Pampeago
Viézzena 2490
Le Cune 2380
Jochgrimm Passo di Oclini
Schwarzhorn 2439
M. Agnello
Mezzavalle
Unterradein
Cocul 1563
Passo di Pramadiccio 2358
Kaltenbrunn Fontanefredde
Fiemme
T. Avisio
Bellamonte
Montan Montagna
Glen/Gleno
Pinzon Pinzano
Osteria alla Chiusa
Stava
Predazzo
Truden Tródena
St. Lugan S. Lugano
Cerìn
Neumarkt Egna
Gschnon/Casignano
Cavalese
Varena
Tesero
Panchià
Zanon
Roda
Forte Buso
Val Travignolo
Hornspitz 1781
Parco Naturale Monte Corno
Naturpark Trudner Horn
Altrei Anterivo
Predáia
Molina
Castello-Molina di Fiemme
Masi di Cavalese
Lago
Ziano di Fiemme
Val di Fiemme
Lagorai
Cima di Cese 2754
Coltorondo 2530
Laag Laghetti
Gfrill/Cauria
Capriana
Stramentizzo
Lago di Stramentizzo
Cavelonte
1616 Halseck Dosso di Collo
Casatta
Piscine
Valfloriana
M. Cauriòl

S. 39

S. 56

S. 29

Antermóia
Antermëia
Würzjoch
Pso.delle Erbe
Börz
2006
Pikolein
Piccolino
Picolin
St. Martin in Thurn
San Martino in Badia
San Martin de Tor
Enneberg
Marebbe
Fanes-Sennes-Prags
Pragser Wildsee
Lago di Bráies
Seekofel
Croda del Becco
2810
M. Sella di Sénnes
2787
Brückele
Ponticello
2559
Dürrenstein
Picco di Vallandro
2839
Gr. Rosskogel
Campo Cavallo
ALTO ADIGE
TRENTINO
VENETO
Plätzwiese
Prato Piazza
Imschoß
2874
Peitlerkofel
Sass de Pútia
Coristeles
Wengen
La Valle
La Val
Tamers
Tamóres
V. di Tamóres
Rautal
Pederühütte
Hohe Gaisl
Croda Rossa
3139
2653
Tullen
M.Tullo
Zanser Alm
Rifugio Zannes
Campill
Longiarù
Lungiarü
Gader-B.
Zehnerspitze
Cima Dieci
3023
Parco Naturale
Parco Naturale delle Dolomiti d' Ampezzo
Schluderbach
Rufreddo
San Biágio
Geislerspitzen
Sass Rigáis
3025
Puezspitzen
Pte.d. Púez
2913
St. Leonhard
S. Leonardo
San Linert
Abtei / Badia
St. Leonhard
Pareispitze
Monte Parei
2783
Gruppo del Cristallo
Col Raiser
2115
Naturpark Puez-Geisler
Parco Naturale Púez - Odle
Stern
La Villa
La Ila
la Varella
3055
Fanes-Sénnes-Bráies
St. Kassian
S. Cassiano
San Ciascàn
M.Cristallo
3218
Wolkenstein
Selva
Sëlva Gherdëina
Grödner Joch
Passo di Gardena
Piz la Ila
2077
Corvàra
Kurfar
St. Kassian-Tal
Valle di S. Cassiano
M. Cavallo
2912
Tofanagruppe
Plan
2137
Kolfuschg
Colfosco
Calfosch
Tofana di Mezzo
3224
Chiave
Ronco
CORTINA d'Ampezzo
Sellagruppe
Gruppo di Sella
Passo di Valparola
2197
Passo di Falzárego
2105
Zuèl
Acquabona
Piz Boè
3152
Passo di Campolongo
1875
Buchenstein
Livinallongo
Passo di Sella
2240
Pordoijoch
Passo Pordoi
2239
Arabba
Rèba
Col di Lana
2462
M. Averau
2648
Passo di Giau
2233
Boite
Gries
Canazei
Cianaceì
Pieve di Livinallongo
Buchenstein
M. Pore
2405
Croda da Lago
2701
La Veisc
Val de Fascia
Alba
Dèlba
Penía
la Mèsola
2734
M. Padòn
2510
Pian de Lòbbia
L. di Fedaia
Moè
Larzonei
M. Cernera
2657
Laste
Selva di Cadore
Riserva Nat. M. Pelmo-Mondeval-Passo Giau
Lorenz
Lurenz
Gran Vernèl
3210
Brunèc
2486
Marmolada
Marmolèda
Pso. di Fedaia
2052
Sass di Roi
2369
Rocca Piétore
Pian
Colle S. Lucia
S. Fosca
Pescùl
Forcella Staulanza
1773
Villanova
Borca di Cadore
Punta di Penía
3343
Palue
Caprile
T. Pettorina
M. Fernazza
2100
M. Pelmo
3168
S. Nicolò
Sottoguda
le Grázie
Rudatòs
Sasso di Valfredda
3009
Gh.io d. Marmolada
Sasso Bianco
2407
Saviner
L. d'Alleghe
M. Coldai
2396
M. Penna
2195
M. Pezza
2408
Alleghe
Cime d. Àuta
2623
Vallada Ágordo
Costóia
Mareson
Costabella
2759
Sala
M. Civetta
3220
Coi
Passo di S. Pellegrino
1918
S. Tomaso Agordino
Cogul
Zoldo Alto
Fusine
M. Punta
1952
Zoppè di Cadore
Fedèr
Avoscàn
Sacchet
S. Simon
Col. Margherita
2483
Sappade
Spiz Agnelessa
2036
Dont
Bragarezza
Caviola
Celàt
Cencenighe Agordino
M. Pradazzo
2276
Falcade
Canale d'Agordo
M. Moiazza
2865
Chiesa
Pralongo
Gavaz
Forno di Zoldo
Ghirlo
M. Palmina
2032
Cap. Trieste
Passo di Valles
2033
Cima di Pape
2503
T. Cordévole
Passo Duran
1601
Spiz di Mezzodì
Cima d. Focobòn
3054
Pale di S. Lucano
M. Framont
2293
T. Travignolo
2174
M. S. Lucano
2409
Listolade
M. Tamer
2546
Passo della Costazza
Garès
Forno di Val
Talbòn
C.ma di Pramper
2409
S. Lucano
Forcella Cesurette
1807
T. Tegnàs
Passo Rolle
1972
Cimon d. Pala
3185
Cima d. Vezzana
3192
Val di S. Lucano
Tóccol
Ágordo
la Valle Agordina
M. Agner
2872
Veràn
Colbricòn
2603
Cancellade
M. Talvena
2563
Cima d. Rosetta
2982
Ponte Alto
S. Martino di Castrozza
Pala di S. Martino
2982
Rivamonte Agordino
Zenich
Croda Grande
Frassené
Forcella Aurine
La Muda
Cima d. Fradusta
2939
Angoletta
Canale d'Ágordo
Pinei
Forcella Franche

S. 42
S. 57

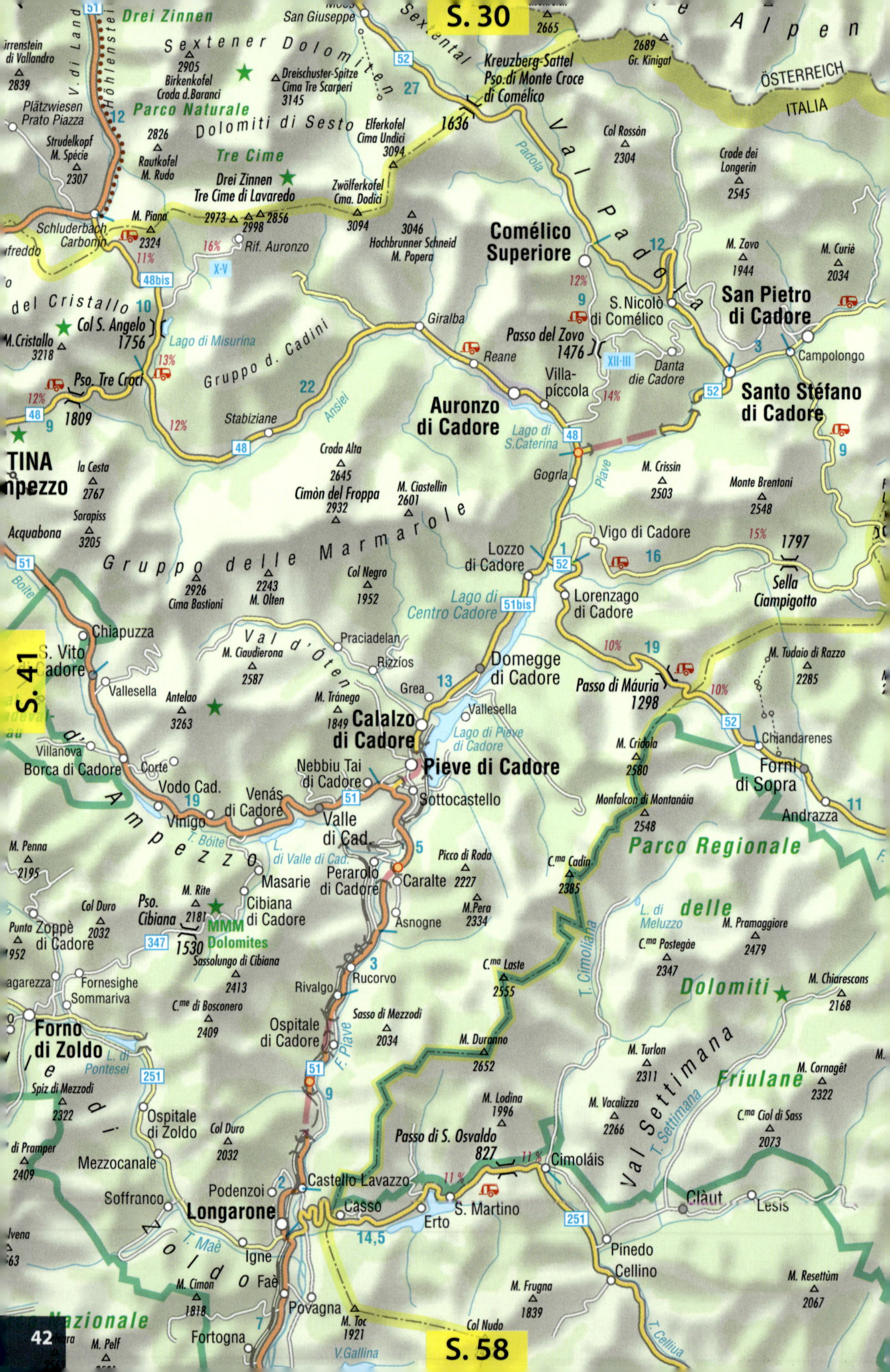

S. 30
S. 41
S. 58
Drei Zinnen
Sextener Dolomiten
Parco Naturale
Dolomiti di Sesto
Tre Cime
Drei Zinnen
Tre Cime di Lavaredo
Kreuzberg-Sattel
Pso. di Monte Croce
di Comélico
1636
Val Padola
Comélico
Superiore
ÖSTERREICH
ITALIA
San Pietro
di Cadore
Santo Stéfano
di Cadore
Auronzo
di Cadore
Lago di Misurina
Gruppo d. Cadini
Passo del Zovo
1476
Col S. Angelo
1756
Pso. Tre Croci
1809
Gruppo delle Marmarole
Lago di
Centro Cadore
Calalzo
di Cadore
Pieve di Cadore
Lago di Pieve
di Cadore
Passo di Máuria
1298
Sella
Ciampigotto
1797
Parco Regionale
delle
Dolomiti
Friulane
Val Settimana
Forno
di Zoldo
Longarone
Passo di S. Osvaldo
827
Pso.
Cibiana
1530
MMM
Dolomites
Val d'Óten
Ampezzo
Zoldo
Forni
di Sopra
Cimoláis
Clàut
Erto
Castello Lavazzo
Antelao
3263
42

S. 31

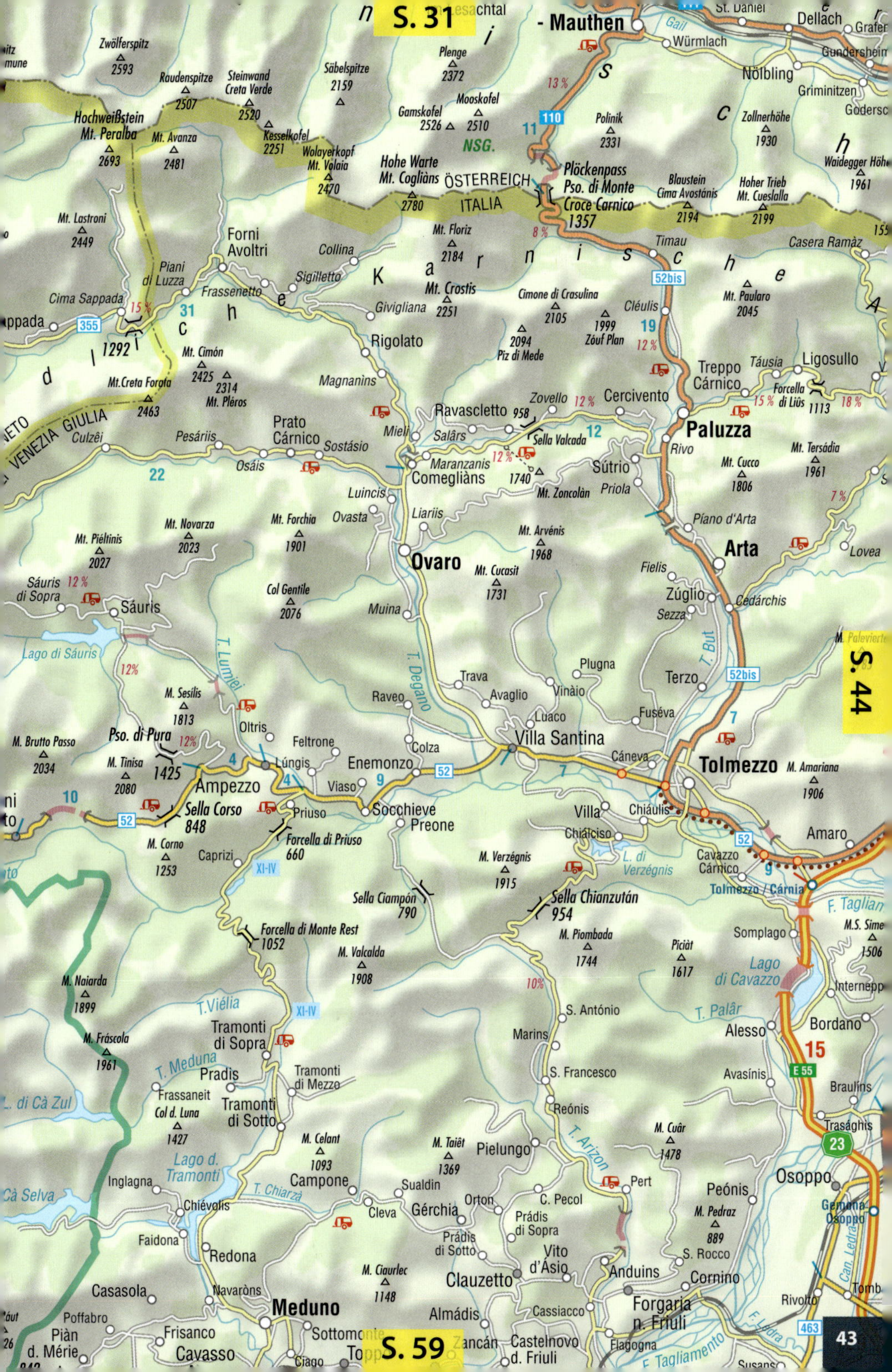
Mauthen
Würmlach
St. Daniel
Dellach
Grafen
Gundersheim
Nölbling
Griminitzen
Zwölferspitz
2593
Raudenspitze
2507
Steinwand
Creta Verde
2520
Säbelspitze
2159
Plenge
2372
Mooskofel
2510
Gamskofel
2526
Kesselkofel
2251
Hochweißstein
Mt. Peralba
2693
Mt. Avanza
2481
Wolayerkopf
Mt. Volaia
2470
Hohe Warte
Mt. Coglians
2780
ÖSTERREICH
ITALIA
NSG.
Plöckenpass
Pso. di Monte
Croce Carnico
1357
Polinik
2331
Zollnerhöhe
1930
Waidegger Höhe
1961
Blaustein
Cima Avostánis
2194
Hoher Trieb
Mt. Cueslalla
2199
Mt. Lastroni
2449
Forni
Avoltri
Collina
Mt. Floriz
2184
Timau
Casera Ramàz
Piani
di Luzza
Sigilletto
Frassenetto
Mt. Crostis
2251
Cimone di Crasulina
2105
Mt. Paularo
2045
Cima Sappada
Sappada
1292
Givigliana
Rigolato
Cléulis
1999
Zóuf Plan
2094
Piz di Mede
Mt. Cimón
2425
2314
Mt. Pléros
Mt.Creta Forata
2463
Magnanins
Treppo
Cárnico
Táusia
Ligosullo
Forcella di Liûs
1113
Ravascletto
958
Zovello
Cercivento
Paluzza
FRIULI VENEZIA GIULIA
Culzêi
Pesáriis
Prato
Cárnico
Sostásio
Mieli
Salârs
Sella Valcada
Osáis
Maranzanis
Comeglians
1740
Mt. Zoncolàn
Sútrio
Priola
Rivo
Mt. Cucco
1806
Mt. Tersádia
1961
Luincis
Ovasta
Liariis
Piano d'Arta
Arta
Lovea
Mt. Piéltinis
2027
Mt. Novarza
2023
Mt. Forchia
1901
Ovaro
Mt. Arvénis
1968
Mt. Cucasit
1731
Fielis
Záuglio
Sezza
Cedárchis
Sáuris di Sopra
Sáuris
Col Gentile
2076
Muina
Lago di Sáuris
T. Lumiei
T. Degano
Plugna
T. But
Terzo
Trava
Avaglio
Vinàio
Raveo
Luaco
Fuséva
M. Sesilis
1813
Oltris
Feltrone
Colza
Villa Santina
Cáneva
Tolmezzo
M. Amariana
1906
M. Brutto Passo
2034
Pso. di Pura
1425
M. Tinisa
2080
Lúngis
Enemonzo
Ampezzo
Viaso
Socchieve
Preone
Villa
Chiáulis
Amaro
Sella Corso
848
Priuso
Forcella di Priuso
660
Chiálciso
L. di Verzégnis
Cavazzo Cárnico
Tolmezzo / Cárnia
M. Corno
1253
Caprizi
M. Verzégnis
1915
F. Tagliamento
Sella Ciampón
790
Sella Chianzután
954
Somplago
M.S. Simeone
1506
Forcella di Monte Rest
1052
M. Valcalda
1908
M. Piombada
1744
Piciàt
1617
Lago di Cavazzo
Interneppo
M. Naiarda
1899
T. Viélia
S. António
T. Palâr
Alesso
Bordano
Tramonti di Sopra
Marins
M. Fráscola
1961
T. Meduna
Pradis
Tramonti di Mezzo
S. Francesco
Avasínis
Braulins
L. di Cà Zul
Frassaneit
Tramonti di Sotto
Reónis
Trasághis
Col d. Luna
1427
M. Celant
1093
M. Taiêt
1369
Pielungo
T. Arzino
M. Cuâr
1478
Lago d. Tramonti
Campone
Sualdin
Pert
Osoppo
Inglagna
T. Chiarzò
Cà Selva
Chiévolis
Cleva
Gérchia
Orton
C. Pecol
Peónis
M. Pedraz
889
Gemona-Osoppo
Prádis di Sopra
Faidona
Redona
Prádis di Sotto
Vito d'Ásio
Anduins
S. Rocco
M. Ciaurlec
1148
Clauzetto
Cornino
Casasola
Navaròns
Meduno
Almádis
Cassiacco
Forgaria n. Friuli
Rivoli
Tomba
Poffabro
Piàn d. Mérie
Frisanco
Cavasso
Sottomonte
Ciago
Toppo
Zancán
Castelnovo d. Friuli
Flagogna
F. Tagliamento
F. Ledra
Can. Ledra
Susans

S. 44

S. 59

HERMAGOR
Kärntner Erlebnispark
Windische Höhe 1110
Förolach
Köstendorf
Grafendorf
Reisach
Kirchbach
Gundersheim
Waidegg
Jenig
Treßdorf
Goderschach
Stranig
Grünburg
Obervellach
Paßriach
Micheldorf
Kühweg
Egg
Presselegger See
Görtschach
St. Stefan im Gailtal
Rattendorf
Tröpolach
Möderndorf
St. Michael
Dellach
Vorderberg
Gail
Waidegger Höhe 1961
Straniger Alm
Hochwipfel 2195
Rattendorfer Alm
Tresdorfer Alm
Trogkofel Creta di Aip 2279
Nassfeld Passo di Pramollo 1530
Gartnerkofel 2195
Zielkofel 1824
Poludnig M. Poludnig 1999
Poludniger Alm
Oisternig Monte Oisternig 2052
Kreuther Höhe 1441
1682
2118
2108
2044
1893
1554
Ramàz
Mt. Zermula 2145
Passo del Casòn di Lanza 1552
Roßkofel Mt. Cavallo 2240
1832
Kronalpe Mt. Corona
Mt. Scinàuz 1999
Mt. Cocco 1943
Riserva Naturale Foresta di Tarvisio
Mirnig 1397
Stabet 1628
Ugovizza
Tarvisio Sud
Camporosso in Valcanale
Villamezzo
Paularo
Mt. Salinchièt 1857
Mt. Cullâr 1764
Stúdena Bassa
Stúden Alta
Sella di Cereschiátis 1066
Frattis
Pontebba
Malborghetto
Bagni di Lusnizza
La Glésie San Leonardo
Malborghetto-Valbruna
Valbruna
Mt. Santo di Lussari 1766
Diérico
Salino
Lovea
Mt. Sérnio 2188
Mt. Chiavàls 2096
Dordolla
Jôf di Dogna 1961
Mt. Schieiz o Berda 1839
Due Pizzi 2046
Jôf di Miezegnòt 2089
Mincigos
Chióut
Cima del Cacciatore 2071
Zuc del Bôr 2197
Dogna
Grauzária
Jôf di Montásio 2753
Jôf Fuàrt 2666
M. Cimone 2380
Chiaranda
T. Glagnò
T. Áupa
R. Alba
Prádis
Móggio Udinese
Chiusaforte
Raccolana
Canale di Raccolana
Stretti
Campiolo Ovest
Ovedasso
Pezzèit
Saletto
Raccolana
Sella Nevea 1190
M. Sart 2324
M. Cergnala 2344
Resiutta
S. Giorgio
Prato di Résia
T. Résia
Cárnia
Oseacco
Stolvizza
Valle di Résia
M. Pláuris 1959
Parco Regionale delle Prealpi Giulie
Coritis
M. Canin 2587
Prevala 2067
Koča P. Skalarja 1811
Plužna
F. Tagliamento
F. Fella
Pórtis
M.S. Simeone 1506
Pioverno
Lischiazze
Sella Carnizza 1092
M. Cadin 1820
M. Guarda 1719
Interneppo
Venzone
T. Venzonassa
Musi
Passo di Tanamea 851
Uccea
R. Uccea Učeja
Log Čezsoški
F. Isonzo
Ospedaletto
M. Chiampòn 1709
M. Brinizza 1636
Gran Monte
Gabrovec 1629
Stol 1668
Srpenica
Braulins
Pers
Pradiélis
T. Torre
Lusévera
Cornappo
Trasághis
Gemona d. Friuli
Monteaperta
Montemaggiore
Breginj Bergogna
Borjana Boreana
Flaipano
Vedronza
Debellis
Sedlo
Lessi
Maniaglia
Isola
Stella
Villanova
Taipana
Podbela
Gemona Osoppo
Sammardénchia
Monteprato
Platischis
Logje Longo
Magnano
Zomeàis
Nongruella
Prossenicco
M. Mia 1237
Can. Ledra
Búia
Madonna
Tarcento
Torlano
M. Iàuer 1093
Robidišče
M. Vogu 1124
Stupizza
Tomba
Urbignacco
Zurin
Cergneu
F. Natisone
Subit
Montefosca
S. Stéfano
Segnacco
Nímis
Loneriacco
M. Ioánaz 1167
Mersino
Canébola
Malina
Attimis
Ledra
ITALIA
SLO

S. 43

S. 60

Bad Bleiberg
Besucherbergwerk Terra Mystica
VILLACH
Therme Warmbad
Villach/ Warmbad
Pfarrkirche St. Jakob
Landskron
Seebach
Villach/ Faaker See
Drobollach am Faaker See
Faaker See
Egg
St. Martin
Rosegg
Föderlach
Wernberg
Velden-West
VELDEN am Wörthersee
Ledenitzen
Unterferlach
Mühlbach
St. Jakob i.R.
St. Peter
Faak am See
Müllnern
Finkenstein
Latschach ob d. Faaker See
Untergreuth
Altfinkenstein
St. Jakob im Rosental
Schlatten
Kanin
Rosenbach
Dobratsch 2166
Villacher Alpe
Nötsch im Gailtal
Labientschach
Bleiberg-Kreuth
Mittagsnock 1558
Schwandnock 1518
NSG
Roßtratte
Dreiländereck
Hermagor (Gailtal)
Hohenthurn
Arnoldstein
Achomitz
Pöckau
Riegersdorf
Hart
Unter-Techanting
Korpitsch
Radendorf
Unterthörl
Maglern
Seltschach
ÖSTERREICH
ITALIA
SLOVENIJA
Coccau
Coccau di sopra
Ofen M. Forno 1509
Wurzenpass 1073
Blekova 1746
Mittagskogel 2143
Hühnerkogel 1574
Karawankentunnel 7865 m
Karawanken
Oltreacqua
Poscolle
Tarvisio Nord
Rutte
Fusine Laghi
Rateče
Podkoren
Gozd Martuljek
Visoki Kurji Vrh 1830
Planica 1508
1594 Rosenbachsattel
Fusine in Valromana
Planica
Kranjska Gora
Belica
Dovje
Mojstrana
Hrušica
Jesenice zahod
Jesenice
Aclete
Parco Regionale di Fusine
Laghi di Fusine
Ponzagrande Visoka Ponza 2274
Ciprnik 1746
1572 Vitranec
P.di Mezzodì 2062
Mt. Mángart 2677
Spik 2472
Dovškikriž 2538
Vrtaški Vrh 2472
Slap Peričnik
Jerebikovec 1593
Vrata
Vršič 1611
Jalovec 2643
Razor 2601
Debela pecu 2015
Radovna
Strmec na Predelu
Log pod Mangartom Bretto
Briceljk 2343
Julijske Alpe
Arboretum Juliana
Triglavski Narodni Park
Triglav 2863
Poldjuška luknja
Zatrnik
Na Logu Trenta
Spodnja Trenta
Bavški Grintavec 2347
Bavšica
Soča F. Isonzo
Tošc 2275
Pokljuka
Mrzli Studenec
Kanjavec 2568
Mesnovec 1538
Goreljek
Gorjuše
Kal Koritnica Coritenza
Soča Sónzia
Vogel 2348
Veliko j.
Koča 1638
Dvojno j.
Koprivnik v Bohinju
Za Otoki
Lepena
Lepenca
Bohinjska Češnjica
Nomenj.
Komna
Kal 2001
Javoršček 1557
Slatenik
Pršivec 1761
Stara Fužina
Jereka
Slap Savica
Bohinjsko j.
Srednja vas
Bitnje
Sava Bohinjka
Nemški Rovt
Lanževica 2003
Uršič 1897
Vrata 2014
Krnsko j.
V. Bogatin 2008
Ukanc
Ribčev Laz
Polje
Bohinjska Bistrica
Dreżniške Ravne
Magozd
Krn 2244
Kuk 2086
Boh. Sedlo 1277
Drežnica
Koseč
Ploška jama
Kobarid Caporetto
Sužid
Krn
Cerkvica sv. Duha
Tólminske Ravne
Vogel 1922
Rodica 1966
Črna prst 1844
Bača pri Podbrdu
Petrovo Brdo
Ladra
Vrsno
Idrsko
Tolminka
Tolminska korita
Kneške Ravne
Kal
Podbrdo
Kamno Camina
Volarje Vollária
Grant
Rut
Koritnica
Livek
Kuk 1243
Gabrje
Zatolmin
Kneža
Hudajužna
Bača
Porezen 1630
Reka
Livške Ravne
Drenchia
Dolje
Žabče
Poljubinj
Cepletischis
Volčë
Tolmin
Kotel 1174
Koritnica
Zakojca

S. 61

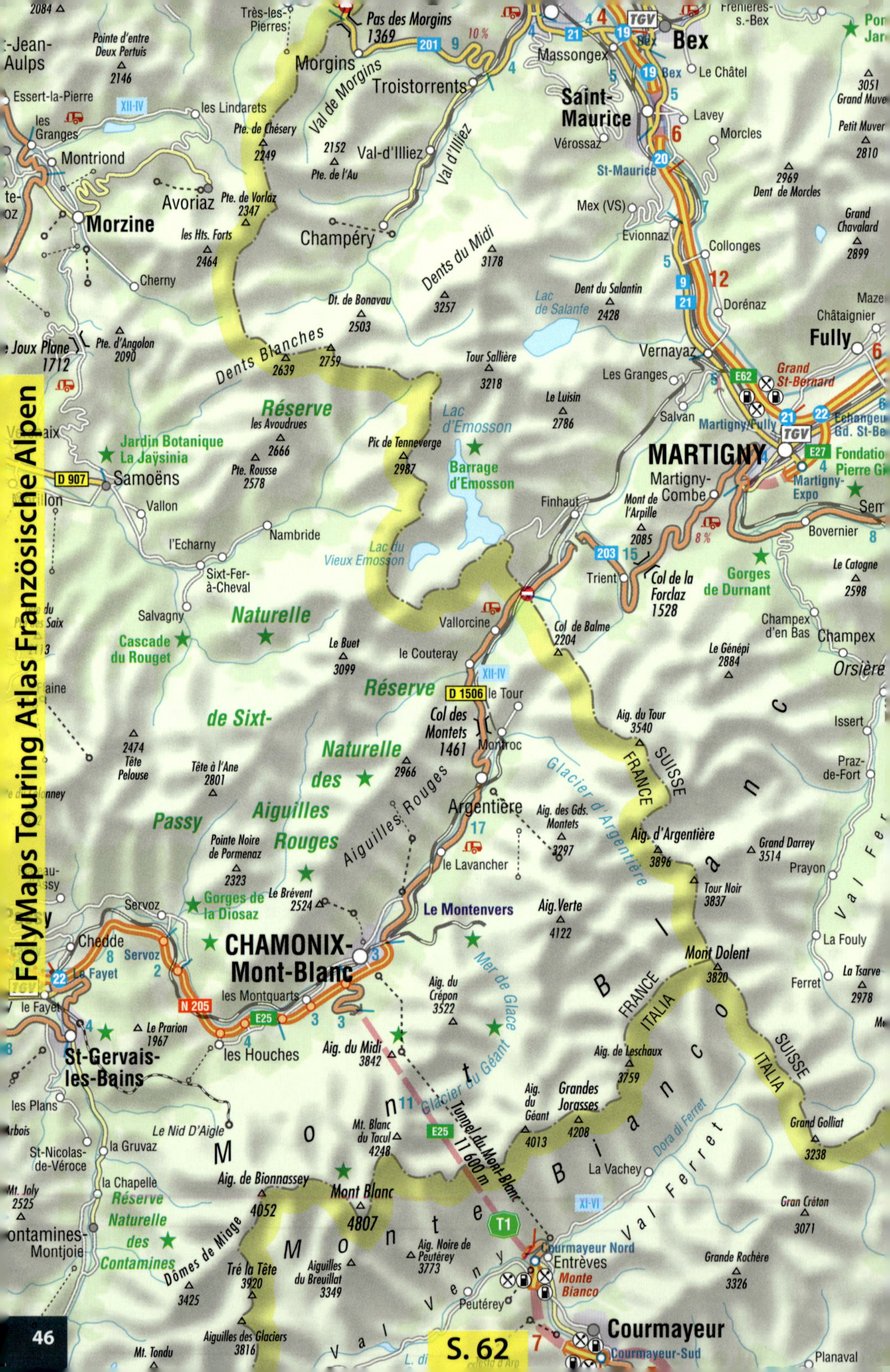

Pas des Morgins
1369
Morgins
Val de Morgins
Troistorrents
Val-d'Illiez
Champéry
Dents du Midi
3178
Bex
Massongex
Saint-Maurice
Vérossaz
Lavey
Morcles
Le Châtel
Mex (VS)
Evionnaz
Collonges
Dorénaz
Fully
Châtaignier
Vernayaz
Les Granges
Salvan
MARTIGNY
Martigny-Combe
Grand St-Bernard
Martigny/Fully
Martigny-Expo
Bovernier
Trient
Col de la Forclaz
1528
Gorges de Durnant
Champex
Champex d'en Bas
Orsières
Issert
Praz-de-Fort
Prayon
La Fouly
Ferret
Val Ferret
Morzine
Montriond
les Granges
Essert-la-Pierre
Avoriaz
les Lindarets
Cherny
Joux Plane
1712
Samoëns
Jardin Botanique La Jaÿsinia
Vallon
l'Echarny
Nambride
Sixt-Fer-à-Cheval
Salvagny
Cascade du Rouget
Dents Blanches
Réserve Naturelle de Sixt-Passy
Lac d'Emosson
Barrage d'Emosson
Lac du Vieux Emosson
Finhaut
Vallorcine
le Couteray
Col de Balme
2204
le Tour
Col des Montets
1461
Montroc
Argentière
le Lavancher
Glacier d'Argentière
Aig. d'Argentière
3896
Aig. Verte
4122
Le Montenvers
Mer de Glace
Réserve Naturelle des Aiguilles Rouges
Aiguilles Rouges
Le Brévent
2524
Gorges de la Diosaz
Servoz
Chedde
Le Fayet
CHAMONIX-Mont-Blanc
les Montquarts
les Houches
St-Gervais-les-Bains
Le Prarion
1967
Aig. du Midi
3842
Glacier du Géant
Tunnel du Mont-Blanc
11 600 m
Mont Blanc
4807
Mt. Blanc du Tacul
4248
Aig. de Bionnassey
4052
Grandes Jorasses
4208
Aig. du Géant
4013
Mont Dolent
3820
FRANCE
SUISSE
ITALIA
Massif du Mont Blanc
Le Nid D'Aigle
la Gruvaz
St-Nicolas-de-Véroce
la Chapelle
Réserve Naturelle des Contamines
Contamines-Montjoie
Dômes de Miage
Tré la Tête
3920
La Vachey
Val Ferret
Dora di Ferret
Val Veny
Courmayeur Nord
Entrèves
Monte Bianco
Peutérey
Courmayeur
Courmayeur-Sud
Planaval
Grand Golliat
3238
Grande Rochère
3326

S. 62

Sion
Conthey
Vétroz
Ardon
Chamoson
Leytron
St-Pierre-de-Clages
Nendaz
Riddes
Isérables
Saillon
Saxon
Mayens-de-Riddes
Pierre Avoi 2473
Haut de Cry 2969
Daillon
Aven Erde
Chandolin
Drône
Savièse
Léonard
Grône
Chalais
Réchy
Loye
Vercorin
Erdesson
Daillet
Bramois
Nax
Sion-Est
Sion-Ouest
Château de Valère
Ermitage de Longeborgne
Vex
Salins
Veysonnaz
Vernamiège
Mase
Hérémence
Thyon
Pyramides
Saint-Martin (VS)
Les Raeretties
Dent de Nendaz 2463
Mont Rouge 2491
Prolin
Mâche
La Luette
Eison
Siviez
Val de Nendaz
Val d'Hérémence
Val d'Hérens
Dixence
Borgne
Villetta
Pic d'Artsinol 2998
Pralong
Evolène
Villa
La Sage
La Forclaz
Les Haudères
Ferpècle
Crêt du Midi 2332
Mt. Noble 2654
Roc d'Orzival 2852
Pinsec
Saint-Luc
Vissoie
Saint-Jean
Mission
Grimentz
Ayer
Fang
Chandolin
Val d'Anniviers
Becs de Bosson 3149
Corne de Sorebois 2896
Sasseneire 3254
Lac de Moiry
Garde de Bordon 3310
Pte. du Tsaté 3078
Verbier
Levron
Cries
Mondzeu
Mont Gelé 3023
Médières
Montagnier
Le Châble
Versegères
Bruson
Bagnes
Sarreyer
Champsec
Lourtier
Mont Fort 3329
Le Métailler 3213
Barrage de la Grande-Dixence
Mt. de l'Etoile 3369
Aiguilles Rouges 3646
Rosablanche 3336
Lac des Dix
La Gouille
Satarma
Dt. de Perroc 3676
Dents de Veisivi 3418
Pte. de Bricola 3658
Val de Bagnes
Val d'Entremont
Six Blanc 2445
Commeire
Fionnay
Mt. Pleureur 3704
Alpes Valaisannes
Arolla
Aiguille de la Tsa 3668
Gl. de Ferpècle
M. Rogneux 3084
Chandonne
Liddes
Barrage de Mauvoisin
Mt. Blanc de Cheilon 3870
Pigne d' Arolla 3798
Petit Combin 3672
3716
Combin de Corbassière
Gl. de Corbassière
Tournelon Blanc 3707
La Ruinette 3875
Lac de Mauvoisin
Mt. Collon 3637
Petit Mt. Collon 3556
L'Evêque 3716
Mt. Brulé 3585
Tête Blanche 3710
Dt. d'Hérens 4171
Bourg-St-Pierre
2766
Le Mourin
Lac des Toules
Grand Combin 4314
Pte. d'Otemma 3403
Gl. d'Otemma
La Singla 3714
Bce. de la Vanette 3361
Les Jumeaux 3872
Breuil Cervinia
Gde. Tête de By 3588
Petit Vélan 3222
Mt. Avril 3347
Mt. Gelé 3518
Bec d' Epicoune 3529
Prarayer
Punta di Fontanella 3384
Château des Dames 3488
Bourg St. Bernard
M. Vélan 3731
Tunnel du Gd. St-Bernard 5828 m
L. di Place Moulin
La Lechère
Valpelline
M. Morion 3487
M. de Rédéssan 3253
Pta. Tzan 3320
Valtournenche
M. Chénaille 3144
Mt. Berrio 3075
Bionaz
Bca. de Luseney 3504
Bca. del Merlo 3234
Chèntre
Oyace
St-Rhémy
St. Oyen
Etroubles
Semon
Doues
Valpelline
Buthier
S. Bernardo
M. Faroma 3073
Buisson
Fiernaz
Civino
Condemine
Castello
Gignod
Becca di Viou
Tsaat à l'Etsena 2971
Croce di Fana
Lignan
Mt. Fallère
E62
E27
TGV
15 %
11 %
IX-VI
X-III
XI-V
X-V
S. 48
S. 63

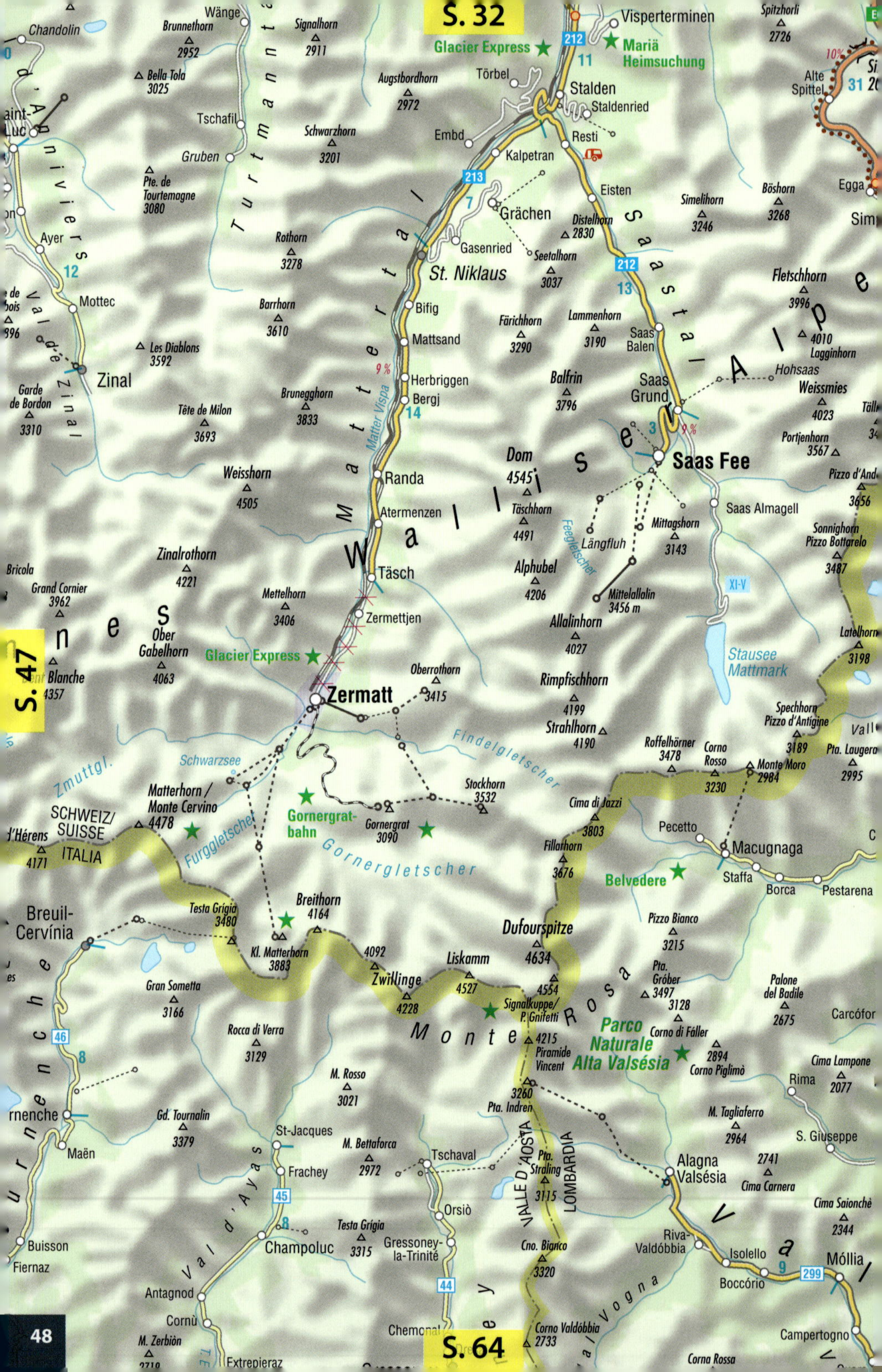
S. 32
S. 47
S. 64
Chandolin
Wänge
Brunnethorn 2952
Signalhorn 2911
Visperterminen
Spitzhorli 2726
Glacier Express
Mariä Heimsuchung
Bella Tola 3025
Augstbordhorn 2972
Törbel
Stalden
Staldenried
Alte Spittel
Saint-Luc
Tschafil
Schwarzhorn 3201
Embd
Resti
Kalpetran
Gruben
Turtmanntal
Pte. de Tourtemagne 3080
Grächen
Eisten
Simelihorn 3246
Böshorn 3268
Egga
Ayer
Rothorn 3278
Gasenried
Distelhorn 2830
Seetalhorn 3037
St. Niklaus
Saastal
Fletschhorn 3996
Val d'Anniviers
Mottec
Barrhorn 3610
Bifig
Färichhorn 3290
Lammenhorn 3190
Saas Balen
4010 Lagginhorn
Les Diablons 3592
Mattsand
Zinal
Val de Zinal
Herbriggen
Bergj
Balfrin 3796
Saas Grund
Hohsaas
Weissmies 4023
Garde de Bordon 3310
Tête de Milon 3693
Brunegghorn 3833
Mattertal
Matter Vispa
Saas Fee
Portjenhorn 3567
Dom 4545
Pizzo d'Andolla 3656
Walliser Alpen
Randa
Saas Almagell
Weisshorn 4505
Atermenzen
Täschhorn 4491
Längfluh
Feegletscher
Mittagshorn 3143
Sonnighorn Pizzo Bottarello 3487
Zinalrothorn 4221
Alphubel 4206
Täsch
Bricola
Grand Cornier 3962
Mettelhorn 3406
Mittelallalin 3456 m
Zermettjen
Allalinhorn 4027
Ober Gabelhorn 4063
Latelhorn 3198
Dent Blanche 4357
Glacier Express
Stausee Mattmark
Oberrothorn 3415
Zermatt
Rimpfischhorn 4199
Strahlhorn 4190
Spechhorn Pizzo d'Antigine 3189
Roffelhörner 3478
Corno Rosso 3230
Monte Moro 2984
Pta. Laugera 2995
Findelgletscher
Schwarzsee
Zmuttgl.
Stockhorn 3532
Matterhorn / Monte Cervino 4478
Gornergratbahn
Gornergrat 3090
Cima di Jazzi 3803
SCHWEIZ/ SUISSE
ITALIA
Dent d'Hérens 4171
Furggletscher
Gornergletscher
Pecetto
Macugnaga
Fillarhorn 3676
Staffa
Belvedere
Borca
Pestarena
Breuil-Cervínia
Testa Grigia 3480
Breithorn 4164
Kl. Matterhorn 3883
Dufourspitze 4634
Pizzo Bianco 3215
4092
Zwillinge 4228
Liskamm 4527
4554
Pta. Gróber 3497
3128
Palone del Badile 2675
Carcóforo
Gran Sometta 3166
Signalkuppe/ P. Gnifetti
Monte Rosa
Parco Naturale Alta Valsésia
Corno di Fäller 2894
Corno Piglimò
Rocca di Verra 3129
4215 Piramide Vincent
Cima Lampone 2077
Rima
M. Rosso 3021
3260 Pta. Indren
M. Tagliaferro 2964
Valtournenche
Gd. Tournalin 3379
St-Jacques
S. Giuseppe
Maën
M. Bettaforca 2972
Tschaval
Pta. Straling 3115
VALLE D'AOSTA
LOMBARDIA
Alagna Valsésia
2741 Cima Carnera
Frachey
Val d'Ayas
Cima Saionchè 2344
Orsiò
Testa Grigia 3315
Riva-Valdóbbia
Isolello
Móllia
Buisson
Champoluc
Gressoney-la-Trinité
Cno. Bianco 3320
Valsesia
Fiernaz
Boccório
Antagnod
Val Vogna
Cornù
Chemonal
Corno Valdóbbia 2733
Campertogno
M. Zerbiòn
Extrepieraz
Corna Rossa

S. 33

Alpe Dèvero
Tunnel 19 803 m
M.Leone 3553
Nembro
S. Domenico
S. Bernardo
P. Diei 2906
Pizzo del Forno 2696
Pizzo di Lago Gelato 2616
Pizzo di Madéi 2551
SVIZZERA
ITALIA
Cravegna
Crodo
Mózzio
Vegno
Trasquera
Varzo
Punta Valgrande 2856
Gondo
Iselle
Gstein-Gabi
Gondo-schlucht
Val Divedro
V. dell'Isorno
Ponte-máglio
Óira
E62
P. Giezza 2635
Pizzo d'Albiona 2431
Pioda di Crana 2430
Pizzo la Schéggia 2466
Cma. del
M. Lóccia di Peve 2127
Monte-crestese
Cima Verosso 2444
Zwischbergental
Zwischbergen
Cima Lariè 2144
Crevoladóssola
Cima la Sella 1712
Buttogno
Toceno
Cravéggia
Masera
Cóimo
P. Straciugo 2713
DOMODÓSSOLA
S.Lorenzo
S.Marco
Mocogna
Bognanco Fonti
Valle di Bognanco
Vagna
IC/EC
Crevola-dossola
Croppo
Val Vigezzo
Sta.Maria Maggiore
Gagli
Males
Sacro Monte Calvario
Domodóssola
P. Montalto 2705
Cosa
Valle d'Óssola
M. Tógano 2301
Pizzo Ciapè 2394
Beura
Villadóssola
Villa-dossola
Cardezza
Antronapiana
Seppiana
Prabernardo
Viganella
Pallanzeno
Cúzzego
Pizzo Mottàc 1802
Pizzo della Róssola 2087
Cima della Laurasca 2193
Parco Nazionale della Val Grande
Cima Pedùn 2111
Valle d'Antrona
Castello Visconteo
Piedi-mulera-Vogogna
Pizzo Promàn 2098
Val Grande
Pizzo del Ton 2675
Croce d. Cavalle 1904
Castiglione
Piedimulera
Vigino
S. Rocco
Pieve Vergonte
Vogogna
Cuzzago
Cicogna
Pontegrande
Calasca
Premosello
Toce
Anzola
Mergozzo
Miazzina
S. Carlo
Anzino
Bánnio
Vanzone
Valle Anzasca
Cno.di Scarpignano 2267
Rumianca
Mégolo
Anzola d'Ossola
Gabbio
Premo-sello
Ornavasso
Rovegro
M. Ventolaro 1892
M. Massone 2161
L. di Mergozzo
Cima Capezzone 2421
M. Cerano 1702
Gravelona Toce
Forno
Parco Naturale Valsésia
M.Càpio 2172
Massiola
Strona
Baveno-Stresa
Ísole Borromee
S. Maria
La Piana
Rimella
Casale Corte Cerro
Granerolo
Fornero
Fobello
Cma. Colmetta 2458
Cima Turrio 1599
Omegna
Crusinallo
Mottarone 1491
Someraro
Cervatto
Ferrera
Alpino
Gignese
Sábbia
M.Novesso 1410
Brolo
M. Falò 1080
Carpugnino
Cima Lavaggio 1594
Cravagliana
Cervarolo
Camasco
Nónio
Agrano
Fervento
Césara
Coiromonte
Brovello
Rossa
T. Sermenza
F. Sesia
Balmuccia
Varallo
Sacro Monte di Varallo
Grassona
Lago d'Orta
Armeno
Pettenasco
Sovazza
Massino Visconti
Muro
Scopa
Becco d'Ovaga o Res 1630
Pietra
1136
Boleto
Pella
Orta
S. Giulio
Miasino
Sacro Monte di Orta
Ameno

S. 50

S. 65

S. 34

Rosso di Ribia
2545
P. Cramalina
2322
Lodano
Maggia
Santa Maria delle Grazie
Motta
Ponte dei Salti
2445
Poncione Piota
2499
Lavertezzo
V. di Vergeletto
Vergeletto
Gresso
Moghegno
Aurigeno
Gordévio
P. di Vogorno
2442
Corippo
S. Bartolomeo
Cima dell' Uomo
2390
2395
Madone
Lago di Vogorno
Vogorno
Pilone
2192
Pizzo Pelosa
2064
Cimetta
1672
Mergoscia
Valle Onsernone
Crana
Spruga
Comologno
Russo
Loco
Auréssio
Berzona
Avegno
Berzona
Cima di Sassello
1890
Mosogno
Isorno
Tegna
Cavigliano
Madonna del Sasso
Contra
Tenero
Górdola
Brione
Cma. del Sassone
2086
Pizzo di Ruscada
2004
Centovalli Express
Intragna
Vérscio
Muralto
Gerra
Cugnasco
Corcápolo
Solduno
Minúsio
Lionza
Verdásio
Losone
Ticino
Borgnone
Centovalli
Arcegno
LOCARNO
Cadenazzo
Palagnedra
Ronco sopra Ascona
Ascona
Magadino
Contone
Ravéggia
Olgia
554
Monte Céneri
Gagliago
Folsogno
Ísole di Brissago
S.Nazzaro
Vira
Piazzogna
Rivera
Malesco
Gridone
2187
Brissago
Gerra
Gambarogno
Bironi
M. Torrígia
1703
Piodina
S.Abbondio
1395
M. Támaro
1962
Fínero
Cùrsolo-Orasso
Pino
Lago Mag.
Indemini
-Vira
Cannobino
Bassano
Mezzovico-
Gurro
SVIZZERA
ITALIA
M Gradiccioli
1636
Sigirino
Lago Delio
Lozzo
Tesser
V. Cannobina
Graglio
Giona
Torricella-Taverne
Cannóbio
Musignano
Curiglia
Sala
M. Zeda
2156
M. Vadà
1836
Maccagno
M. Lema
1620
Vézio
Arósio
Fescoggia
Gravesano
Manno
M. Spalavera
1534
Trárego
-Viggiona
Due Cossani
Verzw. Lugano-Nord
Il Colle
Castelli di Cannero
Dumenza
Breno
Cademário
Miglieglia
Cánnero Riviera
Scareno
Dónego
Aranno
Bióggio
Astano
Novággio
Breganzona
Piàn Cavallone
1564
Longhirolo
Bedigliora
Aeroporto Lugano
Aurano
Piàn Cavallo
LUINO
Sessa
Iseo
Cúrio
Vernate
Intragna
Oggébbio
Germignaga
Monteggio
Magliaso
Agno
Lugano Sud
Caprezzo
Nováglio
Pura
Voldómino
Cremenaga
Ponte Tresa
Caslano
Montagn
Premeno
Sacro Monte di Ghiffa
Porto Valtravaglia
Montegrino
Agra
Rovegro
Cambiasca
Bee
Déccio
Roggiano Valtr.
Bosco Valtr.
-Viconago
Barbengo
Santino
Trobaso
Arizzano
Ghiffa
Muceno
Cadegliano-
Cadepiano
Gràntola
Laveno
Melide
VERBÁNIA
INTRA
Castel-veccana
Brissago Valtr.
Mesenzana
Cunardo
Marchirolo
Swissminiatur
Lago di Lugano
PALLANZA
Ferrera di Varese
Mársio
Vico Morcote
Baveno
Giardini Botanici Villa Taranto
Lago Maggiore
Vararo
M. Nudo
1235
Arcuméggia
Ghirla
M. Piambello
1129
Morcote
M. San
1097
Ísole Borromee
Laveno
Casalzuigno
Vergobbio
Rancio
Cuasso al Monte
Monte San Giorgio
Cittíglio
Boarezzo
Porto Cerésio
Riva S.V
Cerro
Brenta
Azzio
Cúvio
Valganna
Stresa
Mombello
Brínzio
Pogliana
Besano
Meride
Leggiuno
Caravate
Gemónio
Parco Regionale del Campo dei Fiori
Orino
Caldana
M.Campo dei Fiori
1226
Sacro Monte di Varese
Bisúschio
Arzo
Stresa
LOMBARDIA
PIEMONTE
Bovello
Carpugnino
Arolo
Cócquio-Trevisago
Besazio
S.Andrea
Induno-Olona
Viggiú
Ligornetto
Carpugnino
Besozzo
Gavirate
Velate
Stábio
Brovello
Belgirate
Bogno
Minvallina
Ogrinásio
Comèrio
Fogliaro-S.Ambrógio
Massino Visconti
Bardello
MASAGNO
Villa e Coll. Panza
Bizzarone
Lesa
Brébbia
Bregano
Casciago
VARESE
Valmorea
Lago di Varese
Groppello
Cantello
Sólcio
Ispra
Biandronno
CASBENO
S. FERMO
-Monate
Méina
Ranco
Cadrezzate
Travedona
Cártábbia
Malnate
Castello d. Visconti
Capolago
S. Salvatore
Solbiat
Albic

S. 49

S. 66

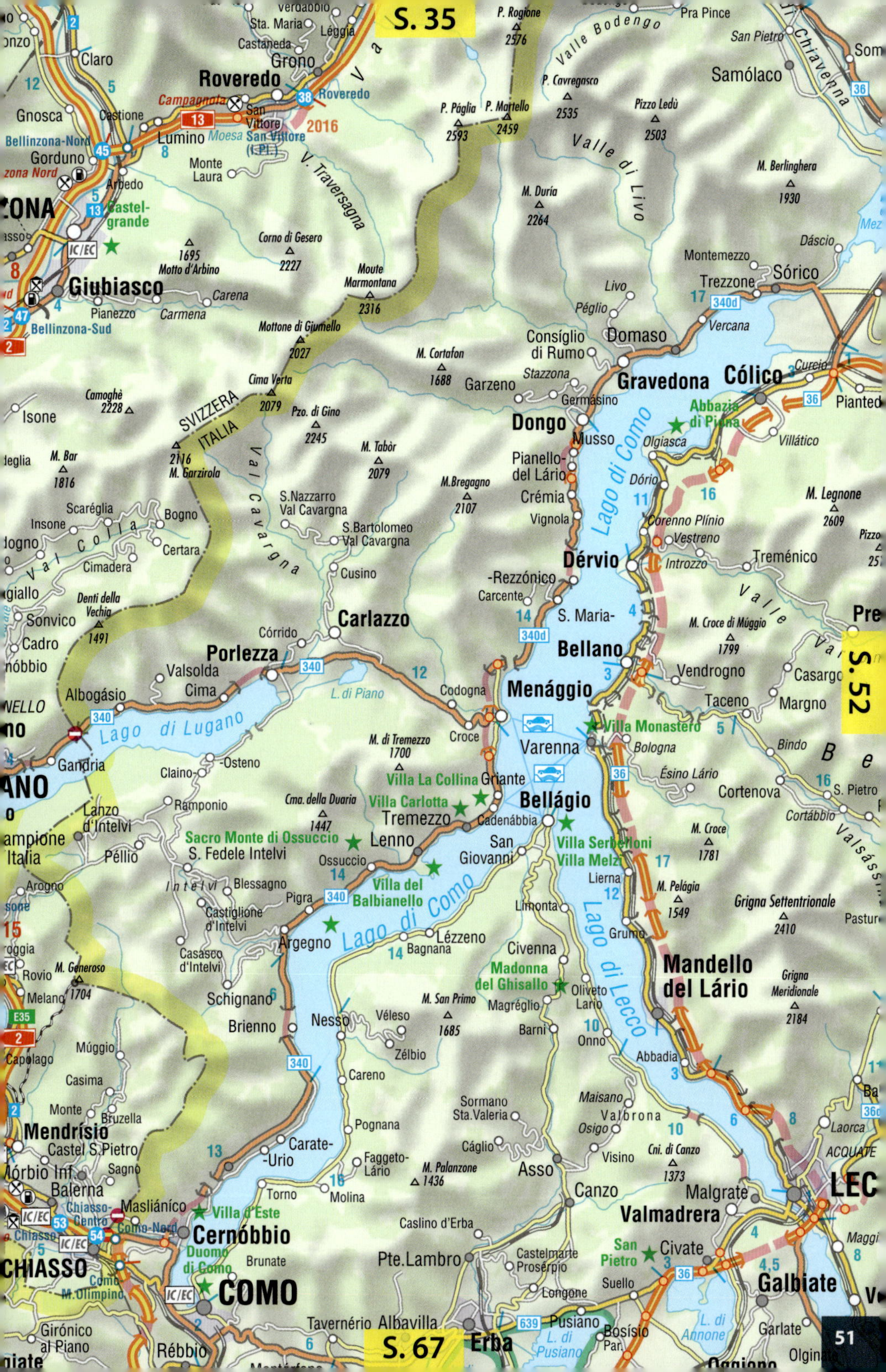
Roveredo
Grono
Leggia
Castaneda
Sta. Maria
Claro
Gnosca
Castione
Campagnola
San Vittore
Lumino
Moesa
Bellinzona-Nord
Gorduno
Monte Laura
V. Traversagna
Arbedo
Castelgrande
Giubiasco
Pianezzo
Carena
Carmena
Bellinzona-Sud
Motto d'Arbino
1695
Corno di Gesero
2227
Moute Marmontana
2316
Mottone di Giumello
2027
Cima Verta
2079
SVIZZERA
ITALIA
Camoghè
2228
Isone
M. Bar
1816
M. Garzirola
2116
Pzo. di Gino
2245
M. Tabòr
2079
M. Cortafon
1688
M.Bregagno
2107
Val Cavargna
S.Nazzaro Val Cavargna
S.Bartolomeo Val Cavargna
Cusino
Scaréglia
Insone
Bogno
Certara
Cimadera
Val Colla
Sonvico
Cadro
Denti della Vechia
1491
Carlazzo
Córrido
Porlezza
Valsolda
Cima
Albogásio
Lago di Lugano
L. di Piano
Gandria
Claino-Osteno
Ramponio
Lanzo d'Intelvi
Campione d'Italia
Pellio
Arogno
Rovio
M. Generoso
1704
Melano
Capolago
Múggio
Casima
Monte
Bruzella
Mendrísio
Castel S.Pietro
Sagno
Balerna
Chiasso-Centro
Chiasso
Como-Nord
Maslianico
CHIASSO
Como M.Olimpino
Gironico al Piano
Rébbio
COMO
Duomo di Como
Cernóbbio
Villa d'Este
Brunate
Tavernério
Albavilla
Erba
Pusiano
L. di Pusiano
Bosisio Par.
Longone
Castelmarte
Prosérpio
Pte.Lambro
Caslino d'Erba
Canzo
Asso
Cáglio
Sormano
Sta.Valeria
M. Palanzone
1436
Faggeto-Lário
Molina
Torno
Carate-Urio
Pognana
Careno
Nesso
Véleso
Zélbio
M. San Primo
1685
Brienno
Schignano
Argegno
Casasco d'Intelvi
Castiglione d'Intelvi
Blessagno
Intelvi
Pigra
Villa del Balbianello
Sacro Monte di Ossuccio
S. Fedele Intelvi
Ossuccio
Lenno
Tremezzo
Villa Carlotta
Villa La Collina
Griante
Cma. della Duaria
1447
M. di Tremezzo
1700
Croce
Codogna
Menággio
Varenna
Bellágio
Cadenábbia
San Giovanni
Villa Serbelloni
Villa Melzi
Lago di Como
Bagnana
Lézzeno
Limonta
Civenna
Madonna del Ghisallo
Magréglio
Barni
Oliveto Lario
Onno
Lago di Lecco
Lierna
Grumo
Mandello del Lário
Abbadia
Maisano
Valbrona
Osigo
Visino
Cni. di Canzo
1373
Malgrate
Valmadrera
San Pietro
Civate
Suello
L. di Annone
Galbiate
Garlate
LEC
Olginate
Oggiono
Laorca
ACQUATE
Maggi
Grigna Meridionale
2184
Grigna Settentrionale
2410
M. Pelágia
1549
M. Croce
1781
Cortenova
Cortábbio
Valsássina
S. Pietro
Bindo
Ésino Lário
Bologna
Villa Monastero
Vendrogno
Taceno
Margno
Casargo
M. Croce di Múggio
1799
Bellano
S. Maria-
-Rezzónico
Carcente
Dérvio
Corenno Plínio
Vestreno
Introzzo
Treménico
Valle Varrone
M. Legnone
2609
Dório
Olgiasca
Abbazia di Piona
Villático
Piantedo
Cólico
Gravedona
Musso
Dongo
Pianello del Lário
Crémia
Vignola
Germásino
Garzeno
Stazzona
Consíglio di Rumo
Domaso
Péglio
Livo
Vercana
Trezzone
Sórico
Montemezzo
Dáscio
M. Berlinghera
1930
Samólaco
San Pietro
Chiavenna
Pra Pince
Valle Bodengo
P. Rogione
2576
P. Cavregasco
2535
Pizzo Ledù
2503
Valle di Livo
M. Duria
2264
P. Páglia
2593
P. Martello
2459
Pizzo
Pre

S. 35
S. 52
S. 67

S. 36

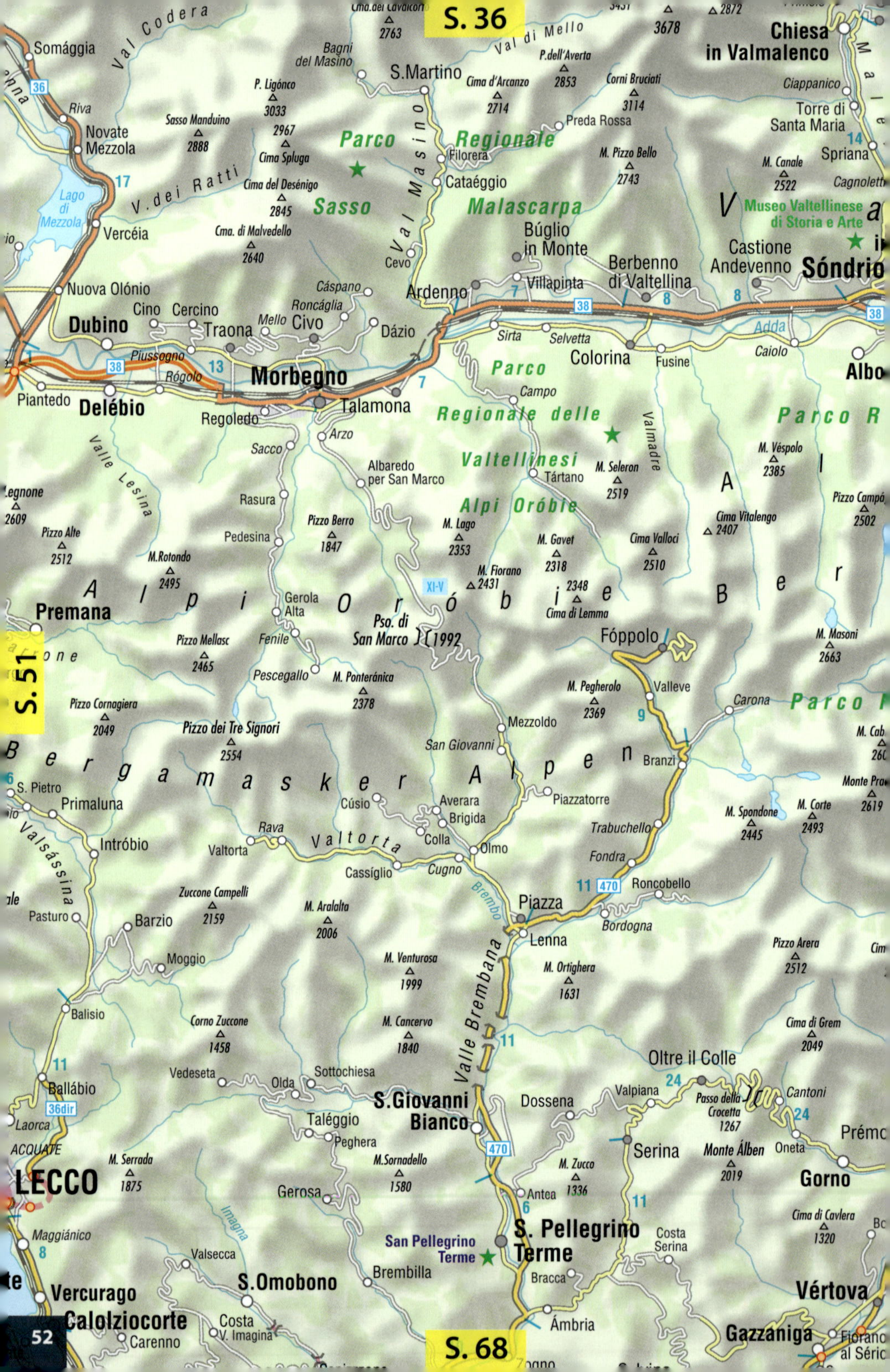
Cma.dei Cavalcorto
2763
Val Codera
Somággia
36
Riva
Novate
Mezzola
Lago di Mezzola
17
Vercéia
V. dei Ratti
Sasso Manduino
2888
P. Ligónco
3033
2967
Cima Spluga
Cima del Desénigo
2845
Cma. di Malvedello
2640
Bagni del Masino
S.Martino
Val Masino
Parco
Regionale
Sasso
Malascarpa
Filorera
Cataéggio
Cevo
Val di Mello
P.dell'Averta
2853
Cima d'Arcanzo
2714
Corni Bruciati
3114
Preda Rossa
M. Pizzo Bello
2743
3678
2872
Chiesa in Valmalenco
Ciappanico
Torre di Santa Maria
14
Spriana
M. Canale
2522
Cagnoletti
Museo Valtellinese di Storia e Arte
Castione Andevenno
Sóndrio
Búglio in Monte
Villapinta
Berbenno di Valtellina
Ardenno
7
38
8
Nuova Olónio
Cino
Cercino
Dubino
Traona
Mello
Civo
Cáspano
Roncáglia
Dázio
Piussogno
Rógolo
13
Morbegno
38
1
Piantedo
Delébio
Regoledo
Talamona
7
Sirta
Selvetta
Colorina
Fusine
Adda
Caiolo
Albo
Parco
Regionale delle
Valtellinesi
Alpi Oróbie
Campo
Valmadre
Parco R
Arzo
Sacco
Albaredo per San Marco
Tártano
M. Seleron
2519
M. Véspolo
2385
Valle Lesina
Legnone
2609
Rasura
Pedesina
Pizzo Berro
1847
M. Lago
2353
M. Gavet
2318
Cima Valloci
2510
Cima Vitalengo
2407
Pizzo Campo
2502
Pizzo Alte
2512
M.Rotondo
2495
XI-V
M. Fiorano
2431
2348
Cima di Lemma
Alpi Oróbie
Berg
Premana
Gerola Alta
Pso. di San Marco
1992
Fenile
Fóppolo
M. Masoni
2663
S. 51
Pizzo Mellasc
2465
Pescegallo
M. Ponteránica
2378
M. Pegherolo
2369
Valleve
9
Carona
Parco
Pizzo Cornagiera
2049
Pizzo dei Tre Signori
2554
Mezzoldo
San Giovanni
Branzi
M. Cab
260
Bergamasker Alpen
S. Pietro
Primaluna
Cúsio
Averara
Brigida
Piazzatorre
Monte Pra
2619
M. Spondone
2445
M. Corte
2493
Valsássina
Intróbio
Valtorta
Rava
Valtorta
Colla
Olmo
Trabuchello
Fondra
Cassíglio
Cugno
Brembo
11
470
Roncobello
Zuccone Campelli
2159
M. Aralalta
2006
Piazza
Lenna
Bordogna
Pasturo
Barzio
Moggio
M. Venturosa
1999
M. Ortighera
1631
Pizzo Arera
2512
Balisio
Valle Brembana
Corno Zuccone
1458
M. Cancervo
1840
Cima di Grem
2049
11
Oltre il Colle
11
Vedeseta
Olda
Sottochiesa
S.Giovanni Bianco
Dossena
Valpiana
24
Passo della Crocetta
1267
Cantoni
24
Ballábio
36dir
Laorca
Taléggio
Peghera
470
Serina
Monte Álben
2019
Oneta
Prémo
Gorno
ACQUATE
LECCO
M. Serrada
1875
M.Sornadello
1580
M. Zucco
1336
Antea
Gerosa
Imagna
6
11
S. Pellegrino Terme
Costa Serina
Cima di Cavlera
1320
Maggiánico
8
San Pellegrino Terme
Valsecca
S.Omobono
Brembilla
Bracca
Vércurago
Calolziocorte
Carenno
Costa V. Imagna
Ámbria
Gazzaniga
Fiorano al Sério
Vértova

S. 51

S. 68

S. 37
S. 54
S. 69
Bernina Express
Brúsio
Campocologno
Madonna di Tirano
Sant. d. Beata Vergine
Villa di Tirano
Tirano
(proj.)
Baruffini
Vérvio
Roncale
Mazzo di Valtellina
Passo della Foppa 1852
Tovo di Santa Agata
Lóvero
Sérnio
San Giacomo
Cima Cadi 2449
Monno
Passo di Guspessa 1824
Trivigno
Stazzona
Bianzone
Téglio
Tresenda
Motta
Passo di Aprica 1176
Aprica
Galleno
Córteno Golgi
Val di Córteno
Cortenédolo
Santicolo
Édolo
M. Cavágila 2728
Cima Tainale 3248
Pizza Saréggio 2779
M. Masúccio 2816
Piz Combul M. Cómbolo 2901
M. Brione 2698
Corno Mara 2807
Vetta di Ron 3136
M. Campondola 2136
Val Fontana
Ponte in Valtellina
Poggiridenti
Chiuro
Tresivio
Sazzo
San Giacomo
Busteggia
Castello dell' Acqua
Faedo Valtellina
Piateda
Parco Regionale delle Oróbie Valtellinesi
Alpi Orobie
Cima Cadin 2413
Dosso Pasò 2576
M. Palone 2530
Malonno
Palone d. Torsolazzo 2670
M. Torsoleto 2708
Forno-Allione
Berzo
Pizzo di Rodès 2829
Pizzo del Diávolo 2926
M. Torena 2911
Lago Belviso
M. Telenek 2753
Val Paisco
Paisco
Grumello
M. Elto 2148
Séllero
M. Motta 2416
Pizzo di Coca 3050
Pizzo di Scais 3039
Cascata della Sério
Lago Inferiore del Barbelino
M. Demignone 2584
M. Gleno 2883
M. Cimone 2530
M. Venerócolo 2589
Pizzo del Diávolo 2914
Pizzo Poris 2712
Valbondione
Bondione
Lizzola
Pizzo Tornello 2687
M. Busma 2135
Passo del Vivione 1828
M. Campione 2174
Capo di Ponte
Cemmo
Parco Regionale delle Orobie Bergamasche
Barzesto
Schilpário
Vilminore di Scalve
Cimone della Bagozza 2407
Cima della Bacchetta 2549
Cerveno
Gromo San Marino
Pezzolo
Teveno
Villa
Sommaprada
Lozio
Lósine
Sucinva
M. Vigna Vaga 2333
Gandellino
Dezzo di Scalve
Azzone
Valle di Scalve
Pizzo Camino 2492
M. Mignone 1742
M. Ferrante 2426
Cólere
Cima di Timogno 2172
Gromo
Pizzo della Presolana 2521
Passo di Palline 1108
Borno
Malegno
Breno
Pescarzo di Breno
Ossimo
Palline
Cividate
Passo della Presolana 1297
Piancogno
Bienno
Berzo
Prestine
Ardesio
Valle Seriana
Sério
Castione della Presolana
Bratto
Dorga
Pian di Borno
Ésine
Angone
Nasolino
Plemo
Clusone
Rovetta
Fino del Monte
Ángolo Terme
Boário
Sacca
San Lorenzo
Songavazzo
M. Pora 1879
M. Cornet 1423
Lago Moro
Montécchio
Darfo-
Giánico
Artogne
Ponte Selva
Nossa
Cerete
Rogno
M. Fra 2160
M. Crestoso 2207
Valle Camonica
Pizzo Formico 1637
Borlezza
Oglio
Costa Volpino
Piàn Camunoe
Vissone
M. Muffetto 2060
Piazza
Bóssico
Sóvere
Sèllere
Lóvere
Piánico
Gandino
Cóllio
Éndine Gaiano
Castro
Pisogne
Palotto
Solto
Pontásio
Bóvegno
Mella

S. 38
Passo del Tonale
1883
Vione
Temù
Poia
Vezza d'Óglio
Stadolina
Incúdine
Val Camónica
Presanella
Cima Palù
3013
Cima di Scarpaco
3254
Cima Ginèr
2957
M. Nambino
2678
Rif. Cornisello
Cima Presanella
3558
P. di Lago Scuro
3160
Cima Busazza
3068
3325
Cima di Salimmo
3130
LOMBARDIA
TRENTINO
ALTO ADIGE
Cima di Presena
Rif. Bedole
Cimon d. Bochette
3239
Parco
San Antonio di Mavignola
M. di Saródoli
2410
Lago d'Aviolo
M. Avio
2962
Lago d'Avio
M. dei Frati
3283
M. Mandrone
3281
M. Aviolo
2881
Lago Benedetto
Mu
Corno Baitone
3331
Lago Pantano
Lóbbia Alta
3186
Todesca
Carisolo
Val Genova
Sarca
Sónico
Corno delle Granate
3108
M. Adamello
3539
Adamello
Rino
Lago Baitone
M. Fumo
3409
Crozzòn di Láres
3354
Corno Miller
3373
Adamello-
Giustino
Caderzone
Parco Regionale
Garda
Zazza
Lago Dosazzo
M. di Poia
2892
M. Coel
2972
M. Fornace
2488
M. Marsèr
2776
Lago di Salarno
Spiazzo
San Vigilio
dell' Adamello
Cima Buciaga
3015
M. Carè Alto
3462
Valle di Borzago
Corno Alte
2521
Pelugo
Val Rendena
Berzo
Saviore dell'Adamello
Cevo
Val di Fumo
Col di Mezzo
2939
Vigo Rendena
Andrista
Valle
Val di Saviore
Lago di Malga Bissine
Creper di Stracciola
2542
Bínio
Séllero
Cima Cop di Breguzzo
3001
M. Colombe
2153
Lago d'Arno
Rif. Zeller
Cort
S. 53
Paspardo
P.N. Incisioni rupestri
M. Frisozzo
2897
M. Re di Castello
2889
Val di Breguzzo
Cima di Valbona
2889
Tione di Trento
Cimbergo
la Uzza
2678
M. Benna
2248
Chiese
Pizzo Badile Camuno
2435
Breguzzo
Bondo
Ceto
Lago di Malga Boazzo
M. Corona
2507
Roncone
Oglio
Altíssimo
2127
Braone
Val di Daone
Gaverdina
2047
Dosso della Torta
2156
Niardo
M. Listino
2746
M. del Gelo
2623
Dosso dei Morti
2183
Lardaro
Breno
Cornone di Blumone
2830
Lago della Vacca
Praso
Daone
Pescarzo di Breno
M. Frerone
2673
M. Lavanèch
2229
Valle dei Concei
Bersone
Pieve di Bono
2226
M. Alta Guárdia
M. Bruffione
2665
M. Cádria
2254
Cima Marese
2101
Prezzo
M. Vies
1698
Goletto di Cadino
1943
M. Fles
1705
M. Brealone
2268
Grotta Rossa
2192
Cimego
Cima Palone
1625
Lenzumo
Passo di Croce Dómini
1892
Valle del Cáffaro
Tiarno di Sotto
Bezzecca
Pieve di Ledro
Brione
Condino
Tiarno di Sopra
Valle d'Ampola
Lago di Ledro
Giogo della Bala
2162
Dosso della Croce
1869
M. Stigolo
1699
Cima Caset
1748
Molina di Ledro
M. Colombine
2215
Goletto delle Crocette
2070
Cáffaro
M. Tonolo
1533
Storo
Darzo
Rif. Garibaldi
Monte Tremalzo
1974
Giogo del Mániva
1662
Monte Lavino
1837
Passo di Tremalzo
1665
Bagolino
Ponte Cáffaro
Cima Spessa
1820
Limone sul Garda
S. António
Bondone
S. 70
Vésio
M. Púria

S. 39

Lago di Tóvel
Campodenno
Lóver
Dércolo
Vigo Anáunia
Monticello 1859
Roverè della Luna
Salurner Klause
Salurn Salorno
Buchholz Pochi
Cima Sassara 2892
Pietra Grande 2936
Cima di Val Scura 2670
M. Corona 2562
Sporminore
Spormaggiore
Castello San Gottardo
Mezzocorona
Mezzolombardo
Maso Giovanni
Monte Pincaldo 1351
Valda
Rif. Genzanella
Monte Spinale 2098
Rif. Vallesinella
Cima Grosté 2443
Crosara d. Fibion 2673
Cima di Croste 2897
Naturale
Cavedago
Fai della Paganella
San Michele-Mezzocorona
Faedo
San Michele all' Adige
Masen
Cembra
Fáver
Piramidi di Segonzano
Sevign.
Malga Brenta Bassa
Cima Brenta 3150
Cima dei Lasteri 2457
Torre di Brenta 3008
Palon di Tovre 1525
Ándalo
Santèl
Nave San Rocco
Giovo
Lisignano
Dosso d. Sabion 2101
Cima Tosa 3173
M. Dáino 2685
Zambana
Paganella
Pressano
Verla
Albiano
Lona
Lasès
Gruppo di Brenta
Cima Vallon 2968
Paganella 2125
Lavis
Serráia
Molveno
Vigo Meano
Meano
Fornace
Cima Ghez 2713
Brenta
Rif. Ghedina
Lago di Molveno
Canfedin 2034
Trento Nord
M. Corno 953
Gárdolo
S. Agnese
S. Máuro
Nogaré
Cast. dei Camosci 2538
M. Ranzo 1835
Cóvelo
Terlago
Montevaccino
Martignano
Tòrchio
Montagnaga
Madrano
Viarago
Ciago
Vígolo Baselga
Trento-Centro
Castello del Buonconsiglio
Cognola
Vigalzano
M. Brugnoli 2221
Dorsino
San Lorenzo in Banale
Vezzano
Cádine
Sopramonte
Sardagna
Cattedrale di San Vigilio
Costasavina
Lago Ponte Pia
Lago di Sta. Massenza
Castel Toblino
Trento (Trient)
Susà
Stenico
Lago di Toblino
Col di Castiòn 1476
Calavino
la Marzola 1738
S. Cristoforo
Ravina
Trento Sud
Villazzano
Ponte Arche
Bléggio Lomaso
1632 M. Casale
Pietramurata
Lasino
Palòn 2091
Romagnano
S. Vito
S. Caterina
Lago di Caldonazzo
Dasindo
Fiavè
Valle di Lomasone
Lago di Cavédine
Mariä Himmelfahrtskirche
Garniga Terme
Mattarello
Vígolo Vattaro
Bosentino
Brento 1545
Cavédine
Cornetto 2180
Cimone
Aldeno
Vattaro
Drena
Vigo
Centa S. Nicolò
Becco di Filadonna
la Fricca
Valle dei Laghi
Dro
M. Misone 1803
Lago di Tenno
M. Ben 706
Palón 1916
Besenello
Carbonara di Folgaria
Virti
Canale
Tenno
Castel Beseno
Pomarolo
Nomi
Calliano
S. Sebastiano
Passo del Sommo
Castellano
Rovereto Nord
Castel Pietra
Monte Stivo 2059
Cascata Varone
Vigne
Arco
Varone
Nogaredo
Volano
Folgaria
Tezzeli
Fancolini
Sant'Ilario
Guardia
Mart
Castello di Roverto
Riva del Garda
M. Brione 374
Nago-Torbole
Isera
Sacco
Rovereto
Serrada
Dosso d. Martinella
Ost. Coe
Costa d'Agra 1720
Varano
Ronzo-Chienis
Lizzanella
Terragnolo
Puéchem
Pannone
Nomasino
Castel Dante (Ossário)
Zóreri
Lago di Loppio
Mori
Lizzana
Giazzera
M. Pazúl 1458
Geroli
Cima Mággio 1853
Lóppio
Vanza
Trambileno
Pasubio
Tierno
Marco
Pozzácchio
Col Santo 2112
Rovereto Sud Lago di Garda Nord
Besagno
M. Varagna 1780
Brentonico
Crosano
Rif. V. Láncia
Monte Buso 2080
Griso
M. Máio 1500
M. Altissimo di Nago 2079
Serravalle all'Adige
Valmorbia
Chizzola
Zócchio
Dóppio
Navene
Boca di Navene 1425
Prada
Saccone
S. Margherita
M. Zugna 1864
Anghébeni
Cima Palòn 2235
S. Valentino
Polsa
Ráossi
Sarca
Adige (Etsch)
Leno
Avísio

S. 71

S. 56

S. 40

Buchholz
Pochi
Halseck
Dosso di Collo
Casatta
Stramentizzo
Piscine
Valfloriana
Gráuno
Grumès
Sicina
Sovèr
Montesover
Sette Fontane
Valda
Valcava
Segonzano
Piramidi di Segonzano
Sevignano
Bedollo
Brusago
le Piazze
la Centrale
Regnana
Rizzolaga
L. di Serráia
Baselga di Pinè
Pso. del Redebus 1444
Palú del Férsina
Lenzi
S.Felice Fierozzo
Sant'Orscia
Fáida
S. Francesco
Mala
Valle dei Mocheni
Fersental
Frassilongo
Viarago
Canezza
Sarso
Roveda
Pergine Valsugana
Vignola
Vetriolo Terme
Panarotta
Cima del Campigolett 2028
Ischia
Tenna
Levico Terme
Novaledo
Selva
Lido
Calceranica
Caldonazzo
Santa Giuliana
Barco
Màrter
Roncegno Terme
Ronchi
Torcegno
Telve di Sopra
Telve
Borgo Valsugana
Carzano
Strigno
Scurelle
Castelnuovo
Agnedo
Ivano-Fracena
Ospedaletto
Samone
Bieno
Pradellano
Castello Tesino
Pieve Tesino
Cinte Tesino
Villággio S.
Celado
Grigno
Selva
Serafini
Belvedere
Grotta di Calgeron
Tezze
Val Sugana
Olle
Sella
Val di Sella
C.le d. Stanga 1532
M.ga Costa
Fiume Brenta
T. Centa
T. Móggio
Pale d. Rive
TRENTINO ALTO ADIGE
VENETO
M. Ortigara 2106
C.ma Dódici 2341
C.le di Val d'Antenne 1556
Baricata
S. Lorenzo
Énego 2000
Réndale
M. Lisser 1634
Lámbara
Godenella
Frisoni
Lazzaretti
M. Fior 1824
M. Spitz 1093
Foza
V. Gádena
Campanella
Gállio
Ébene
Rodeghieri
Bosco
Camporóvere
Asiago
Roana
Mezzeselva
Canove
Ave
Pénnar
Bertigo
Túrcio
Mosca
Campomezzavia
Valstagna
Oliero
Campolongo sul Brenta
Feilizzari
Biancola
Rúbbio
Fontanelle
Conco
Leghe
S. Caterina
Tórtima
Valle
S. Floriano
Valrovina
Lusiana
Campana
Sciessere
Busa
Mortisa
Monte
Caltrano
Cesuna
Tresché
Cavrari
Mosca
Castelletto
Pedescala
Rotzo
la Costa
Sóglio
San Pietro Valdástico
Casotto
Scálzeri
Posta
Le Fratte
Val d'Ástico
Luserna
Longhi
Forte Belvedere
Nosellari
Ciechi
Lastebasse
Lavarone
Chiesa
Gionghi
Bertoldi
Malga Laghetto
Monte Cimón 1436
Cima di Vèzzana 1908
C.ma Mandriolo 2051
P.so di Vèzzena 1402
Ost. del Tèrmine
Ghértele
M. Verena 2015
M. Meatta 1897
T. Assa
Campo di Luserna 1551
M. Tébio 1717
Campomulo
Val di Campomulo
M. Mósciagh 1556
M.ga Mandrielle
Corno di Campo Bianco 2043
M. Forno 1912
Altopiano
Sette Comuni
M. Ério 1628
Tonezza del Cimone
Valle
Grotti
M.Campolòn 1855
Monte Toraro 1897
Costa d'Agra 1720
Molini
Facci
Brunelli
Draghi
Laghi
Castana
Cimon 1230
Vanzi
Cavallaro
M. Máio 1500
Bazzoni
Fusine
Arsiero
Seghe
T. Pósina
Pósina
M. Priaforà 1659
Velo d'Astrico
Cogollo d. Céngio
Mosson
M. Céngio 1351
Casale
M. Paù 1420
C.ma Fonti 1519
M. Mazze 1408
M. Cimone 1383
M. Bertiaga 1356
M. Caberlaba 1221
M. Magnaboschi 1325
M. di Val Bella 1356
Val Chiama
Cadino
R. Cadino
Valfloriana
M. Brustoloni 2108
Montagna Stue Alta
L. Lagorai
Malga Nuova
Lastè d. Sute 2616
M. Cauriòl 2494
Catena dei Lagorai
Passo di Mánghen 2047
17 %
15 %
XI-VI
M. Croce 2490
M. Rajoch 2418
Val di Calamento
R. Maso
Montagna Cagnon di Sotto
Cima di Sette Selle 2396
M. Val Piana 2368
Passo Cinque Croci 2018
Val Campelle
M. Cengello 2439
L. di Costa Brunella
Cimon Rava 2436
M. Salúbio 1886
T. Céggio
Monte Gronlait 2383
Val Cia
L. d. Bus
Cima d'Asta 2847
Caoria di Dentro
Caoria di Fuori
Val Viosa
T. Grigno
Cima Orena 2296
Malene
M. Ágaro 2062
10 %
11 %
T. Senaiga
S. 55
612
47
349
350

S. 72

S. 41

Cima d. Fradusta
2939
Pale di
S. Martino
Parco Na.
M. Schiara
2563
véggio
Valmesta
Villa S. Andrea
Gosaldo
Tiser
Angoletta
Forcella Franche
992
Canale di Ágordo
Pinei
la Stanga
Cima Scanaiòl
2463
Montagna
Doch
Cima Folga
2436
M. Bedolè
1791
Sirór
Tonadìco
Fiera
di Primiero
Transácqua
Mis
Vallalta
Don
Ren
Titele
Califórnia
M.ti d. Sole
M. Feruch
2121
M. Alto
2069
Canale del Mis
Gena
Lago d. Mis
Pala Alta
1933
Pascoli
Gioz
Passo di Cereda
1369
Sagròn-
-Mis
M. Agnellezze
2140
delle
Dolomiti Bellunesi
Canàl
S.Bovo
Mezzano
Imèr
Sass de Mura
2550
Valle di Canzoi
Peron
Tisoi
Barp
Mas
Mis
Vezza
Vignole
Libano
Sospirolo
Gron
Sóis
M. Totoga
1705
Góbbera
L. di
Val Noana
L.d. Stua
M. Pizzocco
2186
Susìn
Maràs
Roe Alte
Bes
V. Schenèr
le Vette
M. Ramezza
2228
M. Tre Pietre
1965
Paderno
Landris
Sédico
Cesa
Sal
Lago Schenèr
o Pontèt
M.te Croce
M. Pavione
2334
M.S. Máuro
1837
T. Caorame
Roncoi
S. Gregório
Muiach
Pasa
Limana
Canè
M. Vallazza
2167
Sovramonte
T. Stién
Cergnai
Cesiomaggiore
Sartena
Bribano
S. Giustina
Pialdièr
Frontin
Cesiominore
Marsiai
Campo
Farra
Trichiana
Toschian
Formegàn
Menìn
Moline
Zorzoi
Áune
Croce d'Áune
Lasèn
Soranzèn
Salménega
Marcadòr
Morgàn
Pullìr
Campo
S. Pietro
Mel
Servo
Sálzen
Umìn
Villabruna
Pez
Villa
di Villa
Carve
Sorriva
Pren
Lentiai
Bardiès
S. Antònio
Tortal
Pedavena
Foèn
Busche
Villapiana
Tiago
Castello
di Zumelle
Fallèr
Col Falcòn
Vellai
Ronchena
Colderù
Ramèn
Facèn
FELTRE
Zérmen
L. d. Senáiga
Fonzaso
Mugnai
Canai
Villapaiera
Stábie
Cordellòn
C.ma di Lan
1254
Perèr
Frassenè
Artèn
Cellarda
M. Artent
1182
Col de Moi
1358
Pso.
di S.
Porcèn
Anzù
Tomo
Rivai
Agana
Cáupo
Rasai
Canàl
Marziai
ellame
Arsiè
Giaroni
Serèn
del Grappa
M. Tomático
1594
C. Ceccati
Tovena
Mura
M. Roncone
1164
M. Garda
1331
Valmareno
Pusterno
Carpèn
Caorera
Cisòn
di Valm
imolano
L.
del Corlo
M. Zogo
1394
T. Rimonta
Follina
Rocca
Chiesa Nuova
S. Luig
M. Cismón
1269
Schievenìn
M. Cesen
1570
M. Cimon
1438
Miane
Premaòr
Farrò
Casere
Col dei Boffàt
Vas
Miliés
T. Cismon
M. Fontana Secca
1608
T. Tegorzo
Stramare
Campea
Cismòn
d. Grappa
T. Stizzòn
Duero
Segusino
Guietta
Farra
di Soligo
Soligo
F. Soligo
Campo
Valdobbiádene
Col dell'Orso
1677
T. Calcino
Colmirano
Alano
di Piave
Fenèr
S. Vito
Guia
S.Stéfano
Fontana
Sernáglia
d. Battágl
M. Tomba
869
Ost. Forcelletto
Pederobba
Saccól
Villanova
Giussìn
M. Asolone
1520
M. Grappa
1775
C.ma d. Mándria
1482
Cavaso
d. Tomba
S. Giovanni
Colbertaldo
Mosnigo
Bigolino
Vidòr
Moriago
d'Battáglia
Fontigo
Falzè
di Piave
Vettorazzi
Possagno
T. Lástego
T. Curogna
Onigo
Caniezza
Barche
F. Piave
M. Palla
1351
Rover
Costalunga
Levada
Fietta
Crespano
d. Gr.
Crocetta
d. Montello
Paderno
d. Gr.
Castelcucco
Monfumo
Isola
d. Mort
M. Collalto
498
Cornuda
la Valle
Cassánego
Posa
Villa Bárbaro
Villa Bárbaro
Nogare
Ciano
Borso
d. Grappa
Farra
Villa
Solagna
T.S. Felicitta
Pagnano
Pederiva
di Biádene
il Montello
Semonzo
S. Eulália
Muliparte
Pove
d. Gr.
Semonzetto
Fonte Alto
Coste
Crespignaga
Masèr
Mercato
Vécch.
Biádene
Selva
di Montello
Romano
d. Ezzelino
Liédolo
Ásolo
Fonte
Casella
Caerano
San Marco
Caonada
Mussolente
Posmón
Volpago
d. Montel
Ca Falier
órgio
esco
Fonte
Sega
S. Zenone
d. Ezzelini
Onè
Láuro
MONTEBELLUNA
Venegazzù

S. 58

S. 73

S. 42

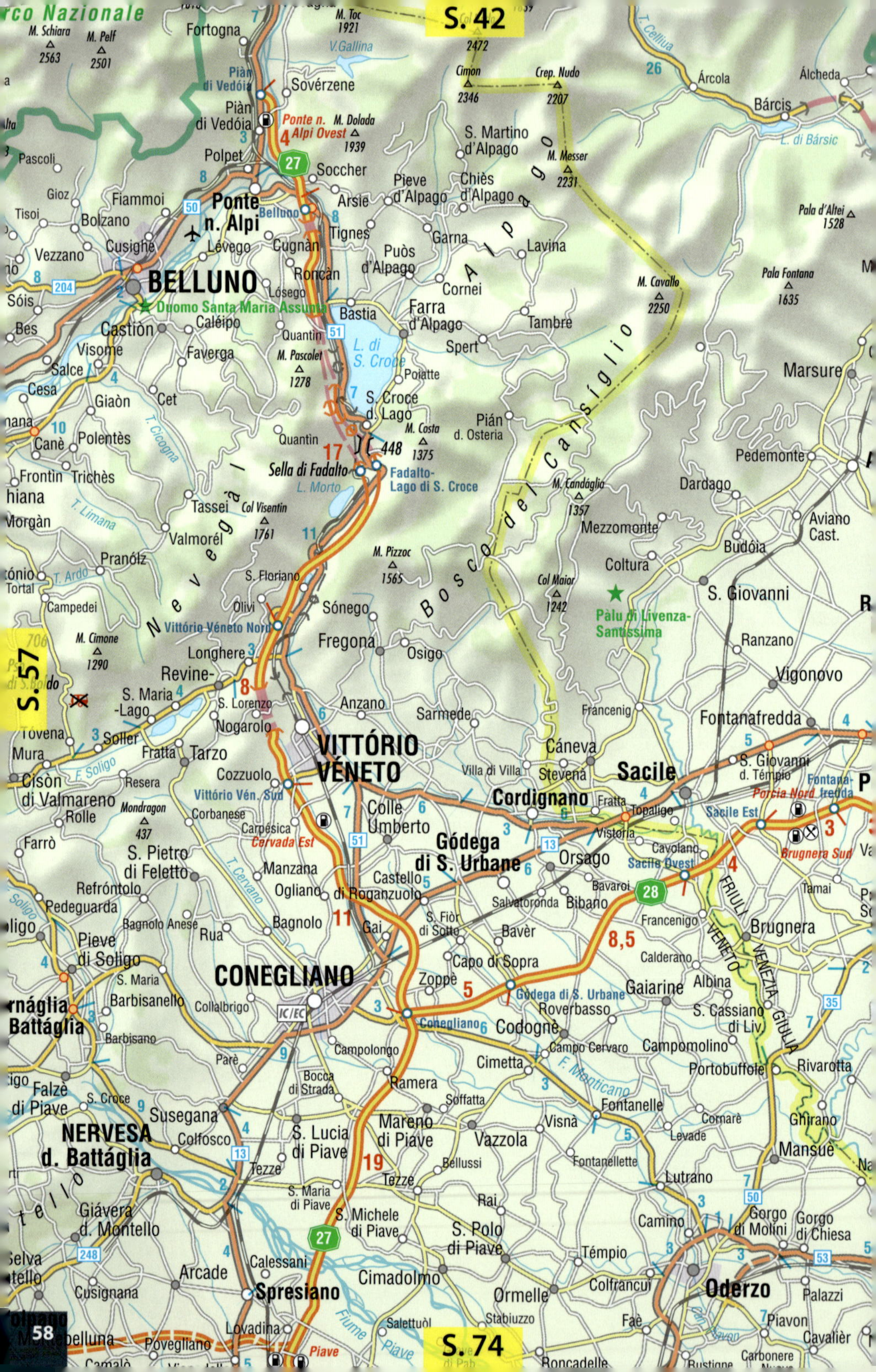
rco Nazionale
M. Schiara 2563
M. Pelf 2501
Fortogna
M. Toc 1921
V. Gallina
2472
Cimon 2346
Crep. Nudo 2207
T. Cellina
Árcola
Álcheda
Bárcis
L. di Bársic
Piàn di Vedóia
Sovérzene
Piàn di Vedóia
Ponte n. Alpi Ovest
M. Dolada 1939
S. Martino d'Alpago
M. Messer 2231
Pascoli
Polpet
Soccher
Pieve d'Alpago
Chiès d'Alpago
Gioz
Fiammoi
Ponte n. Alpi
Arsie
Tisoi
Bolzano
Belluno
Tignes
Garna
Lavina
Pala d'Altei 1528
Vezzano
Cusighe
Lévego
Cugnàn
Puòs d'Alpago
Alpago
BELLUNO
Lósego
Roncàn
Cornei
M. Cavallo 2250
Pala Fontana 1635
Sóis
Duomo Santa Maria Assunta
Bastia
Farra d'Alpago
Tambre
Bes
Castiòn
Caléipo
Quantin
Spert
Visome
Faverga
L. di S. Croce
M. Pascolet 1278
Salce
Poiatte
Marsure
Cesa
Giaòn
Cet
S. Croce d. Lago
Pián d. Osteria
Canè
Polentès
T. Cicogna
Quantìn
M. Costa 1375
448
Pedemonte
Frontin
Trichès
Sella di Fadalto
Fadalto-Lago di S. Croce
L. Morto
M. Candáglia 1357
Dardago
T. Limana
Tassei
Col Visentin 1761
Mezzomonte
Aviano Cast.
Morgàn
Valmorél
Budóia
Pranólz
M. Pizzoc 1565
Coltura
T. Ardo
S. Floriano
Col Maior 1242
S. Giovanni
Tortal
Campedei
Nevegàl
Olivi
Sónego
Bosco del Cansiglio
Pàlu di Livenza-Santissima
Vittório Véneto Nord
M. Cimone 1290
Fregona
Ranzano
Longhere
Osigo
Revine-
Vigonovo
S. Maria -Lago
S. Lorenzo
Anzano
Francenig
Sarmede
Fontanafredda
Tóvena
Soller
Nogarolo
Mura
Fratta
Tarzo
VITTÓRIO VÉNETO
Cáneva
F. Soligo
S. Giovanni d. Témpio
Cisòn di Valmareno
Cozzuolo
Villa di Villa
Stevena
Sacile
Resera
Vittório Vén. Sud
Fontana-fredda
Rolle
Mondragon 437
Colle Umberto
Cordignano
Fratta
Porcia Nord
Corbanese
Topalìgo
Sacile Est
Carpésica
Cervada Est
Gódega di S. Urbano
Vistorta
Brugnera Sud
Farrò
S. Pietro di Feletto
T. Cervano
Cavolano
Manzana
Orsago
Sacile Ovest
Castello
Refróntolo
Ogliano
di Roganzuolo
Salvatoronda
Bavaroi
Bibano
Tamai
Pedeguarda
Bagnolo Anese
Rua
Bagnolo
Gai
S. Fior di Sotto
Francenigo
Friuli Veneto
Brugnera
Pieve di Soligo
Bavèr
Venezia Giulia
Capo di Sopra
Calderano
S. Maria
Zoppè
CONEGLIANO
Gaiarine
Albina
Barbisanello
Gódega di S. Urbano
Collalbrigo
Roverbasso
S. Cassiano di Liv.
Battáglia
Conegliano
Codognè
Barbisano
Campolongo
Campo Cervaro
Campomolino
Parè
Cimetta
Portobuffolè
Rivarotta
Bocca di Strada
F. Monticano
Falzè di Piave
S. Croce
Ramera
Soffratta
Fontanelle
Susegana
Mareno di Piave
Cornarè
Ghirano
NERVESA d. Battáglia
Colfosco
S. Lucia di Piave
Vazzola
Visnà
Levade
Mansuè
Tezze
Bellussi
Fontanellette
Tezze
Lutrano
S. Maria di Piave
Rai
Giávera d. Montello
S. Michele di Piave
S. Polo di Piave
Camino
Gorgo di Molini
Gorgo di Chiesa
Témpio
Arcade
Calessani
Cusignana
Spresiano
Cimadolmo
Ormelle
Colfrancui
Oderzo
Palazzi
Salettuòl
Stabiuzzo
Faè
Piavon
Fiume Piave
Lovadina
Povegliano
Piave
Cavalièr
Roncadelle
Carbonere
Rustigne

S. 57

S. 74

S. 43
Poffabro
Piàn d. Mérie
842
Forcella di Pala Barzana
Frisanco
Cavasso Nuovo
Fanna
Sottomonte
Toppo
Ciago
Zancan
Castelnovo d. Friuli
Travésio
Usago
Pinzano al Tagliamento
Flagogna
F. Tagliamento
Susans
Majano
Comerzo
Ragogna
S. Tomaso
Orgnese
Solimbergo
MANIAGO
Sequals
Lestàns
Valeriano
Pignano
Farla
San Danielle del Friuli
Aonédis
Colle
Campagna
Arba
Vacile
Gáio
Glavóns
Rive d'Arcano
Villanova
Madrisio
Vajònt
Istrago
Baséglia
Carpacco
Rodeano
Castello di
Spilimbergo
Tauriano
Tésis
Partidor
Vídulis
Coseano
Cisterna
S. Vito di Fag.
S. Leonardo V.
Basaldela
Barbeano
Dignano
Silvella
Vivaro
Bonzicco
Savalons
S. Martino di Campagna
Roiuzza
Provesano
Gradisca
Nogaredo di Corno
Flaibano
Barazzetto
San Foca
S. Giórgio d. Richinvelda
Cosa
Pozzo
Aurava
S. Odorico
Mereto di Tomba
Blessar
S. Quirino
S.Giovanni
Rauscedo
Griòns
Domanins
S. Martino al Tagliam.
Turrida
Pantianicco
Arzenutto
Postoncicco
Rívis
Villaorba
Nogheredo
Sedegliano
S. Lorenzo
Valvasone
Gradisca
Beano
Pozzo
Múrlis
Arzene
Cordenòns
F. Meduna
S. Lorenzo
Torricella
Bivio Coseat
Goricizza
S. 60
Piancavallo
Ovoledo
Castions
Zoppola
Codróipo
Castello di Torre
PORDENONE
Orcenico Sup.
Casarsa d.Delízia
Biauzzo
Orcenico Inf.
Iutizzo
Villa Manin
Passariano
S.Giovanni
S. Vidotto
Virco
Pordenone C.C.
Pescincanna
Camino al. Tagl.
Gorizzo
S. Pietro
S. Martino
Fiume Véneto
Prodolone
S. Floriano
Villanova
Ligugnana
Glaunicco
S. Marizza
Muscletto
Sterpo
Cimpello
Bannía
S. Vito al Tagliamento
Gradiscutta
Corva
Cimpello
F. Tagliamento
Bráida Bottari
Roveredo
Romans
Praturlone
Belgrado
Azzano D.
Savorgnano
Gléris
Varmo
di Sotto
Tiezzo
Taiedo
Torrate
Ramuscello
Bando
S. Páolo
Rivignano
Azzano Décimo
Villutta
Braidacurti
Morsano al. Tagl.
Colle
Villotta
Saletto
Madrísio
Teòr
Bagnarola
Sacudello
Campomolle
S. Andrea
Villotta
Marignana
Driolassa
Chions
Cordovano
Mussons
Canùssio
Bagnara
Chiarmac
Séttimo
Sesto al Reghena
Pasiano di Pordenone
Fagnígola
Villanova
Persiana
Sesto al R.
Gruaro
Fraforeano
Latisana
Rivaro
Salvarolo
Gruaro
Cinto Caom.
Téglio Véneto
Palazzolo d. Stella
Pravisdómini
Giai
Fratta
Barco
Pramaggiore
Alvisópoli
Rònchis
Mure
Bisciola
S. Biágio
Porto-gruaro
Fratta
Frattina
Blesságlia
S. Giórgio al. Tagl.
Latisanotta
Annone Véneto
Fossalta di Portogruaro
Latisana
Motta di Livenza
Belfiore
Pradipozzo
Stiago
Paludo di Latis
Summaga
PORTOGRUARO
Villanova
S. Michele al Tagl.
Spadacenta
Museo Nazionale Concordiese
Lisòn
Matoner
Loncòn
Corbolone
Concórdia Sagittaria
S. 75
Torresella
Giussago
Gorgo
Mazzolada
Lugugnana
S. Filippo

S. 44

S.Stéfano
Segnacco
Nímis
Attimis
Subit
M. Ioánaz
1167
Mersino
Majano
Mels
Ledra
Collalto
Loneriacco
Qualso
Cassacco
Savorgnano di Torre
Racchiuso
T. Grivò
Canébola
Masarolis
Cocianzi
Grotta d'Antro
Biàcis
Ponteacco
Colloredo di M. Albano
Tricesimo
Vergnacco
Ravosa
Faédis
Valle
Torreano
Reana
Rizzolo
T. Cormor
Leonacco
Tavagnacco
Rónchis
Campéglio
Prestento
S. Pietro al Natisone
Caporiacco
Pagnacco
Adegliacco
Povoletto
Tolgiano
Tempietto Longobardo
Sanguarzo
Ponte S. Quirino
Moruzzo
Údine Nord
Feletto Umb.
Salt
Ziracco
CIVIDALE d. Friuli
Purgéssimo
Fagagna
Torreano
Plaino
Gódia
Grións
T. Malina
Ponte del Diavolo
Museo Archeologico Nazionale
Castello di Villalta
Martignacco
Rizzi
Beivàrs
Remanzacco
Cialla
Gagliano
S. Vito di Fag.
Faugnacco
Nogaredo di Prato
Galleria d'Arte Moderna
Sélvis
Orzano
Bodig
Cast. di Albana
Passóns
Castello Udine
Duomo
ÚDINE
Plaséncis
Pasiàn di Prato
Santa Maria Annunziata
IC/EC
Carneglòns
Premariacco
Paderno
Albana
Spessa
S. Marco
Colloredo di Prato
Bibano
Orsária
Ipplis
Prepott
Blessano
Pradamano
Dolegna d. Collio
Variano
Basaldella
Cussignacco
F. Natisone
Óleis
Zugliano
Búttrio
Neblo
Basiliano
Campofórmido
Údine Sud
Lovária
Pavia d. Udine
Corno di Ros.
S. Andrat
Castel D
Orgnano
Terenzano
Manzano
Abbazia di Rosazzo
Carpeneto
E 55
Manzinello
S. Giovanni al Natisone
Brazzano
Basagliapenta
Pozzuolo del Friuli
Sammardénchia
Lauzacco
S. Lorenzo
Duomo di San Alberto
Sclaunicco
Percoto
S. Maria
S. Stéfano Ud.
Persereano
Villacáccia
Galleriano
Lestizza
Lavariano
Tissano
Trivignano Udinese
Villanova d. Judrio
Morteglianو
Chiasiéllis
S. Maria la Longa
Meduzza
Borgnano
Moraro
Flambro
Clauiano
Chiópris-Viscone
T. Judrio
Virco
Talmassons
Bicinicco
Medea
T. Versa
Flumignano
Morsano di Strada
Felettis
Jalmicco
T. Torre
Mariano d. Friuli
Gradisca d'Isonzo
Castiòns di Strada
Palmanova
Versa
Sterpo
Visco
Gonàrs
Fauglis
Sevegliano
Cráuglio
Romàns
Tapogliano
Flambruzzo
Bagnària Arsa
F. Ausa
Aiello d. Friuli
Villesse
Sagrado
Torsa
Corgnolo
Porpetto
Campo-longhetto
Campolongo al Torre
Áriis
Paradiso
Strassoldo
Roveredo
S. Giórgio-Porpetto
Castiòns d.Mura
Petreole
S. Piér d'Isonzo
F. Stella
Driolassa
S. Giorgio di Nogaro
Vill. Roma
Muscoli
Ruda
Redipuglia
Aeroporto di Triest-Ronchi Dei Legionari
Pocenia
Chiarmacis
Zellina
Torviscosa
Turriaco
Muzzana d. Turgnano
Cervignano del Friuli
Rivarotta
Nogaro
Pieris
Malsana
Papariana
Palazzolo d. Stella
S. Gervásio
Carlino
S. Martino di Terzo
Terzo d'Aquiléia
S. Canzian d'Isonzo
S. Valentino
F. Corno
Can. Cormór
Precenicco
Gallinazza
Monastero
Isola Morosini
F. Ausa
Aquiléia
S. Lorenzo
Piancada
Marano Lagunare
Ca'd. Véscovo
Aquileia
Basilica
F. Natissa
Latis
C. Mariánis
Ris. Nat. della Valle Canal Novo
Ausa-Corno
Titiano
F. Stella
Laguna di Marano
Belvedere
Fossalon
S. Giuliano
S. Maria

S. 59

S. 76

S. 45

Livške Ravne
Drenchia
Cepletischis
Cras
T. Rieca
Clódino
Lombaj
F. Cósizza
Tríbil Sup.
Oblizza
Stregna
Erbezzo
Idrija
Ročinj
Kambreško
Volče
Tolmin
Tolmino
Čiginj
Vogrinki
Modrejce
Mondreuzza
Volčanski Ruti
Most na Soči
Santa Lucia
Ljubinj
Modrej
Modrea
Klavže
Kneža
Kotel 1174
Koritnica
Hudajužna
Zakojca
1630
Bača pri Modreju
Báccia
Ponikve
Paniqua
Kojca 1301
Bukovo
Buccova
Orehek
Cercva
Sv. Ana
Cerkno
Šentviška Gora
Monte Sanvito
Ravne
Cerknica
Idrija pri Bači
Pečine
Kanalski Lom
Tolminski Lom
Veli Vrh 1071
Testeni
Ravenska jama
Podlaniščе
Straža
Stopnik
Šebrelje
Plužnje
Dolenja Trebuša
Vel. Skopice 861
Hotenja
Kal nad Kanalom
Kanal
Canale d'Isonzo
Avče
Auzza
Levpa
Lig
Codromaz
Podresca
Gorenja vas
Kanalski Vrh
Morsko
Banjšice
Sv. Volbenk
Korada 812
Anhovo
Salona d'Isonzo
Deskle
Descla
Plave
Plava
Bate
Battaglia
Bojnik 955
Lokovec
Banjška Planota
Čepovan
Chiapovano
Oblakov Vrh
Gorenja Kanomlja
Idrijske Krnice
Planinica 1171
Partizanska Tiskarna Slovenija
Gorenja Trebuša
Vojsko
Srednja Kanomlja
Kuk 607
Grgavske Ravne
Podlaka
Čepovanska Dolina
Lokve
Lóqua
V. Češevik 1349
Mrzla rupa
Idrijca
Goriška Brda
Vrhovlje
Vedrijan
Šmartno
San Martino
Biljana
Kojsko
Quiska
Sv. Gora
F. Isonzo
Soča
Grgar
Gargaro
Voglarji
Nemci
Mrzovec 1406
Goljak 1495
Bela
Idrijska Bela
Podsabotin
Hum
Kozana
Solkan
Salcano
Ravnica
Trnovo
Tarnova
Trnovski gozd
S. Floriano del Collio
Vipolže
NOVA GORICA
Grad Kromberg
1070
Predmeja
GORÍZIA
Kromberk
Šmihel
Ozeljan
Ossegliano
Castello Gorizia
Kostanjevica
Ajševica
Mossa
Rožna Dolina
Vitovlje
Kucelj 1237
Modrasovec 1306
Otlica
Obli vrh 1109
Lokavšek
Lucinico
Šempeter
Šempas
Sambasso
Osek
Kovk
S. Lorenzo Isontino
Vrtojba
Sempeter
Vogrsko
Sempas
Crniče
Cernizza
Gorizia
Vrtojba
Vertoiba
Volčja Draga
H4
Selo
Gojače
Kamnje
Camigna
Lokavec
Štomaž
Ajdovščina
Aidussina
Gozd
Vogrsko
Ville Montevecchio
Batuje
Vrtovin
Skrilje
Cesta
Savogna d'Isonzo
Bukovica/Boccavizza
Selo
Dobravlje
Rupa
Bilje
Biglia
Renče
Prvačina
Prevacina
Dornberk
Montespino
Ajdovščina
Župaže
Dolga Poljana
Vrhpolje
Vipavski Križ
Male Žablje
Ustje
Miren
Merna
Vipava
Mrljaki
Žigoni
Temnica
Potok
Tabor
Branica
Grad Rihemberk
Vipavska Dolina
Velike Žablje
Dupije
Fajtji Hrib 432
Trstelj 643
S. Martino d. Carso
Lipa
Lipa di Comeno
Branik
Rifimbergo
Zavino
Šmarje
Samaria
Planina
Slap
Palchisce
Kostanevica na Krasu
Castagnevizza
Sp. Branica
Branizza
Gaberje
Erzelj
Lože
Opatje selo
Opacchiasella
Temnica
Temenizza
Sveto
Sutta
Škrbina
Seherbina
Sv. Daniel
Štanjel
S. Daniel
Doberdo
Kobjeglava
Cobbia
Kobdilj
Cobidil
Goče
Manče
Sela na Krasu
Sella d. Trincee
Komen
Comeno
Sv. Marija Obršljanska
Hruševica
Crussevizza
Podraga
Legionari
lamiano
Vojščica
Voissizza
Ivanji Grad
Kras
Štjak
Podnanos
Monfalcone
Brestovica pri Komnu
Brestovizza
Volčji Grad
Volci
Gabrovica pri Komnu
Gabrovizza
Ponikve
Medezza
Gorjansko
Goriano
Brje pri Komnu
Boriano
Kopriva
Capriva del Carso
Vrabče
FALCONE
S. Giovanni
Duino
Malchina
Plskovica
Pliscovizza
Skopo
Scoppo
Rasa
Dobravlje
Duino
Sistiana
Veliki Dol
Vallegrande
Krajna vas
Tomaj
Tomádio
Kazlje
Griže
Sistiana
S. Pelagio
Dutovlje
Duttogliano
Križ
Croce
Golfo di Panzano
Aurisina
Sales
M. Lanaro 545
Kreplje
Dane pri Sežani
Štorje
Sgonico
Voglje
Šmarje
Vercogliano
Pta. Sdobba
S. Croce
Gabrovizza
Montrupino
Fernetiči
Sežana-vzhod
Grotta Gigante
Fernetti
Orlek
Žirje
Sežana-vzhod

S. 77

46

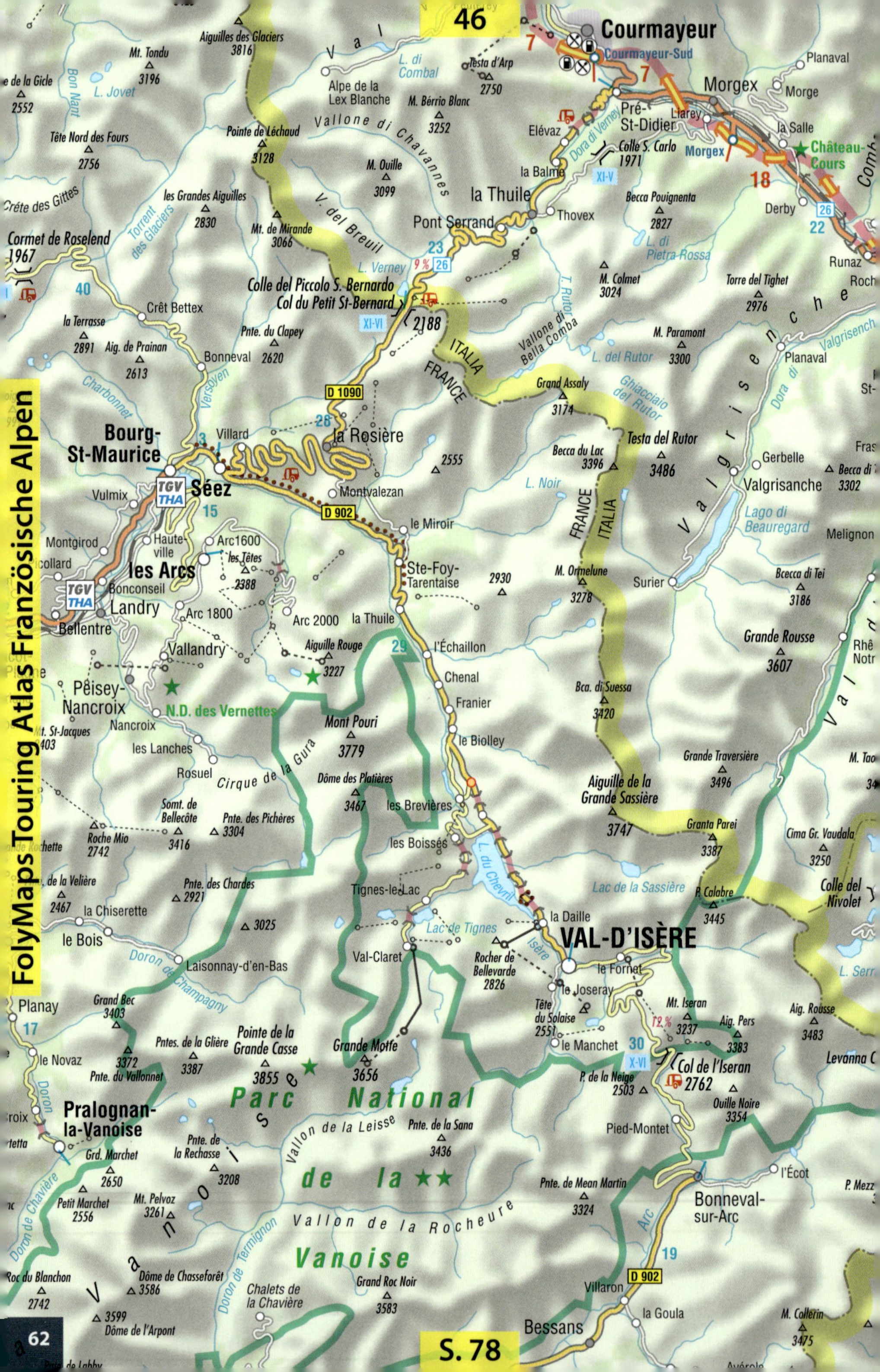
Courmayeur
Courmayeur-Sud
Planaval
Morgex
Morge
Pré-St-Didier
Liarey
La Salle
Château-Cours
Colle S. Carlo 1971
Elévaz
la Balme
Derby
la Thuile
Thovex
Becca Pouignenta 2827
Pont Serrand
L. di Pietra Rossa
Runaz
Testa d'Arp 2750
L. di Combal
Alpe de la Lex Blanche
M. Bérrio Blanc 3252
Vallone di Chavannes
M. Ouille 3099
V. del Breuil
L. Verney
Colle del Piccolo S. Bernardo
Col du Petit St-Bernard
2188
ITALIA
FRANCE
Vallone di Bella Comba
L. del Rutor
M. Colmet 3024
T. Rutor
Torre del Tighet 2976
M. Paramont 3300
Valgrisenche
Grand Assaly 3174
Ghiacciaio del Rutor
Testa del Rutor 3486
Becca du Lac 3396
L. Noir
Gerbelle
Valgrisanche
Lago di Beauregard
Becca di 3302
Melignon
Surier
M. Ormelune 3278
Bcecca di Tei 3186
Grande Rousse 3607
Aiguilles des Glaciers 3816
Mt. Tondu 3196
L. Jovet
Bon Nant
Tête Nord des Fours 2756
Pointe de Léchaud 3128
Crête des Gittes
les Grandes Aiguilles 2830
Torrent des Glaciers
Mt. de Mirande 3066
Cormet de Roselend 1967
Crêt Bettex
la Terrasse 2891
Aig. de Prainan 2613
Pnte. du Clapey 2620
Bonneval
Versoyen
Charbonnet
D 1090
la Rosière
Bourg-St-Maurice
Villard
Séez
2555
Vulmix
Montvalezan
D 902
le Miroir
Montgirod
Hauteville
Arc1600
les Têtes 2388
les Arcs
Bonconseil
Landry
Bellentre
Arc 1800
Arc 2000
la Thuile
Ste-Foy-Tarentaise
2930
Vallandry
Aiguille Rouge 3227
l'Échaillon
Peisey-Nancroix
Chenal
Franier
N.D. des Vernettes
Nancroix
Mont Pouri 3779
les Lanches
le Biolley
Rosuel
Cirque de la Gura
Dôme des Platières 3467
les Brevières
Bca. di Suessa 3420
Grande Traversière 3496
Somt. de Bellecôte 3416
Pnte. des Pichères 3304
Roche Mio 2742
les Boissés
Aiguille de la Grande Sassière 3747
Granta Parei 3387
Cima Gr. Vaudala 3250
L. du Chevril
Pnte. des Chardes 2921
Tignes-le-Lac
Lac de la Sassière
P. Calabre 3445
Colle del Nivolet
la Chiserette
3025
la Daille
Lac de Tignes
le Bois
Val-Claret
Rocher de Bellevarde 2826
VAL-D'ISÈRE
Isère
le Fornet
Laisonnay-d'en-Bas
Doron de Champagny
le Joseray
Tête du Solaise 2551
Mt. Iseran 3237
Aig. Pers 3383
Aig. Rousse 3483
Planay
Grand Bec 3403
le Manchet
Levanna C
le Novaz
Pntes. de la Glière 3387
Pointe de la Grande Casse 3855
Grande Motte 3656
Col de l'Iseran 2762
3372 Pnte. du Vallonnet
P. de la Neige 2503
Ouille Noire 3354
Parc National de la Vanoise
Pralognan-la-Vanoise
Doron
Pnte. de la Sana 3436
Vallon de la Leisse
Pied-Montet
Pnte. de la Rechasse 3208
Grd. Marchet 2650
l'Écot
Petit Marchet 2556
Mt. Pelvoz 3261
Pnte. de Mean Martin 3324
P. Mezz
Vallon de la Rocheure
Bonneval-sur-Arc
Arc
Doron de Chavière
Doron de Termignon
Vanoise
Roc du Blanchon 2742
Dôme de Chasseforêt 3586
Chalets de la Chavière
Grand Roc Noir 3583
D 902
Villaron
la Goula
M. Collerin 3475
3599 Dôme de l'Arpont
Bessans
TGV THA

S. 78

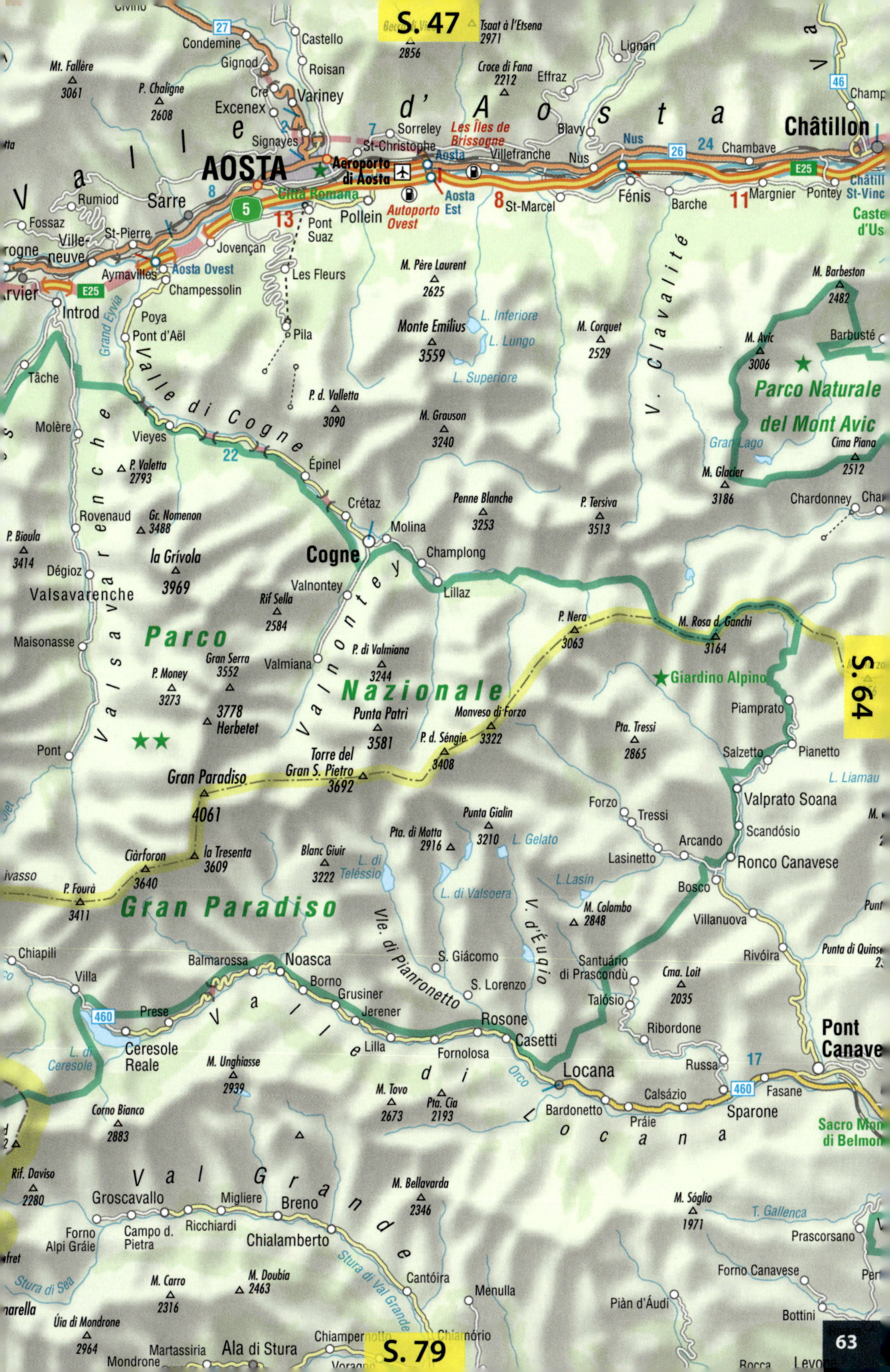
S. 47
AOSTA
Châtillon
Valle d'Aosta
Cogne
Valle di Cogne
Valnontey
Valsavarenche
Parco Nazionale Gran Paradiso
Parco Naturale del Mont Avic
Gran Paradiso 4061
Monte Emilius 3559
la Grívola 3969
Giardino Alpino
Valprato Soana
Ronco Canavese
Noasca
Ceresole Reale
Locana
Pont Canavese
Valle di Locana
Val Grande
Ala di Stura
Chialamberto
Groscavallo
S. 64
S. 79

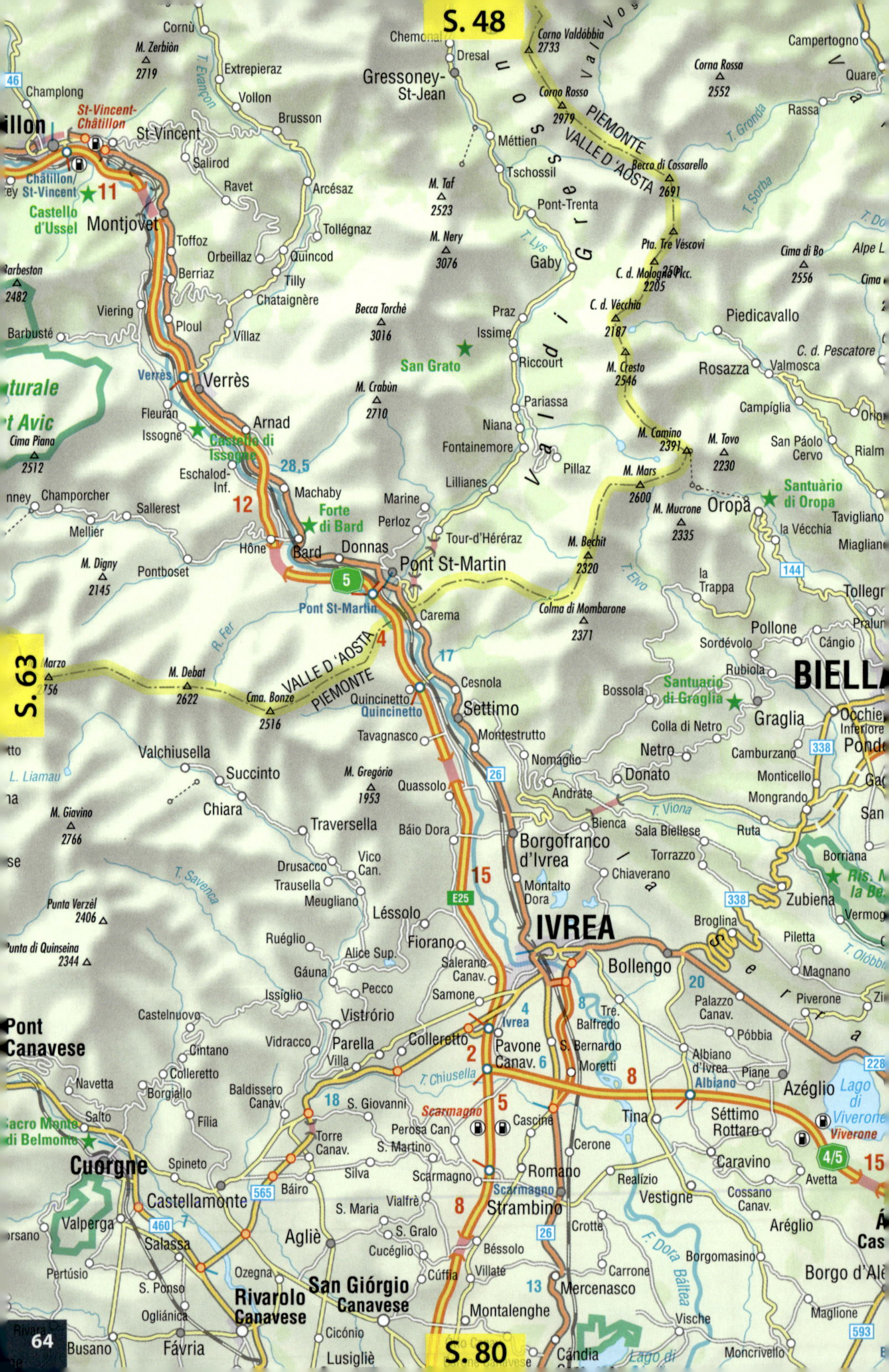
S. 48
S. 63
S. 80
IVREA
BIELLA
Aosta valley / Piemonte region; places incl. St-Vincent, Châtillon, Verrès, Pont St-Martin, Borgofranco d'Ivrea, Cuorgnè, Rivarolo Canavese, San Giórgio Canavese, Strambino

S. 49

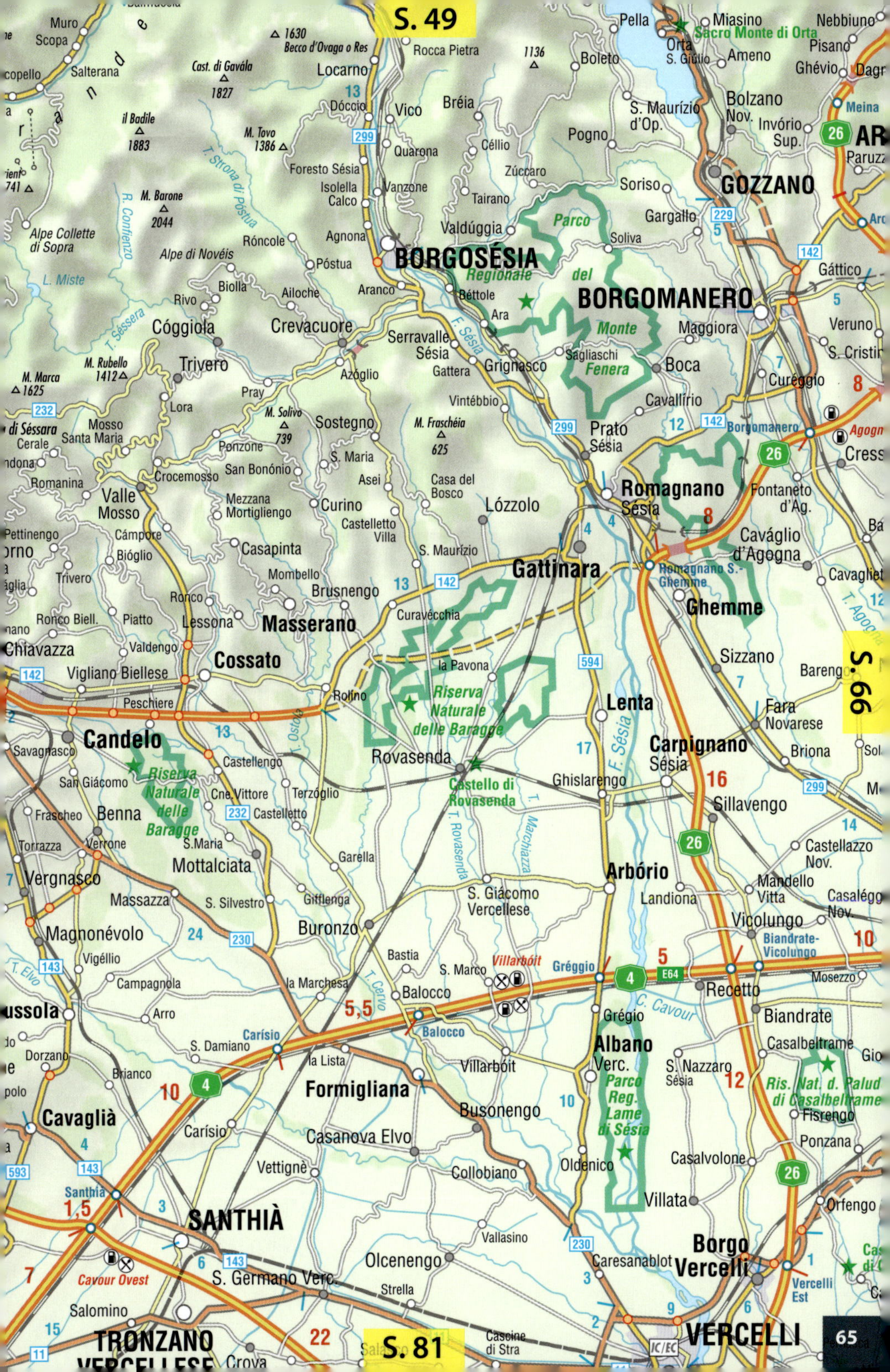

Borgosésia
Borgomanero
Gozzano
Gattinara
Romagnano Sésia
Ghemme
Masserano
Cossato
Candelo
Trivero
Cóggiola
Crevacuore
Serravalle Sésia
Grignasco
Prato Sésia
Lenta
Carpignano Sésia
Rovasenda
Arbório
Buronzo
Formigliana
Balocco
Villarbóit
Gréggio
Albano Verc.
Santhià
Cavaglià
Tronzano Vercellese
Borgo Vercelli
Vercelli
Recetto
Biandrate
Vicolungo
Sillavengo
Ghislarengo
Landiona
Mottalciata
Benna
Vergnasco
Magnonévolo
Olcenengo
Collobiano
Oldenico
Villata
Casalvolone
Caresanablot
S. Germano Verc.
Parco Regionale del Monte Fenera
Riserva Naturale delle Baragge
Castello di Rovasenda
Parco Reg. Lame di Sésia
Sacro Monte di Orta

S. 99

S. 81

S. 50

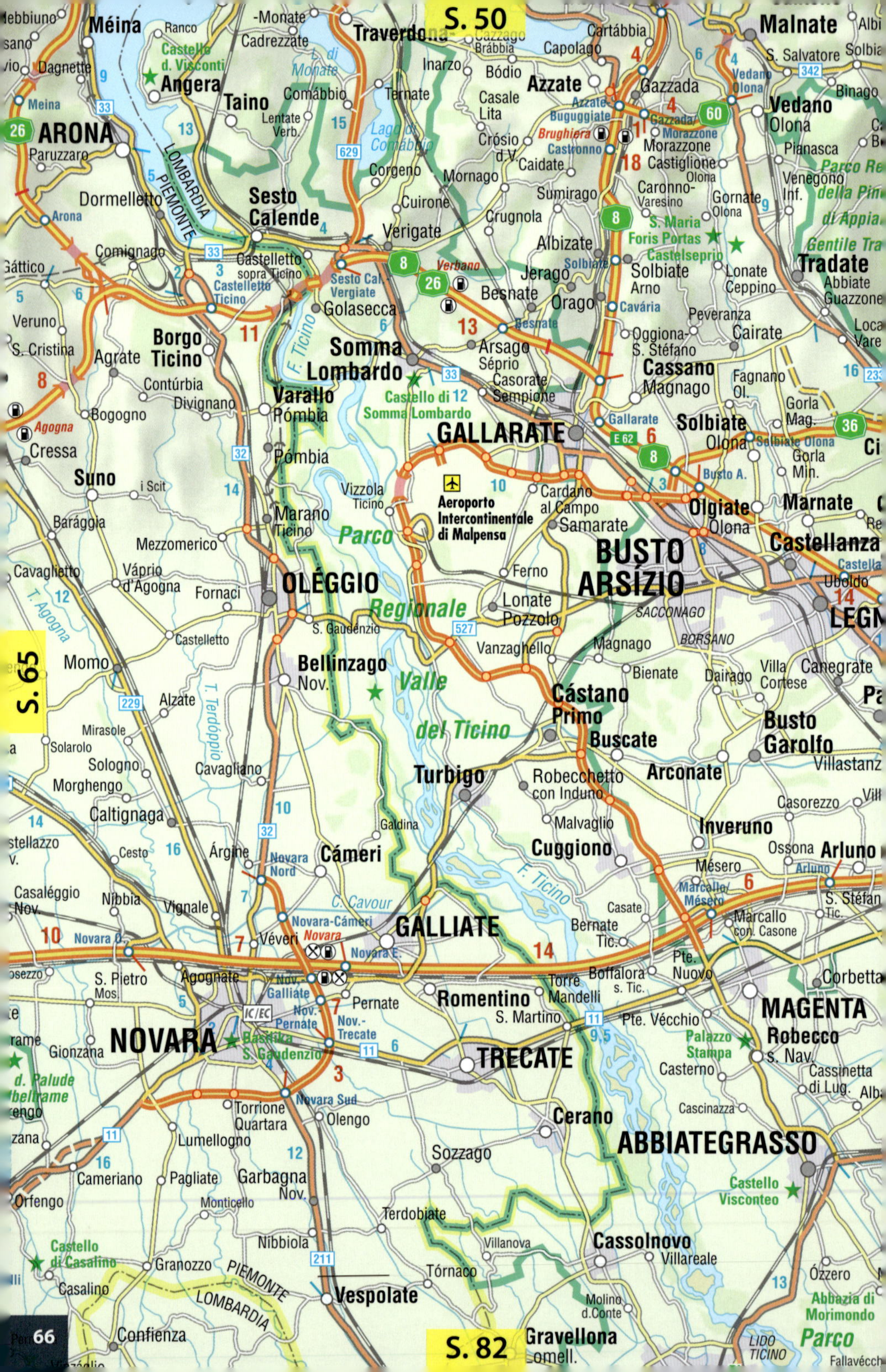
Méina
Angera
Taino
Travedona
Malnate
Azzate
Gazzada
Vedano Olona
ARONA
Dormelletto
Sesto Calende
Golasecca
Somma Lombardo
Castello di Somma Lombardo
Verigate
Besnate
Tradate
Borgo Ticino
Varallo Pómbia
Pómbia
GALLARATE
Solbiate Olona
Cassano Magnago
Aeroporto Intercontinentale di Malpensa
Olgiate Olona
Castellanza
BUSTO ARSÍZIO
Suno
OLÉGGIO
Parco Regionale Valle del Ticino
Lonate Pozzolo
Bellinzago Nov.
Cástano Primo
Buscate
Busto Garolfo
Momo
Turbigo
Arconate
Caltignaga
Cuggiono
Inveruno
Arluno
Cámeri
GALLIATE
NOVARA
Basilica S. Gaudenzio
Romentino
TRECATE
MAGENTA
Robecco s. Nav.
Palazzo Stampa
Cerano
ABBIATEGRASSO
Castello Visconteo
Cassolnovo
Vespolate
Garbagna Nov.
Castello di Casalino
Gravellona Lomell.
Abbazia di Morimondo
F. Ticino
LOMBARDIA
PIEMONTE

S. 65

S. 82

S. 51

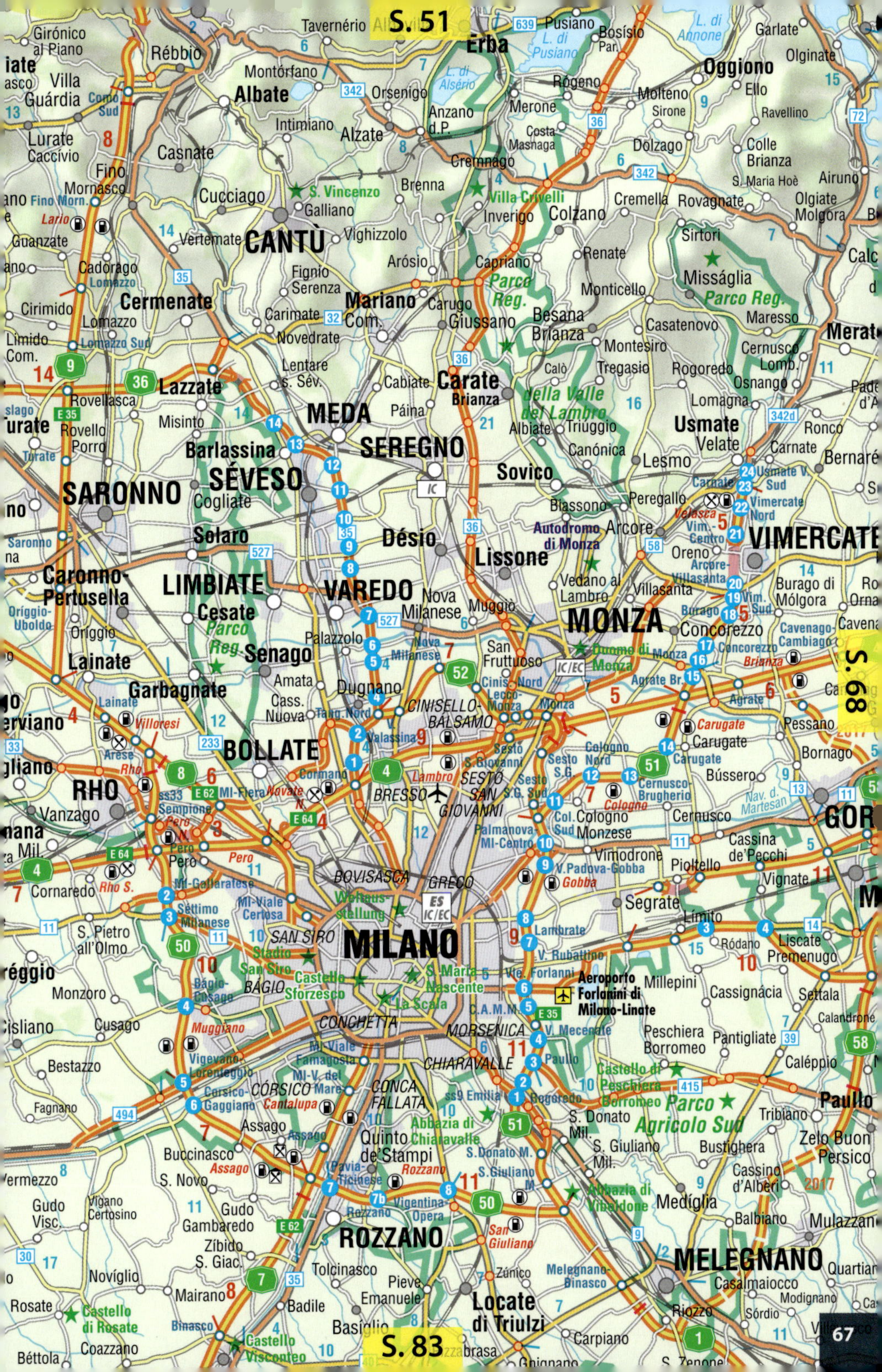
Girónico al Piano
Rébbio
Tavernério
Erba
Pusiano
L. di Pusiano
Bosísio Par.
L. di Annone
Garlate
Olginate
Villa Guárdia
Como Sud
Montórfano
Albate
Orsenigo
L. di Alsério
Rógeno
Oggiono
Ello
Molteno
Sirone
Ravellino
Intimiano
Alzate
Anzano d.P.
Merone
Costa Masnaga
Lurate Caccívio
Casnate
Cremnago
Dolzago
Colle Brianza
Fino Mornasco
Fino Morn.
S. Maria Hoè
Airuno
Cucciago
S. Vincenzo
Brenna
Villa Crivelli
Cremella
Rovagnate
Olgiate Molgora
Lario
Galliano
Inverigo
Colzano
Guanzate
Vertemate
CANTÙ
Vighizzolo
Sirtori
Cadorago
Lomazzo
Arósio
Capriano
Renate
Misságlia
Fignio
Serenza
Parco Reg.
Monticello
Cermenate
Mariano Com.
Carugo
Giussano
Besana Brianza
Casatenovo
Maresso
Cirimido
Carimate
Merate
Limido Com.
Lomazzo Sud
Novedrate
Montesiro
Cernusco Lomb.
Lentate s. Sév.
Tregasio
Rogoredo
Osnango
Lazzate
Cabiate
Carate Brianza
Calò
della Valle del Lambro
Lomagna
Rovellasca
Misinto
MEDA
Páina
Albiate
Triuggio
Usmate Velate
Ronco
Turate
Rovello Porro
Barlassina
SEREGNO
Canónica
Lesmo
Carnate
Bernareggio
SARONNO
SÉVESO
Cogliate
Sovico
Usmate V. Sud
Biassono
Peregallo
Vimercate Nord
Solaro
Désio
Autodromo di Monza
Arcore
Velasca
Vim. Centro
Oreno
VIMERCATE
Caronno-Pertusella
LIMBIATE
VAREDO
Lissone
Arcore-Villasanta
Origgio
Cesate
Parco Reg.
Nova Milanese
Muggiò
Vedano al Lambro
Villasanta
Burago di Mólgora
Burago
Vim. Sud
MONZA
Concorezzo
Cavenago-Cambiago
Lainate
Senago
Palazzolo
San Fruttuoso
Duomo di Monza
Garbagnate
Amata
Cass. Nuova
Dugnano
Cinisello-Monza
Lecco-Monza
Agrate Br.
Agrate
Villoresi
CINISELLO-BALSAMO
Carugate
Pessano
BOLLATE
Valassina
Cologno Nord
Bornago
Arese
RHO
MI-Fiera
Novate
Cormano
Lambro
SESTO SAN GIOVANNI
Sesto S.G.
Cernusco-Brugherio
Bússero
Vanzago
Sempione
BRESSO
Cologno
Cernusco
Nav. d. Martesana
Pero
Palmanova-MI-Centro
Col. Cologno Sud
Cologno Monzese
Cassina de'Pecchi
Vimodrone
Pioltello
Cornaredo
Rho S.
MI-Gallaratese
BOVISASCA
GRECO
V. Padova-Gobba
Gobba
Vignate
Segrate
Settimo Milanese
Wettbewerb
MI-Viale Certosa
Límito
S. Pietro all'Olmo
SAN SIRO
Stadio San Siro
MILANO
Lambrate
V. Rubattino
Ródano
Liscate
Premenugo
Bágio-Cusago
BÁGIO
Castello Sforzesco
S. Maria Nascente
Vle. Forlanini
Aeroporto Forlanini di Milano-Linate
Millepini
Monzoro
La Scala
C.A.M.M.
Cassignácia
Settala
Cusago
CONCHETTA
MORSENICA
V. Mecenate
Peschiera Borromeo
Pantigliate
Calandrone
Bestazzo
Muggiano
Vigevano-Lorenteggio
MI-Viale Famagosta
MI-V. del Mare
CHIARAVALLE
Paullo
Castello di Peschiera Borromeo
Caléppio
Corsico-Gaggiano
CÓRSICO
CONCA FALLATA
ss9 Emilia
Rogoredo
Parco Agricolo Sud
Tribiano
Fagnano
Cantalupa
Abbazia di Chiaravalle
S. Donato Mil.
Zelo Buon Persico
Assago
Quinto de'Stampi
S. Donato M.
S. Giuliano Mil.
Bustighera
Buccinasco
Pavia-Ticinese
Rozzano
S. Giuliano M.
Cassino d'Alberi
S. Novo
Abbazia di Viboldone
Vermezzo
Vigano Certosino
Gudo Gambaredo
Vigentina-Opera
San Giuliano
Medíglia
Gudo Visc.
Zíbido S. Giac.
ROZZANO
Balbiano
Mulazzano
MELEGNANO
Tolcinasco
Zúnico
Melegnano-Binasco
Quartiano
Nivíglio
Mairano
Pieve Emanuele
Casalmaiocco
Modignano
Rosate
Castello di Rosate
Badile
Locate di Triulzi
Riozzo
Sórdio
Binasco
Basíglio
Carpiano
Villarocca
Béttola
Coazzano
Castello Visconteo
S. Zenone
Ghignano

S. 68

S. 83

S. 52

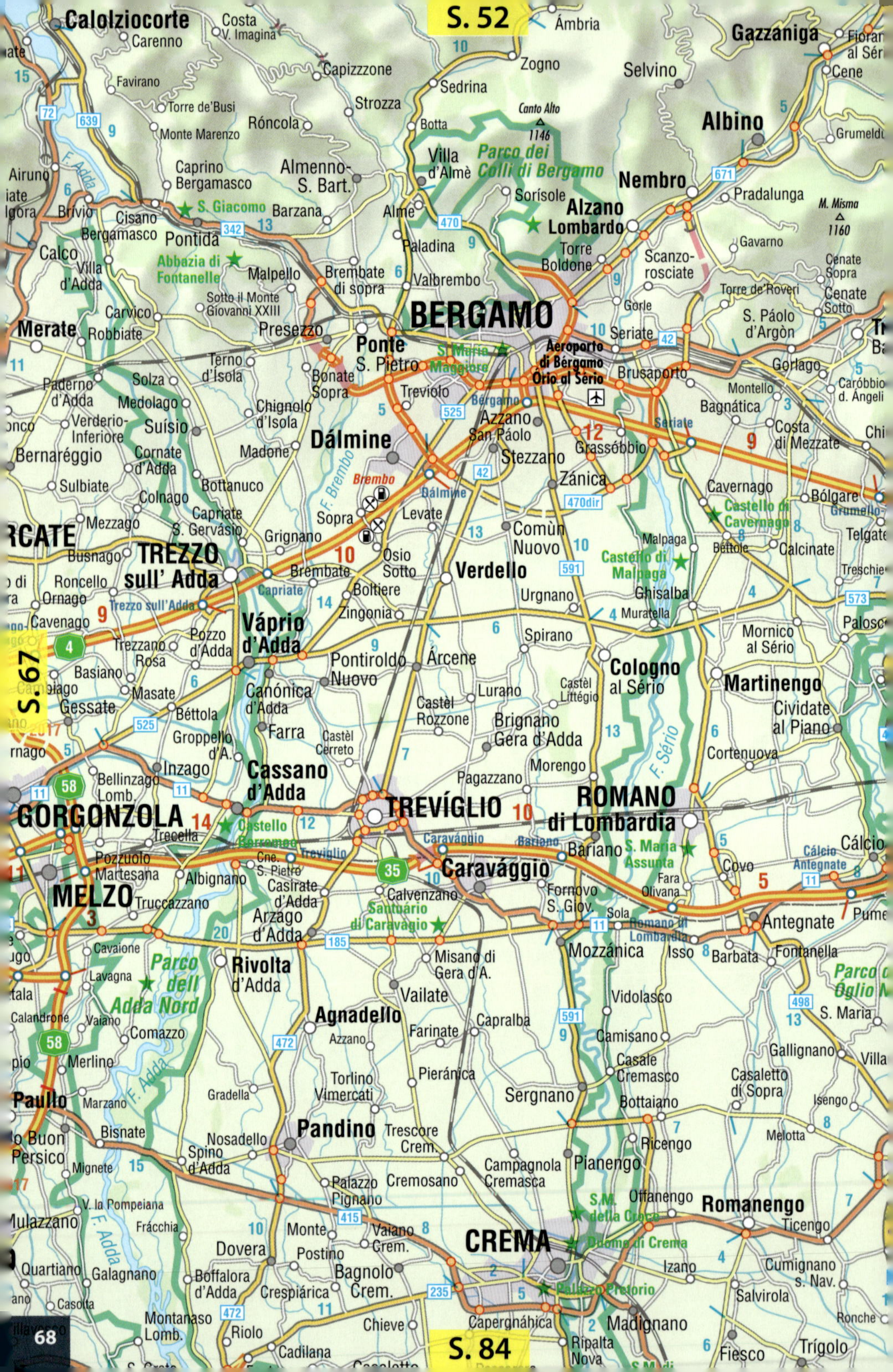
Calolziocorte
Costa V. Imagina
Carenno
Capizzone
Àmbria
Zogno
Gazzaniga
Fiorano al Sério
Cene
Favirano
Sedrina
Strozza
Selvino
Torre de'Busi
Canto Alto 1146
Albino
Grumello
Botta
Róncola
Monte Marenzo
Villa d'Almè
Parco dei Colli di Bergamo
Caprino Bergamasco
Almenno-S. Bart.
Sorísole
Nembro
Pradalunga
Airuno
Brivio
Cisano Bergamasco
S. Giacomo
Barzana
Almè
Alzano Lombardo
M. Misma 1160
Pontida
Paladina
Gavarno
Calco
Villa d'Adda
Abbazia di Fontanelle
Malpello
Brembate di sopra
Valbrembo
Torre Boldone
Scanzo-rosciate
Cenate Sopra
Sotto il Monte Giovanni XXIII
Torre de'Roveri
Carvico
Gorle
Cenate Sotto
BERGAMO
Merate
Robbiate
Presezzo
S. Páolo d'Argòn
Seriate
Ponte S. Pietro
S. Maria Maggiore
Aeroporto di Bergamo Orio al Sério
Terno d'Isola
Bonate Sopra
Gorlago
Paderno d'Adda
Solza
Brusaporto
Carobbio d. Angeli
Treviolo
Montello
Medolago
Bergamo
Bagnática
Verderio-Inferiore
Suísio
Chignolo d'Isola
Azzano San Páolo
Costa di Mezzate
Dálmine
Grassóbbio
Bernaréggio
Cornate d'Adda
Madone
Stezzano
Zánica
Sulbiate
Bottanuco
Brembo
Cavernago
Bólgare
Colnago
Dálmine
Castello di Cavernago
Grumello
Capriate S. Gervásio
Mezzago
Sopra
Levate
Comùn Nuovo
Telgate
Malpaga
Bèttole
Calcinate
Busnago
TREZZO sull' Adda
Grignano
Castello di Malpaga
Brembate
Osio Sotto
Verdello
Roncello
Ornago
Capriate
Boltiere
Urgnano
Ghisalba
Trezzo sull'Adda
Zingonia
Muratella
Cavenago
Pozzo d'Adda
Vàprio d'Adda
Spirano
Mornico al Sério
Trezzano Rosa
Pontiroldo Nuovo
Árcene
Cologno al Sério
Basiano
Martinengo
Canónica d'Adda
Lurano
Castèl Littégio
Masate
Gessate
Castèl Rozzone
Brignano Gera d'Adda
Cividate al Piano
Béttola
Farra
Groppello d'A.
Castèl Cerreto
F. Sério
Cortenuova
Bellinzago Lomb.
Inzago
Cassano d'Adda
Pagazzano
Morengo
ROMANO di Lombardia
GORGONZOLA
Castello Borromeo
TREVÍGLIO
Trecella
Caravággio
Bariano
S. Maria Assunta
Cálcio
Pozzuolo Martesana
Cne. S. Pietro
Treviglio
Caravággio
Covo
Antegnate
Albignano
Casirate d'Adda
Calvenzano
Fara Olivana
MELZO
Truccazzano
Arzago d'Adda
Santuário di Caravàggio
Fornovo S. Giov.
Sola
Romano di Lombardia
Antegnate
Pume
Cavaione
Misano di Gera d'A.
Mozzánica
Isso
Barbata
Fontanella
Lavagna
Parco dell' Adda Nord
Rivolta d'Adda
Vailate
Parco Óglio
Calandrone
Vaiano
Comazzo
Agnadello
Capralba
Vidolasco
S. Maria
Azzano
Farinate
Camisano
Gallignano
Merlino
Casale Cremasco
Villa
Torlino Vimercati
Pieránica
Casaletto di Sopra
Paullo
Marzano
Gradella
Sergnano
Bottaiano
Isengo
Bisnate
Nosadello
Pandino
Trescore Crem.
Melotta
Ricengo
Spino d'Adda
Campagnola Cremasca
Pianengo
Mignete
Palazzo Pignano
Cremosano
S.M. della Croce
Offanengo
Romanengo
V. la Pompeiana
Ticengo
Frácchia
Monte
Vaiano Crem.
CREMA
Duomo di Crema
Dovera
Postino
Quartiano
Galagnano
Boffalora d'Adda
Izano
Cumignano s. Nav.
Bagnolo Crem.
Crespiárica
Palazzo Pretorio
Salvirola
Casolta
Montanaso Lomb.
Chieve
Capergnáhica
Madignano
Ronche
Riolo
Ripalta Nova
Fiesco
Trígolo
Cadilana

S. 67

S. 84

S. 53

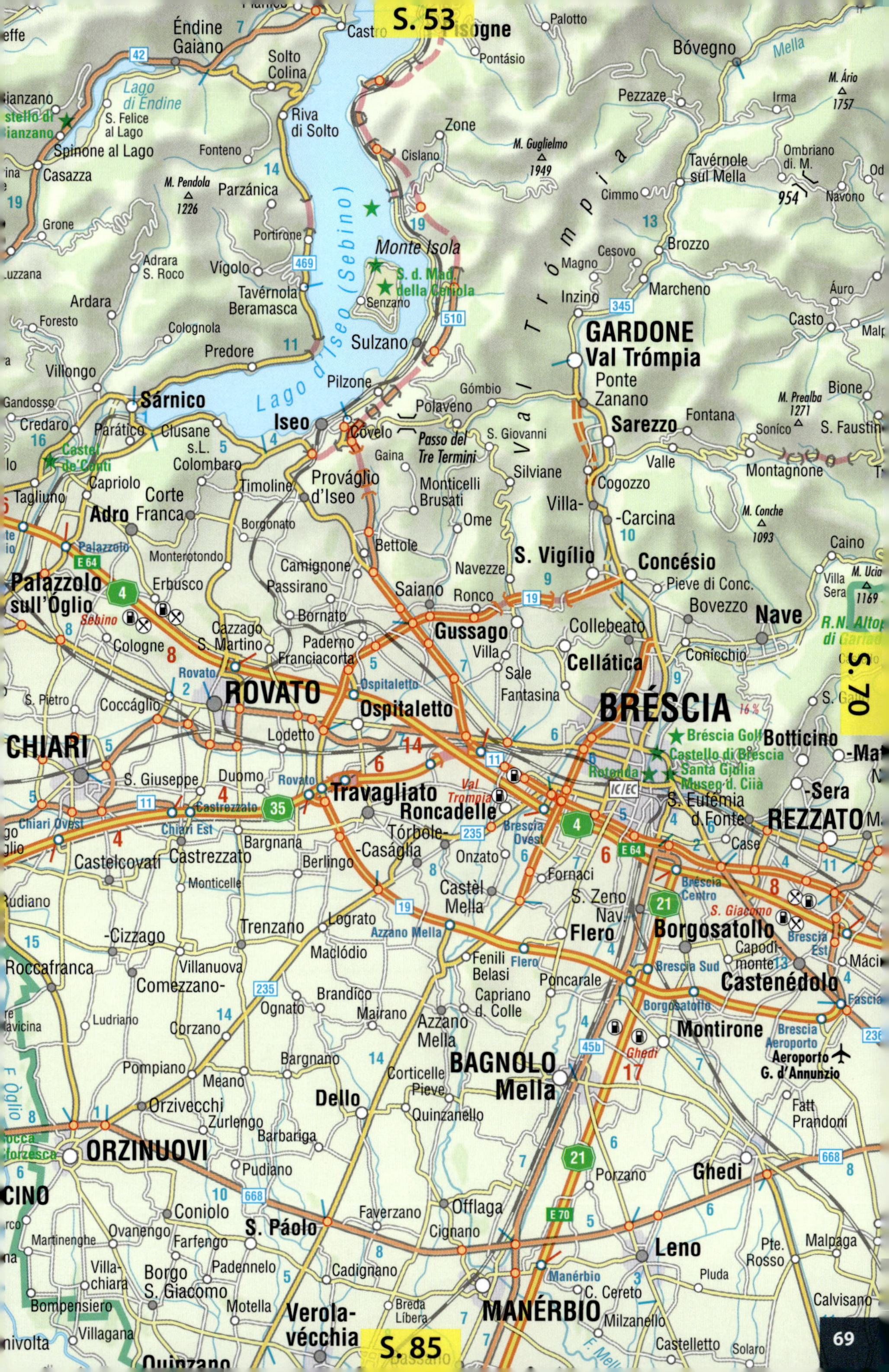
Éndine Gaiano
Castro
Pisogne
Palotto
Pontásio
Bóvegno
Mella
Solto Colina
Lago di Endine
S. Felice al Lago
Spinone al Lago
Casazza
Riva di Solto
Zone
Pezzaze
Irma
M. Ário 1757
M. Guglielmo 1949
Cislano
Fonteno
M. Pendola 1226
Parzánica
Cimmo
Tavérnole sul Mella
Ombriano
Navono
Grone
Portirone
Monte Isola
S. d. Mad. della Ceriola
Senzano
Val Trómpia
Cesovo
Magno
Brozzo
Adrara S. Roco
Vígolo
Tavérnola Beramasca
Marcheno
Inzino
Áuro
Ardara
Foresto
Colognola
Predore
Sulzano
Lago d'Iseo (Sebino)
GARDONE Val Trómpia
Casto
Villongo
Pilzone
Gómbio
Ponte Zanano
Bione
Sárnico
Gandosso
Credaro
Parático
Clusane s.L.
Iseo
Polaveno
Covelo
Passo del Tre Termini
S. Giovanni
Sarezzo
Fontana
M. Prealba 1271
Soníco
S. Faustino
Castel de' Conti
Colombaro
Gaina
Silviane
Valle
Montagnone
Tagliuno
Capriolo
Adro
Corte Franca
Timoline
Prováglio d'Iseo
Monticelli Brusati
Cogozzo
Villa-Carcina
M. Conche 1093
Borgonato
Ome
Caino
Palazzolo
Monterotondo
Bettole
S. Vigílio
Concésio
Camignone
Passirano
Navezze
Pieve di Conc.
Villa Sera
M. Ucia 1169
Palazzolo sull'Óglio
Erbusco
Saiano
Ronco
Bovezzo
Nave
Sebino
Bornato
Gussago
Collebeato
R.N. Altopiano di Cariadeghe
Cologne
Cazzago S. Martino
Paderno Franciacorta
Villa
Cellática
Conicchio
Rovato
ROVATO
Ospitaletto
Sale
Fantasina
BRÉSCIA
S. Pietro
Coccáglio
Lodetto
Brescia Golf
Botticino
CHIARI
Castello di Bréscia
Santa Giulia
Museo d. Città
Rotonda
S. Giuseppe
Duomo
Travagliato
Val Trompia
Roncadelle
S. Eufémia d. Fonte
-Sera
REZZATO
Castrezzato
Chiari Ovest
Chiari Est
Bargnana
Tórbole-Caságlia
Brescia Ovest
Case
Castelcovati
Castrezzato
Berlingo
Onzato
Fornaci
Monticelle
Castèl Mella
S. Zeno Nav.
Brescia Centro
S. Giacomo
Rudiano
Lograto
Flero
Borgosatollo
Brescia Est
Trenzano
Azzano Mella
Capodimonte
Mácina
Cizzago
Maclódio
Fenili Belasi
Villanuova
Brescia Sud
Castenédolo
Roccafranca
Comezzano-
Poncarale
Fascia
Brandico
Capriano d. Colle
Borgosatollo
Ludriano
Corzano
Ognato
Mairano
Azzano Mella
Montirone
Brescia Aeroporto
Aeroporto G. d'Annunzio
Bargnano
Ghedi
Pompiano
BAGNOLO Mella
Corticelle Pieve
Meano
Dello
Orzivecchi
Quinzanello
Fiume Óglio
Zurlengo
Fatt. Prandoni
Barbariga
ORZINUOVI
Rocca Sforzesca
Pudiano
Porzano
Ghedi
Coniolo
Faverzano
Offlaga
Ovanengo
S. Páolo
Cignano
Martinenghe
Farfengo
Leno
Malpaga
Pte. Rosso
Villachiara
Borgo S. Giacomo
Padernello
Cadignano
Manérbio
C. Cereto
Pluda
Bompensiero
Motella
Verolavécchia
Breda Líbera
MANÉRBIO
Milzanello
Calvisano
Villagana
Castelletto
Solaro
Quinzano

S. 70

S. 85

S. 54

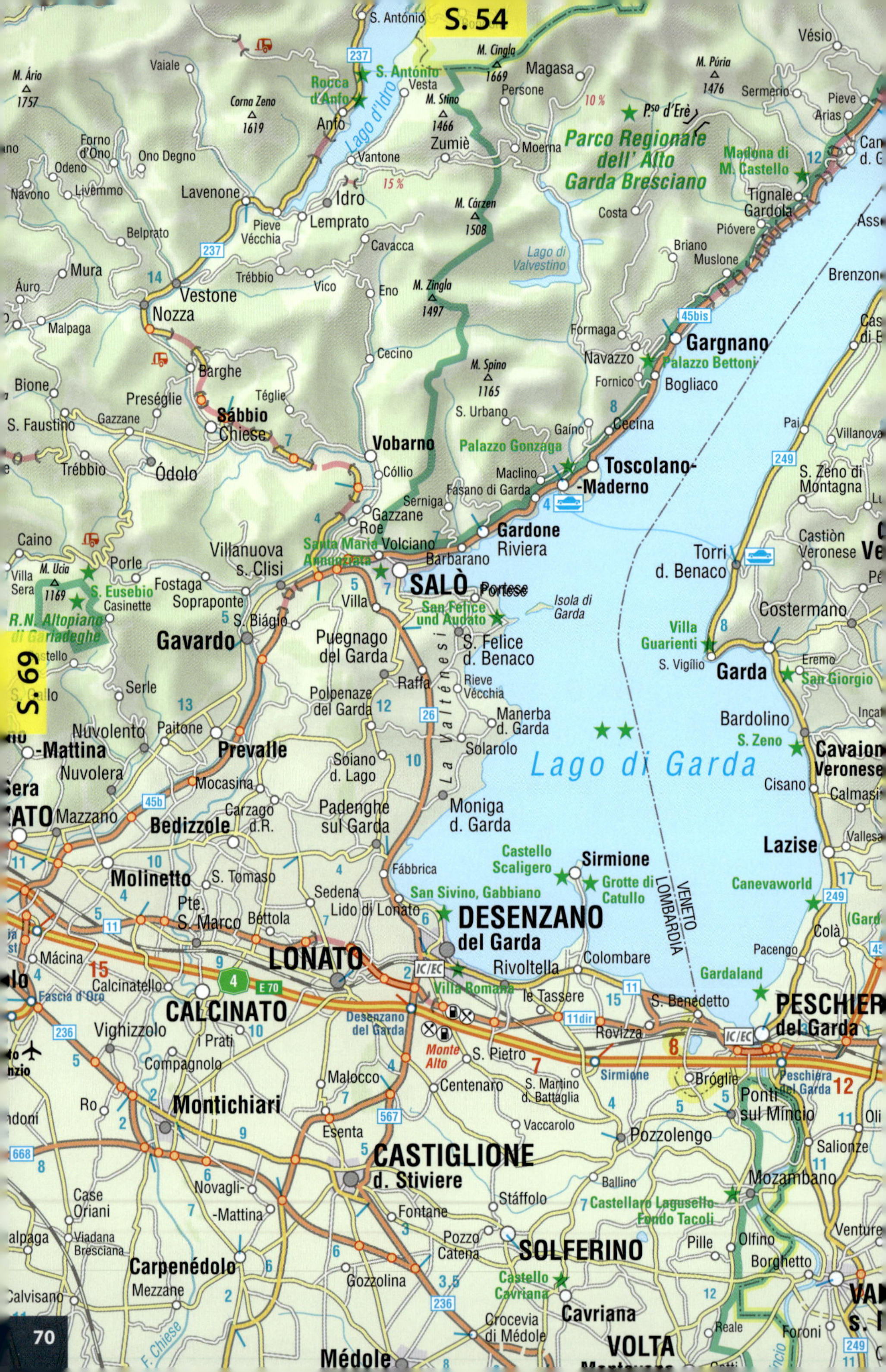
Lago di Garda
Lago d'Idro
Lago di Valvestino
Parco Regionale dell' Alto Garda Bresciano
R.N. Altopiano di Cariadeghe
La Valtènesi
VENETO
LOMBARDIA
S. Antònio
Rocca d'Anfo
Anfo
Vesta
M. Stino 1466
Zumiè
M. Cingla 1669
Magasa
Persone
Moerna
M. Púria 1476
Sermerio
Vésio
Pieve
Arias
P.so d'Erè
Madona di M. Castello
Tignale
Gardola
Piòvere
Costa
Briano
Muslone
Brenzone
M. Ário 1757
Vaiale
Corna Zeno 1619
Forno d'Ono
Ono Degno
Odeno
Navono
Livemmo
Lavenone
Vantone
Idro
Lemprato
Pieve Vécchia
Cavacca
M. Cárzen 1508
Belprato
Mura
Áuro
Trébbio
Vico
Eno
M. Zingla 1497
Vestone
Nozza
Malpaga
Formaga
Gargnano
Navazzo
Palazzo Bettoni
Fornico
Bogliaco
Barghe
Cecino
M. Spino 1165
S. Urbano
Gaìno
Cecina
Bione
Preséglie
Téglie
S. Faustino
Gazzane
Sábbio Chiese
Vobarno
Palazzo Gonzaga
Toscolano-Maderno
Trébbio
Ódolo
Cóllio
Maclino
Fasano di Garda
Serniga
Gazzane
Roe
Gardone Riviera
Caino
M. Ucia 1169
Villa
Sera
Porle
S. Eusebio
Casinette
Villanuova s. Clisi
Fostaga
Sopraponte
Santa Maria Annunziata
Volciano
Barbarano
Salò
Portese
Torri d. Benaco
Castiòn Veronese
Isola di Garda
S. Biágio
Villa
San Felice und Audato
S. Felice d. Benaco
Costermano
Gavardo
Puegnago del Garda
Villa Guarienti
S. Vigilio
Garda
Eremo
San Giorgio
Serle
Raffa
Rieve Vécchia
Polpenaze del Garda
Manerba d. Garda
Bardolino
S. Zeno
Cavaion Veronese
Nuvolento
Paitone
Prevalle
Solarolo
Soiano d. Lago
Nuvolera
Mocasina
Cisano
Calmasino
Mazzano
Carzago d.R.
Bedizzole
Padenghe sul Garda
Moniga d. Garda
Lazise
Castello Scaligero
Sirmione
Grotte di Catullo
Fábbrica
Molinetto
S. Tomaso
San Sivino, Gabbiano
Canevaworld
Sedena
Lido di Lonato
Pte. S. Marco
Béttola
Desenzano del Garda
Colà
Pacengo
Mácina
Calcinatello
Lonato
Rivoltella
Colombare
Gardaland
Fascia d'Oro
Calcinato
Villa Romana
le Tassere
S. Benedetto
Peschiera del Garda
Desenzano del Garda
Rovizza
Vighizzolo
I Prati
Monte Alto
S. Pietro
Compagnolo
Malocco
Centenaro
S. Martino d. Battaglia
Sirmione
Bróglie
Ponti sul Mincio
Ro
Montichiari
Vaccarolo
Pozzolengo
Salionze
Esenta
Castiglione d. Stiviere
Ballino
Mozambano
Novagli-Mattina
Stáffolo
Castellaro Lagusello
Fondo Tacoli
Case Oriani
Fontane
Viadana Bresciana
Pozzo Catena
Solferino
Pille
Olfino
Borghetto
Carpenédolo
Castello Cavriana
Mezzane
Gozzolina
Calvisano
Crocevia di Médole
Cavriana
Volta
Reale
Foroni
Médole
F. Chiese

S. 69

S. 55

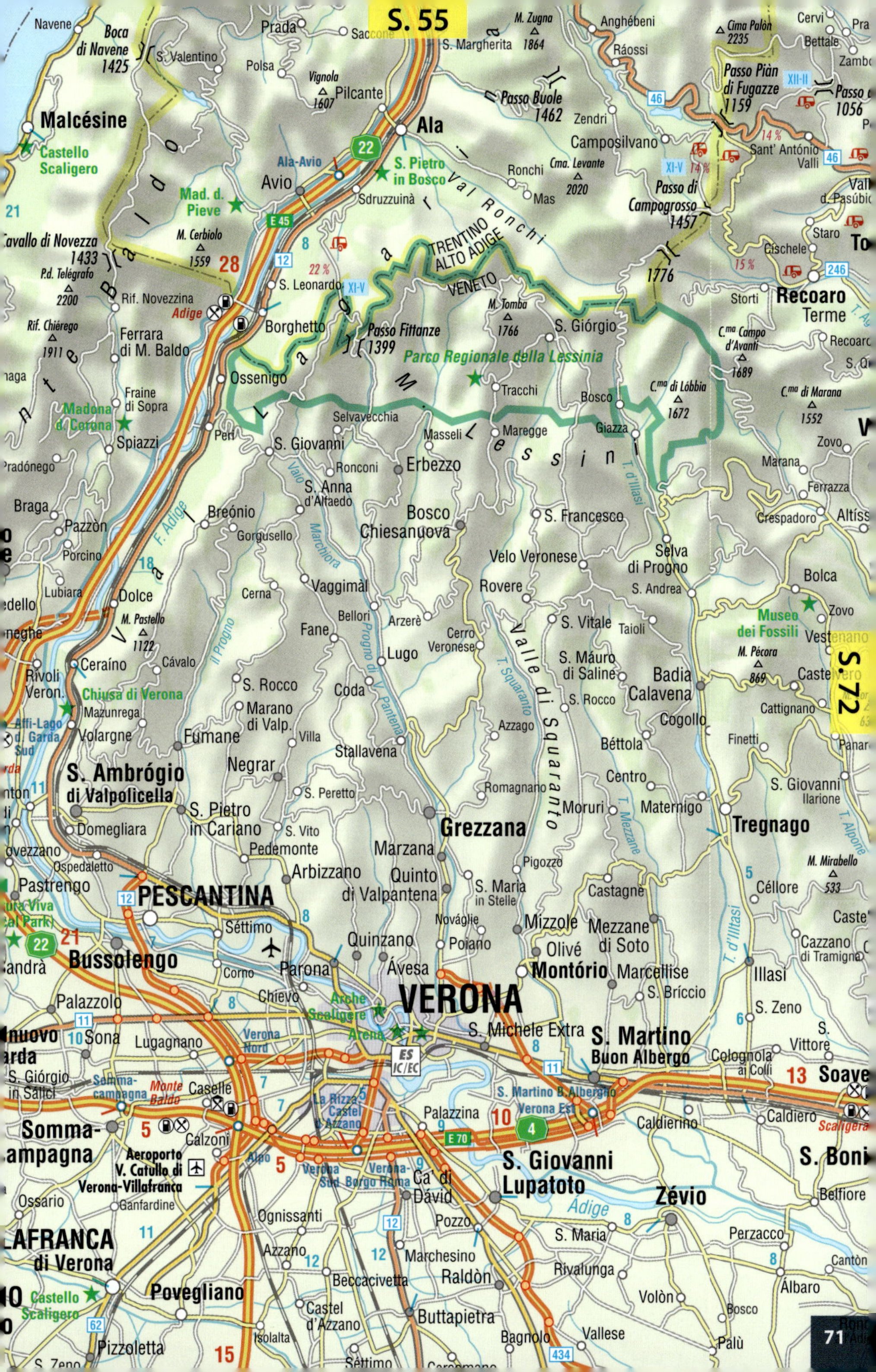
Malcésine
Castello Scaligero
Boca di Navene 1425
Navene
S. Valentino
Prada
Saccone
Polsa
Vignola 1607
Pilcante
Ala
Avio
Ala-Avio
S. Pietro in Bosco
Sdruzzuinà
M. Zugna 1864
S. Margherita
Passo Buole 1462
Zendri
Anghébeni
Ráossi
Camposilvano
Ronchi
Cma. Levante 2020
Mas
Val Ronchi
Cima Palòn 2235
Passo Piàn di Fugazze 1159
Passo di Campogrosso 1457
Sant' António
Valli
Cervi
Bettale
Mad. d. Pieve
M. Cerbiolo 1559
Cavallo di Novezza 1433
P.d. Telégrafo 2200
Rif. Novezzina
Adige
Rif. Chiérego 1911
Ferrara di M. Baldo
S. Leonardo
Borghetto
Ossenigo
TRENTINO ALTO ADIGE
VENETO
M. Tomba 1766
S. Giórgio
Passo Fittanze 1399
Parco Regionale della Lessinia
Tracchi
Bosco
C.ma di Lóbbia 1672
Recoaro Terme
Storti
Cischele
Staro
C.ma Campo d'Avanti 1689
C.ma di Marana 1552
Zovo
Marana
Ferrazza
Crespadoro
Altíssimo
Madonna d. Corona
Fraine di Sopra
Spiazzi
Peri
Selvavecchia
S. Giovanni
Masseli
Maregge
Giazza
Ronconi
Erbezzo
S. Anna d'Alfaedo
Bosco Chiesanuova
S. Francesco
Braga
Pazzòn
Porcino
Breónio
Gorgusello
Velo Veronese
Selva di Progno
S. Andrea
Bolca
Museo dei Fossili
Rovere
Vaggimàl
Cerna
Dolce
M. Pastello 1122
Lubiara
Bellori
Arzerè
Fane
Cerro Veronese
S. Vitale
Taioli
M. Pécora 869
Ceraíno
Cávalo
Lugo
S. Máuro di Saline
Badia Calavena
Rivoli Veron.
Chiusa di Verona
S. Rocco
Coda
Valle di Squaranto
Mazunrega
Volargne
Marano di Valp.
Azzago
Cogollo
Cattignano
Fumane
Villa
Stallavena
Béttola
Finetti
Negrar
S. Ambrógio di Valpolicella
S. Peretto
Romagnano
Centro
S. Giovanni Ilarione
Domegliara
S. Pietro in Cariano
S. Vito
Grezzana
Moruri
Maternigo
Tregnago
Pedemonte
Marzana
Ospedaletto
Arbizzano
Quinto di Valpantena
Pigozzo
S. Maria in Stelle
Castagnè
M. Mirabello 533
Céllore
Pastrengo
PESCANTINA
Séttimo
Novàglie
Poiano
Mizzole
Mezzane di Soto
Bussolengo
Quinzano
Parona
Olivé
Montório
Marcellise
Cazzano di Tramigna
Illasi
Corno
Ávesa
VERONA
S. Bríccio
Palazzolo
Chievo
Arche Scaligere
Arena
S. Michele Extra
S. Martino Buon Albergo
S. Zeno
Vittore
Sona
Lugagnano
Verona Nord
Colognola ai Colli
Soave
S. Giórgio in Salici
Sommacampagna
Monte Baldo
Caselle
La Rizza Castel d'Azzano
S. Martino B. Albergo
Verona Est
Palazzina
Caldierino
Caldiero
Somma-campagna
Calzoni
Aeroporto V. Catullo di Verona-Villafranca
Verona Sud
Verona-Borgo Roma
Ca' di Dávid
S. Giovanni Lupatoto
Zévio
S. Boni
Belfiore
Ossario
Ganfardine
Ognissanti
Pozzo
Ádige
S. Maria
Perzacco
VILLAFRANCA di Verona
Azzano
Marchesino
Raldòn
Rivalunga
Cantòn
Castello Scaligero
Povegliano
Beccacivetta
Volòn
Álbaro
Castel d'Azzano
Buttapietra
Bosco
Isolalta
Bagnolo
Vallese
Palù
Pizzoletta
Séttimo

S. 72

S. 56

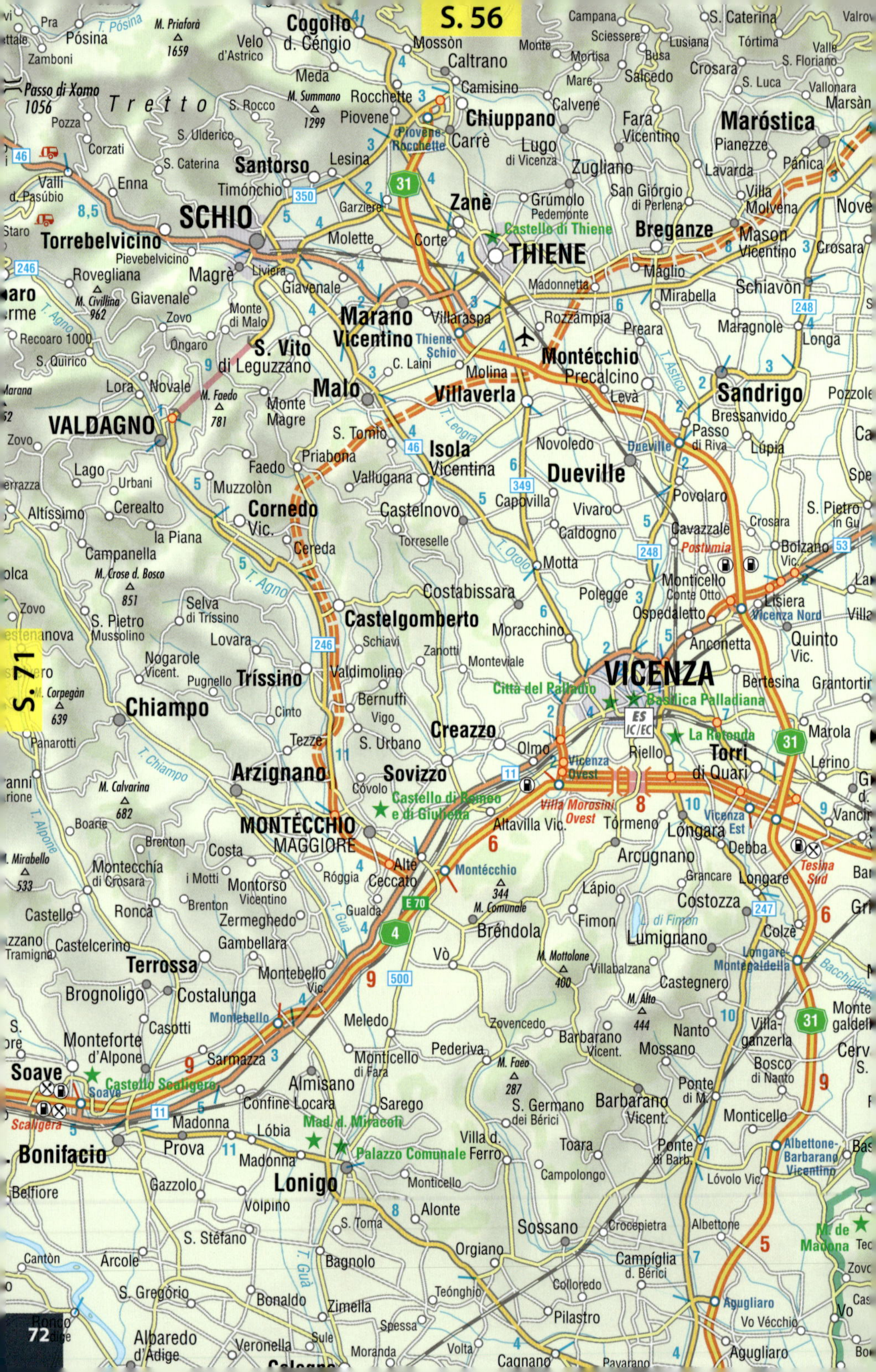
Pra
Pósina
T. Pósina
M. Priaforà
1659
Zamboni
Velo d'Astrico
Cogollo d. Céngio
Mossòn
Caltrano
Monte
Campana
Sciessere
Mortisa
Busa
Lusiana
S. Caterina
Tórtima
Valle S. Floriano
Passo di Xomo 1056
Tretto
S. Rocco
Meda
M. Summano 1299
Rocchette
Piovene
Camisino
Calvene
Mare
Salcedo
Crosara
S. Luca
Vallonara
Marsàn
Pozza
S. Ulderico
Piovene-Rocchette
Carrè
Chiuppano
Lugo di Vicenza
Fara Vicentino
Maróstica
Pianezze
Corzati
S. Caterina
Santorso
Lesina
Zugliano
Lavarda
Pánica
Valli d. Pasúbio
Enna
Timónchio
Zanè
Grúmolo Pedemonte
San Giórgio di Perlena
Villa
Molvena
Nove
8,5
SCHIO
Garziere
Castello di Thiene
Breganze
Mason Vicentino
Crosara
Staro
Torrebelvicino
Pievebelvicino
Molette
Corte
THIENE
Rovegliana
Magrè
Liviera
Giavenale
Madonnetta
Maglio
Mirabella
Schiavòn
M. Civillina 962
Giavenale
Monte di Malo
Marano Vicentino
Villaraspa
Rozzampia
Preara
Maragnole
Longa
Zovo
T. Agno
Recoaro 1000
Óngaro
S. Vito di Leguzzano
Thiene-Schio
Montécchio Precalcino
T. Astico
Sandrigo
S. Quirico
C. Laini
Molina
Lora
Novale
M. Faedo 781
Monte Magre
Malo
Villaverla
Levà
Bressanvido
Pozzole
VALDAGNO
S. Tomio
T. Leogra
Passo di Riva
Dueville
Zovo
Lago
Faedo
Priabona
Isola Vicentina
Novoledo
Lúpia
Urbani
Muzzolòn
Vallugana
Dueville
Povolaro
Altíssimo
Cerealto
Cornedo Vic.
Castelnovo
Capovilla
Vivaro
Cavazzale
Crosara
S. Pietro in Gu
la Piana
Torreselle
Caldogno
Postumia
Bolzano Vic.
Campanella
Cereda
T. Orolo
Motta
M. Crose d. Bosco 851
T. Agno
Costabissara
Polegge
Monticello Conte Otto
Lisiera
Zovo
S. Pietro Mussolino
Selva di Tríssino
Castelgomberto
Moracchino
Ospedaletto
Vicenza Nord
Villa
Lovara
Schiavi
Anconetta
Quinto Vic.
Nogarole Vicent.
Zanotti
Monteviale
M. Corpegàn 639
Pugnello
Tríssino
Valdimolino
VICENZA
Bertesina
Grantortino
Chiampo
Bernuffi
Città del Palladio
Basilica Palladiana
Cinto
Vigo
Creazzo
La Rotonda
Marola
Panarotti
Tezze
S. Urbano
Olmo
Torri di Quari
T. Chiampo
Arzignano
Sovizzo
Vicenza Ovest
Riello
Lerino
M. Calvarina 682
Cóvolo
Castello di Romeo e di Giulietta
Villa Morosini
Tormeno
Vicenza Est
Boarie
MONTÉCCHIO MAGGIORE
Altavilla Vic.
Ovest
Lóngara
Debba
Tesina Sud
T. Alpone
Brenton
Costa
Alte
Arcugnano
Longare
M. Mirabello 533
Montecchia di Crosara
i Motti
Montorso Vicentino
Róggia
Ceccato
Montécchio
Grancare
Lápio
Costozza
Castello
Ronca
Brenton
Zermeghedo
Gualda
E 70
M. Comunale 344
Fimon
L. di Fimon
Colze
Castelcerino
Tramigna
Gambellara
T. Guà
Bréndola
Lumignano
Longare-Montegaldella
Terrossa
Montebello Vic.
Vò
M. Mottolone 400
Villabalzana
Bacchiglione
Brognoligo
Costalunga
Castegnero
M. Alto 444
Monte galdella
Casotti
Montebello
Meledo
Zovencedo
Barbarano Vicent.
Nanto
Villaganzerla
Monteforte d'Alpone
Sarmazza
Monticello di Fara
Pederiva
Mossano
Bosco di Nanto
Soave
Castello Scaligero
Almisano
M. Faeo 287
Ponte di N.
Soave
Scaligera
Confine
Locara
Sarego
S. Germano dei Bérici
Barbarano Vicent.
Monticello
Madonna
Lóbia
Mad. d. Miracoli
Villa d. Ferro
Toara
Ponte di Barb.
Albettone-Barbarano Vicentino
Bonifacio
Prova
Madonna
Palazzo Comunale
Campolongo
Belfiore
Gazzolo
Lonigo
Monticello
Lóvolo Vic.
Volpino
Alonte
S. Toma
Sossano
Crocepietra
Albettone
M. de Madona
S. Stéfano
Cantòn
Árcole
T. Guà
Bagnolo
Orgiano
Campíglia d. Bérici
S. Gregório
Teónghio
Colloredo
Agugliaro
Bonaldo
Zimella
Pilastro
Vo Vécchio
Spessa
Sule
Volta
Veronella
Albaredo d'Adige
Moranda
Cagnano
Pavarano
Agugliaro

S. 71

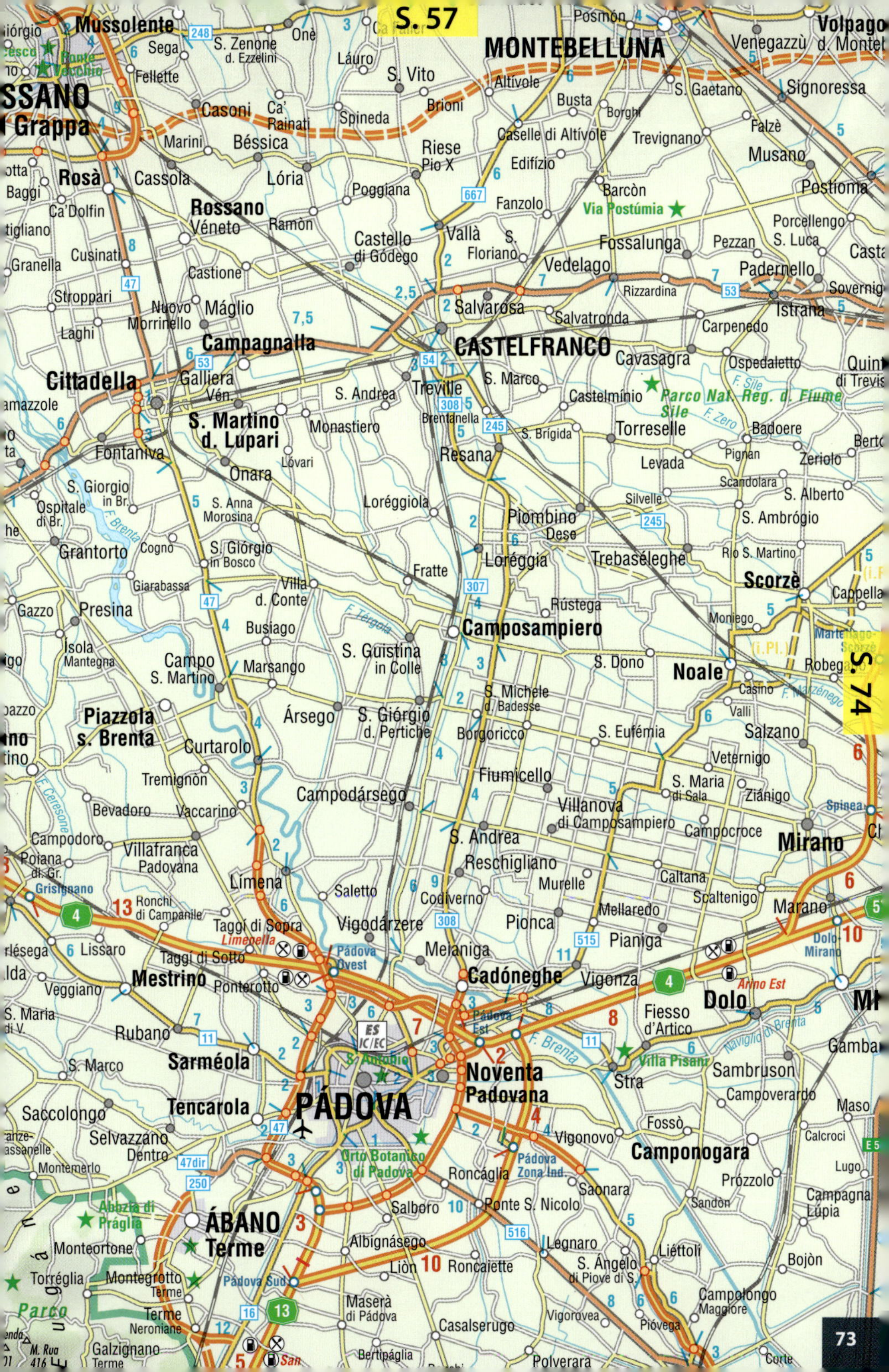
S. 57
S. 74
Mussolente
Sega
S. Zenone d. Ezzelini
Onè
Làuro
S. Vito
Posmòn
MONTEBELLUNA
Venegazzù
Volpago d. Montello
Fellette
Altìvole
S. Gaetano
Signoressa
Busta
Borghi
Casoni
Ca' Rainati
Spineda
Brioni
Caselle di Altìvole
Trevignano
Falzè
Musano
Marini
Béssica
Riese Pio X
Edifìzio
Rosà
Cassola
Lòria
Poggiana
Barcòn
Postioma
Baggi
Ca'Dolfin
Rossano Véneto
Ramòn
Fanzolo
Via Postùmia
Porcellengo
S. Luca
Castello di Gódego
Vallà
S. Floriano
Fossalunga
Pezzan
Padernello
Cusinati
Granella
Castione
Vedelago
Stroppari
Rizzardina
Sovernigo
Istrana
Nuovo Morrinello
Màglio
Salvarosa
Salvatronda
Carpenedo
Laghi
Campagnalla
CASTELFRANCO
Cavasagra
Ospedaletto
Cittadella
Galliera Vén.
S. Andrea
Treville
S. Marco
Castelmìnio
Parco Nat. Reg. d. Fiume Sile
Quinto di Treviso
S. Martino d. Lupari
Monastiero
Brentanella
S. Brìgida
Torreselle
Badoere
Fontaniva
Resana
Lóvari
Onara
Levada
Pignan
Zeriolo
S. Giorgio in Br.
Ospitale di Br.
S. Anna Morosina
Loréggiola
Piombino Dese
Silvelle
Scandolara
S. Alberto
S. Ambrògio
Grantorto
Cogno
S. Giórgio in Bosco
Loréggia
Trebaséleghe
Rio S. Martino
Giarabassa
Villa d. Conte
Fratte
Scorzè
Cappella
Gazzo
Presina
Rùstega
Busiago
Camposampiero
Moniego
Isola Mantegna
Campo S. Martino
Marsango
S. Guistina in Colle
S. Dono
Noale
Robegano
Árshego
S. Michele d. Badesse
Casino
Piazzola s. Brenta
S. Giórgio d. Pertiche
Borgoricco
S. Eufémia
Valli
Salzano
Curtarolo
Veternigo
Tremignòn
Fiumicello
S. Maria di Sala
Ziànigo
Bevadoro
Vaccarino
Campodàrsego
Villanova di Camposampiero
Campocroce
Mirano
Campodoro
Poiana di Gr.
Villafranca Padovana
S. Andrea
Reschigliano
Caltana
Scaltenigo
Grisignano
Lìmena
Saletto
Murelle
Ronchi di Campanile
Codiverno
Mellaredo
Marano
Taggì di Sopra
Limenella
Vigodàrzere
Pionca
Pianiga
Lissaro
Taggí di Sotto
Padova Ovest
Meianiga
Dolo-Mirano
Mestrino
Ponterotto
Cadóneghe
Vigonza
Dolo
Arino Est
Veggiano
Fiesso d'Artico
S. Maria di V.
Rubano
Padova Est
Villa Pisani
Gambarare
S. Marco
Sarméola
S. Antonio
Noventa Padovana
Stra
Sambruson
Campoverardo
Saccolongo
Tencarola
PÁDOVA
Fossò
Maso
Selvazzano Dentro
Vigonovo
Calcroci
Camponogara
Montemerlo
Orto Botanico di Padova
Padova Zona Ind.
Roncáglia
Prózzolo
Lugo
Abbazia di Práglia
Salboro
Saonara
Sandòn
Campagna Lupia
ÁBANO Terme
Ponte S. Nicolò
Monteortone
Albignásego
Legnaro
Lièttoli
Bojòn
Lion
Roncaiette
S. Ángelo di Piove di S.
Torréglia
Montegrotto Terme
Padova Sud
Campolongo Maggiore
Parco
Terme Neroniane
Maserà di Pádova
Vigorovea
Piòvega
Casalserugo
M. Rua
Galzignano Terme
Bertipáglia
Polverara
Corte

S. 58

Volpago
Montebelluna
Lovadina
Povegliano
Camalò
Visnadello
Maserada sul Piave
Piave
Fiume Piave
Salettuòl
Grave di Pap.
Roncadelle
Faè
Piavon
Cavalièr
Carbonere Nuove
Rustigne
Bresssa
Santandrà
Villorba
Varago
Ronchi
Negrísia
Levada
Busco
Abbazia
Fossalta Maggiore
Candelù
Saletto di Piave
Catena
Treviso Nord
Saltore
Brenda di Piave
S. Bartolomeo
Roma
S. Nicolò
Paderno
Ponzano Veneto
Vascòn
S. Giacomo di Musestrélle
Fagarè d. Battáglia
Ponte di Piave
Árzeri
Cessalto
Istiona
Merlengo
Lancenigo
Borgo di Fontane
Pezzan
Cavríe
Bocca Callalta
Salgareda
Campo di Pietra
San Biágio di Callalta
Mignàgola
Biban
Castagnole
S. Pelágio
Carbobera
S. Andrea Barbarana
Campobernardo
Rovarè
S. Donà di Piave-Noventa di Piave
Sovernigo
Paese
Duomo
San Pietro
TREVISO
Olmi
Monastièr di Treviso
Zenson di Piave
Romanziol
Campolongo
Noventa di Piave
S. Nicolò
Aeroporto Intern. di Treviso
Silea
Storta
Osped. di Treviso
Spercenigo
Monastièr di Tr.
Fossalta di Piave
Quinto di Treviso
Treviso
Sant'Antonino
Casièr
Treviso Sud
Fornaci
Capo d'Argine
S. DONÀ di Piave
Canizzano
Dossòn
Roncade
Roncade-Méolo
Méolo
Croce
Musile di Piave
Bertoneria
San Trovaso
S. Élena
Consío
S. Cipriano
Zero Branco
Preganziòl
S. Fosca
Ca'Tron
Sambughè
Casale sul Sile
Caposile
Zermàn
Lanzoni
Quarto d. Altino
Bagaggiolo
Mogliano Véneto
Marcon
Quarto d'Altino
Cappella
Peséggia
Gardigiano
Olme
F. Zero
Altino
Portegrandi
Mogliano Véneto
Colmello
S. Liberale
Valle di Cà Zane
Martellago
F. Dese
Gággio
Marcon
Palude Maggiore
Marocco
Fávaro-Marcon-Dese
Bazzera
Maerne
Zelarino
Terraglio
Fávaro Véneto
Terzo
Ca'Noghera
Aeroporto Marco Polo
via Castellana
Aeroporte Marco Polo di Venézia
Torcello
Lio Piccolo
Spinea
MESTRE
Campalto
Cavallino
Chirignago
via Miranese
Venezia-Mestre
Laguna Véneta
Burano
Can. dell'Osellin
Marghera
Murano
S. Erasmo
Treporti
Mira-Oriago
Lido di Cavallino
Ca Sàvio
Litorale del Cavallino
P.to Marghera
San Marco
S. Michele
Punta Sabbioni
Oriago
Villa Foscari
Canale di Brenta
Malcontenta
VENÉZIA
MIRA
Fusina
Lido
Gambarare
Dogaletto
S. Clemente
LIDO
Sacca Séssola
La Biennale di Venézia
Ca'Giare
Litorale di Lido
Maso
Povéglia
Malamocco
Casin di Caccia
Laguna
Golfo di Venézia
Lugo
Alberoni
Porto di Malamocco
Porto S. Leonardo
S. Maria d. Mare
Motta del Corino
S. Pietro in Volta
Casone Figheri
Porto Secco
Litorale di Pellestrina

S. 73

S. 59

Lisòn
Loncòn
Corbolone
Mazzolada
Concordia Sagittária
Torresella
Giussago
Gorgo
S. Filippo
Santo Stino di Livenza
S. Stino di Livenza
Cavanella
Lugugnana
Villa
Ceserolo
Perteg
T.ra Franzona
Marina
Malamocco
F. Tagliamento
S. Anastásio
Loncon
Sindacale
Castello di Brussa
Biverone
Villaviera
Marinella
Cessalto
Gainiga
Valle Zignano
P.te Maranghetto
Prati Nuovi
Torre di Mosto
S. Alò
Céggia
Rotta
S. Élena
Livenza
Valpelina
La Salute di Liv.
Brussa
Ottava Presa
Stàffolo
S. Anna di Boccafossa
Bibione Pineda
S. Gaetano
Calveechia
Ca'Cottoni
Lido del Sole
Cittanova
Stretti
S. Giórgio di Liv.
F. Livenza
Porto di Baséleghe
Calnova Fiorentina
Porto di Falconera
Ca'Turcata
Ca'Corniani
Cáorle
Isiata
Sette Casoni
Términe
Madonna dell' Ángelo
Palazetto
Briàn
P.te Crepaldo
Porto S. Margherita
Tombolino
Passarela
Eraclea
Piave Nuovo
Torre di Fine
Duna Verde
Ca'Pirami
Fiume Piave
Eraclea Mare
Jésolo
Cortellazzo
Porto di Cortellazzo
Paluda
Ca'Gamba
Lido di Jésolo
Porto di Piave Vécchia
Mar Adriáti

S. 76

S. 60

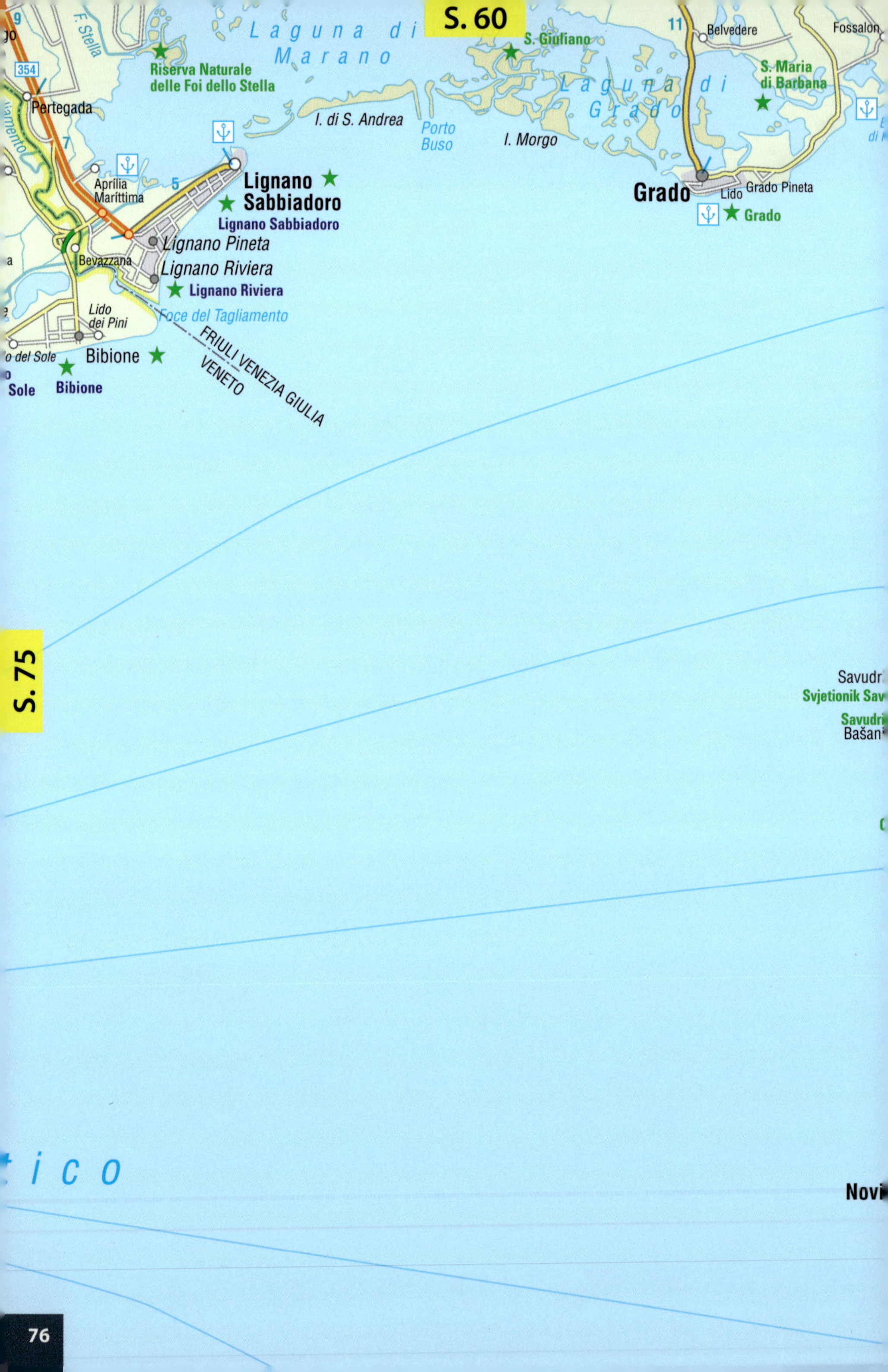
Laguna di Marano
F. Stella
354
Riserva Naturale delle Foi dello Stella
Pertegada
S. Giuliano
Laguna di Grado
I. di S. Andrea
Porto Buso
I. Morgo
Belvedere
Fossalon
S. Maria di Barbana
Aprília Maríttima
Lignano Sabbiadoro
Lignano Sabbiadoro
Lignano Pineta
Lignano Riviera
Lignano Riviera
Bevazzana
Foce del Tagliamento
Lido dei Pini
Bibione
Bibione
Sole
FRIULI VENEZIA GIULIA
VENETO
Grado
Lido
Grado Pineta
Grado
Savudr
Svjetionik Sav
Savudr
Bašan
tico
Novi

S. 75

S. 61

Pta. Sdobba
S. Croce
Montrupino
Sežana-vzhod
Sesana
Grotta Gigante
Fernetiči
Fernetti
Orlek
Orle
Brestovica pri Podgradu
Žirje
Gorenje
Grignano
Prosecco
Castello di Miramare
Divaška jama
Goli vrh
M. dei Pini
Villa Opicina
Trebiciano
Lipica
Lipizza
Jama Vilenica
Bárcola
ROIANO
TRIESTE
S. GIOVANNI
CHIADINO
Padriciano
M. Gaia
431
M. Concusso
672
Lokev
Veliko Gradišče
741
S. Giusto
Castello di Trieste
Arco di Riccardo
Basovizza
Sant'António in Bosco
Kozina
SERVOLA
Baia di Múggia
Bagnoli
Golfo di Trieste
Tržaški zaliv
S. Rocco
Múggia
Aquilinia
S. Dorligo d. Valle
Klanec
Hrpelje
Lazzaretto
Hrvatini
Crevatini
Santa Bárbara
ITALIA
SLOVENIJA
Grad Socerb
Kastelec
Costelli
Debeli rtič
Koprski zaliv
Valdoltra
Sp. Škofije
Albaro Vescova
Osp
Ospo
Petrinje
Prešnica
Ankaran
Ancarano
Tinjan
Antignano
Gabrovica
Črni Kal
Črnotiče
KOPER/CAPODÍSTRIA
Žusterna
Giusterna
Stolnica Koper
Stadion Bonifika
Srmin (Ankaran)
Bertoki
Bertocchi
Dekani
Villa Decani
Rižana
Sv. Valentin
Loka
IZOLA/ÍSOLA D'ISTRIA
Strunjanski zaliv
Izola
Rt Madona
Piran
Strunjan
Strugnano
SEMEDELA
Gažon
Gason
Koper-center
Škocjan
San Canziano
Pobegi
Pobeghi
Cesari
Pridvor
Kubed
Podpeč
PIRAN/PIRANO
Sv. Jurija
Lucan
191
Jagodje
Srgaši
Šmarje
M.d.Capodistria
Manžan
Vanganel
Badaševica
Dvor
Lopar
Hrastovlje
Sv. Trojica
Dol
PORTOROŽ/PORTOROSE
Rt Savudrija
Portorož
FKK-Camping Kanegra
Lucija
Malija
Pomjan
Paugnano
Marezige
Marésego
Gračišče
Popetre
Smokvica
Seča
Sezza
Ušće Sečovlje
Čedlje
Padna
Padena
Koštabona
Costabona
Pinjevac
Boršt
Boste
Trsek
Movraž
Volparija
Lavra
Muzej Solinarstva
Parecag/Parezzago
Nova vas
Slap
Veli vir
Sv. Kirik
Grupija
Kanegra
Aerodrom Portorož
Sečovlje
Sicciole
Raven
Puče
Labor
Laura
Topolovec
Toppolo
Zambratija
Zambráttia
Valica
Valizza
Dragonja/Dragogna
Krkavče
Dragonja
Kučibreg
Cucibrech
Gradin
Gradeno
Sočerga
Veloga Badina
Murine
Morno
Soši
Umag
Kaštel
Castelvenere
Merišće
Brda
Collalto
Hrvoji
Pregara
Ćirnca
Ravnica
478
Stella Maris
Umag
Umago
Kaldanija
Caldania
Vrnjak
Reparac
Velanija
Villania
Montrin/
Montrino
Momjan
Momiano
Uščak
443
SLOVENIJA
HRVATSKA
Sluznica
Kuberton
Čepić
Ceppi
494
Bujština
Petrovija/Petrovia
Juricani
Giurizzani
Buje/
Buie
Marušići
Triban
Tribano
Gomila
Šterna
Sterna
V. Repavac
492
Zrenj
Stridone
San Pelegrino
Camping Finida
Finida
Babići
Babici
Čepljani
Cipiani
Materada
Matterada
Krasica
Villa Gardosil
Martinčići
Martincici
Boskari
Oprtalj
Pórtole
Istarske Toplice
Lovrečica
Lorenzo in Daila
Radini
Buroli
Brtonigla
Vertenéglio
Grožnjan
Grisignana
Crkva Završje
Završje
Priemonte
Sv. Jelena
Sovinjak
Baredina
Lozari
Kostanjica
Castagna
Livade
Levade
Bartulići
Karigador
Nova Vas
Villanova
Ponte-Porton
Rt Mulin
L. Dajla
Fiorini
Srbanj
Žudetići
Mirna
Gradski bedem
Butoniga
Senjak
Dajla/Daila
Bužinija
Businia
Vranje Selo
Motovun
Móntona
T.N. Mareda
Kostanjija
Castagneda
Cerjani
Vižinada
Visinada
Brkač
San Pancrazio
Butoniga jezero
Rt Kostanjija
Golaš
170
Ferenci
Ferenzi
Krvar
Kaldir
Caldier
Kašćerga
Ragovići
Kaštelir
Castellier
Rakotule
Raccotole
Brig
Karojba
Caroiba
Motovunski Novaki
Pilostak
480
Cittanova d'Istria
Novigrad
Lanterna
Tar/Torre
Baškoti
Kovaći
Tarski zaljev
Lanterna
Vabriga
Abrega
Perci
Markovac
Prhati
Škropeti
Scropetti
Camping Solaris Naturist
Marina Červar-Porat
Labinci
S. Domenica di Visinada
Štuti
Glogovac
378
Trviž
Sv. Marija na Škriljinam
Luka Črvar
Gedići
Ghedda
Višnjan
Višnjan
Visignano d'Istria
Žužići
Sv. Ana
Červar
Jama Baredine
Katun Trvški
Beram
Rt Busuja
Jama Pećina
Nova Vas
Villanova di Parenzo
Anžići
Mali Maj/Maio
Veli Maj
Bačva
Muntrilj
Brda
Rt Šilok
Košinožići
magistrala

S. 62

Val-Thorens
Dôme de l'Arpont 3599
Bessans
Pnte. de Labby 3527
Dent Parracheé 3684
N.D. des Prés
Lanslevillard
Vincendières
Aiguille de Péclet 3562
Termignon
Lanslebourg-Mont-Cenis
Sollières-Sardières
Pnte. de l'Echelle 3432
Pointe de Ronce 3610
Col du Mont-Cenis 2081
D 1006
Aig. Doran 3039
Rateu d'Aussois 3117
Monolithe 2372
Barrage de Plan d'Amont
Sollières-Envers
Pointe Clairy 3173
Sardières
Lac du Mont-Cenis
Barrage du Mont Cenis
Mt. Lamet 3478
Aussois
Polset
le Verney
Pta. Marmo 3384
le Bourget
Avrieux
Bramans
Arc
Grand-Croix
Mt. Malamot 2914
MODANE
TGV IC/EC
la Norma
St-André
Fourneaux
Valfréjus
A43
Moncenísio
Longe Côte 3102
Vallon d'Etache
Bar
Novalesa
Abbazia di Novalese
Mt. Giusalet 3313
la Norma 2917
Valfréjus
Notre-Dame-du-Charmaix
Arcángel
Molaretto
Costa
Aig. de Scolette 3508
Vall. d'Ambin
Rca. d'Ambin 3378
Venáus
Susa Ovest
Tunnel du Fréjus/Traforo del Fréjus 12 800 m
Cime du Grand Vallon 3125
FRANCE
ITALIA
M. Niblè 3365
Pnte. de Fréjus 2932
Cime Gardoria 3083
Rochemolles
Giaglione
Roche du Grd. Argentier 3034
Pnte. Sommeiller 3350
Chiomonte
Olmo
Gravere
Pta. Melmise 2310
Rochemolles
Pta. Valfredda 3051
Cime del Vallonetto 3217
Morliere
Frais
San Colombano
Exilles
Alpe d'Arguel
Deveys
T4
Bardonècchia
Forte Bramafam
Fréjus
M. Jafferau 2785
M. Vin Vert 2711
Salbertrand
Parco Reg. d. Gran Bosco di Salbertrand
M. Pintas 2543
BARDONÈCCHIA
IC/EC
Chiesa Parrocchiale di Sant'Ippolito
M. Pramand 2162
Gran Bosco Salbertrand
Testa dell' Assietta 2566
M. Ciantiplagna 2849
Mélezet
Pian del Colle
Royeres
Savoulx
Signols
Oulx Ovest
Oulx Est
Balbouté
Pourrières
Usseaux
Col de l'Echelle 1766
Rifugio Rey
Beaulard
Savoulx
Gad
Fraisse
Forte di Fenestrelle
Fenes
Cire di Oulx
Oulx
Sauze d'Oulx
Souchères Basses
Laux
Sommet de Bonvoisin 2824
Pragelato
Rocher de Guion 2587
Madonna di Cotolovier
Jouvenceaux
Souchères Hautes
Rifugio Kind
Rifugio Ciao Pais
Traverses
Fort de l'Olive
Pte. de la Pécé 2733
Rocher des Grands Becs 3042
Dora Riparia
M. Triplex 2507
Désertes
Bric Rosso 3026
Fort de Lenlon
Fenils
Chezal
Ghiacc. Bric Ro
Granon
Solomiac
M. Fraitève 2701
T. Germanasca
Mt. Chaberton 3136
Mollières
Sestriere-Borgata
Laval
Balsíglia
Cesana Torinese
San Sicario
Sestriere
M. Banchetta 2823
T. Chisone
Crête de Peyrolle 2644
la Draye
Val-des-Prés
Champlas-Séguin
Champlas du Col
Bric Ghinivert 3037
Gros Passet
Massello
Rosier
Montgenèvre
Clavière
Sauze di Cézana
Bousson
Salza di Pinerolo
Chaffrey
Col de Montgenèvre 1850
Rollières
M. Sises 2658
Punta Rognosa 3280
Fontane
les Alberts
N 94
la Vachette
Rifugio Gran Pace
Thures
Rodoretto
Lauze
Croix de Toulouse
Fort de l'Infernet
le Chenaillet 2634
Ruilles
Rocce Platasse 2782
Ripa
P. Regionale
Prali
Rifugio Mautino
Madonna d. Lago Nero
Roc del Boucher 3285
Fort du Randouillet
Fort de Gondran
les Fraches
Argentiera
Ghigo
Chap. St-Pancrace
Lachau
le Bourget
Thuras
Thuras
Val Troncea
Terre-Rouge
Cervières
ITALIA
FRANCE
Prafauchier
les Chalps
Bric Froid
Anc. Fort de

S. 86

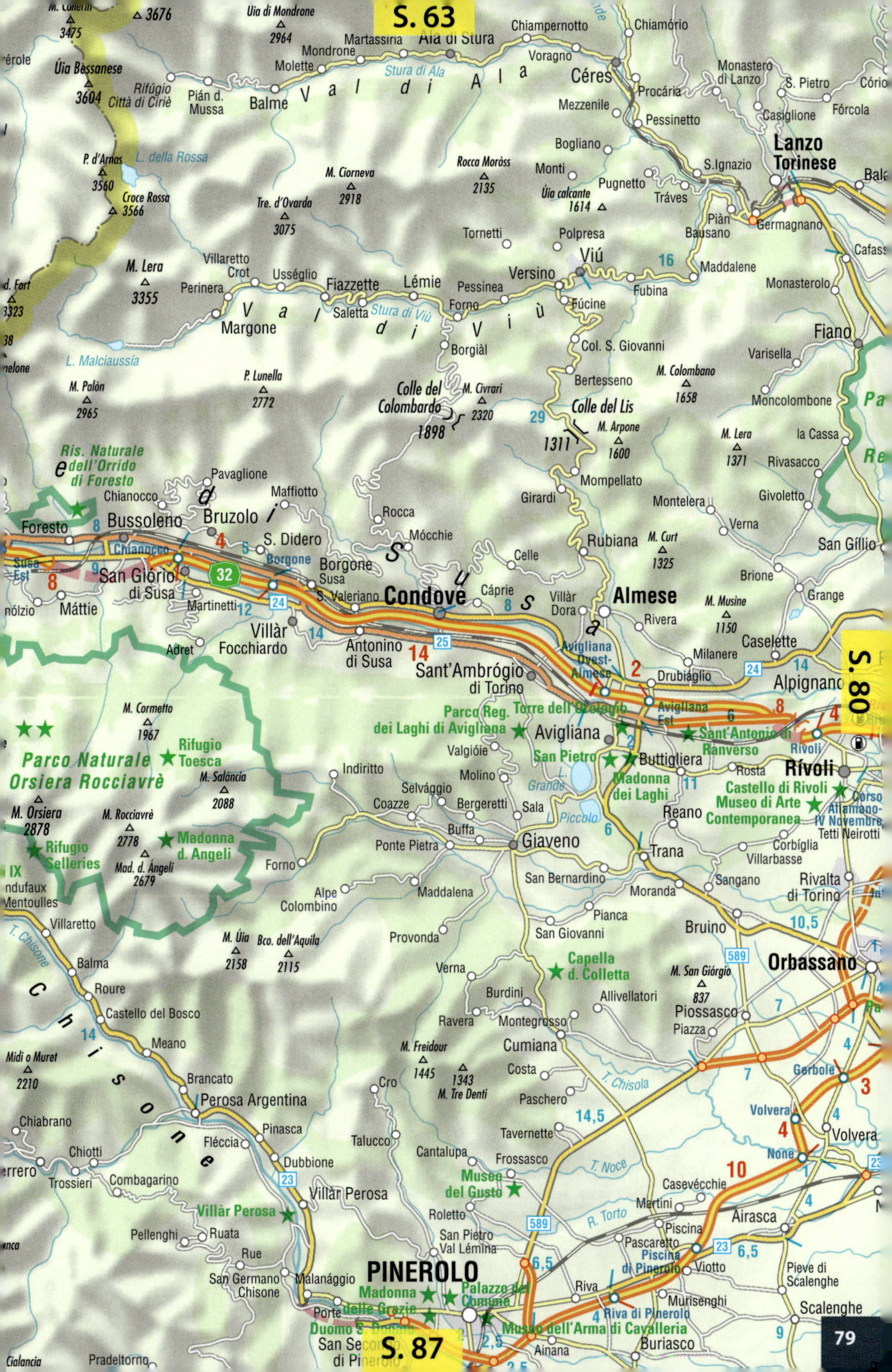

S. 63
S. 80
S. 87
Úia di Mondrone 2964
Ala di Stura
Martassina
Mondrone
Molette
Chiampernotto
Voragno
Céres
Chiamório
Úia Bessanese 3604
Rifúgio Città di Ciriè
Pián d. Mussa
Balme
Val di Ala
Stura di Ala
Mezzenile
Procária
Pessinetto
Monastero di Lanzo
S. Pietro
Cório
Casiglione
Fórcola
Bogliano
Lanzo Torinese
S.Ignazio
P. d'Arnas 3560
L. della Rossa
Croce Rossa 3566
M. Ciorneva 2918
Rocca Moròss 2135
Monti
Úia calcante 1614
Pugnetto
Tráves
Tre. d'Ovarda 3075
Pián Bausano
Germagnano
Tornetti
Polpresa
Viù
Cafass
M. Lera 3355
Villaretto
Crot
Perinera
Usséglio
Fiazzette
Lémie
Pessinea
Versino
Maddalene
Monasterolo
Forno
Fúcine
Fubina
Margone
Saletta
Stura di Viù
Val di Viù
Fiano
L. Malciaussía
Borgiàl
Col. S. Giovanni
Varisella
M. Palòn 2965
P. Lunella 2772
Colle del Colombardo 1898
M. Civrari 2320
Bertesseno
M. Colombano 1658
Moncolombone
Colle del Lis 1311
M. Arpone 1600
M. Lera 1371
la Cassa
Rivasacco
Ris. Naturale dell'Orrido di Foresto
Pavaglione
Mompellato
Chianocco
Maffiotto
Girardi
Montelera
Givoletto
Foresto
Bussoleno
Bruzolo
Rocca
Verna
Mócchie
Rubiana
M. Curt 1325
San Gíllio
S. Didero
Celle
Brione
Susa Est
San Giòrio di Susa
Borgone Susa
Chianocco
Borgone
Condove
Cáprie
Villàr Dora
Almese
Grange
Máttie
S. Valeriano
M. Musine 1150
Martinetti
Rivera
Caselette
Villàr Focchiardo
Adret
Antonino di Susa
Avigliana Ovest-Almese
Milanere
Sant'Ambrógio di Torino
Drubiáglio
Alpignano
M. Cormetto 1967
Parco Reg. dei Laghi di Avigliana
Torre dell'Orologio
Avigliana Est
Sant'Antonio di Ranverso
Rívoli
Avigliana
Parco Naturale Orsiera Rocciavrè
Rifugio Toesca
Valgióie
Indiritto
San Pietro
Buttigliera
Rosta
M. Saláncia 2088
Molino
Madonna dei Laghi
Castello di Rivoli
Museo di Arte Contemporanea
Corso Allamano-IV Novembre
M. Orsiera 2878
Selvággio
Coazze
Bergeretti
Sala
Reano
Rifugio Selleries
M. Rocciavrè 2778
Madonna d. Angeli
Buffa
Tetti Neirotti
Mad. d. Ángeli 2679
Ponte Pietra
Giaveno
Trana
Corbíglia
Villarbasse
Forno
San Bernardino
Sangano
Rivalta di Torino
Alpe Colombino
Maddalena
Moranda
Pianca
Villaretto
Bruino
Provonda
San Giovanni
Orbassano
M. Úia 2158
Bco. dell'Aquila 2115
Capella d. Colletta
Balma
Verna
M. San Giórgio 837
Roure
Burdini
Allivellatori
Piossasco
Castello del Bosco
Ravera
Montegrosso
Piazza
Meano
M. Freidour 1445
1343 M. Tre Denti
Cumiana
Midi o Muret 2210
Brancato
Costa
T. Chisola
Gerbole
Cro
Paschero
Perosa Argentina
Volvera
Chiabrano
Pinasca
Tavernette
Fléccia
Talucco
Cantalupa
Frossasco
T. Noce
Chiotti
Dubbione
None
Trossieri
Combagarino
Museo del Gusto
Casevécchie
Villàr Perosa
Martini
Airasca
Villàr Perosa
Roletto
R. Torto
Piscina
Pellenghi
Ruata
Pascaretto
Piscina di Pinerolo
Rue
San Pietro Val Lémina
Viotto
PINEROLO
San Germano Chisone
Malanággio
Madonna delle Grazie
Palazzo del Comune
Riva
Pieve di Scalenghe
Porte
Murisenghi
Riva di Pinerolo
Scalenghe
Duomo S. Donato
Museo dell'Arma di Cavalleria
San Secondo di Pinerolo
Ainana
Buriasco
Pradeltorno
Chisone
T. Chisone

Rivara
Busano
Fávria
Cicónio
Ório Canav.
Barone Canavese
Cándia Canavese
Lago di Candia
Rocca Canav.
Levone
Pasquaro
Lusiglie
San Giusto Canavese
San Giórgio Canavese
Cório
Remondato
Perrero
T. Malone
Feletto
Corteréggio
Caluso
Mazzè
Fórcola
Benne
Barbania
Argentera
Mastri
Arè
Tonengo
Balangero
Front
Vàuda Canavese
Ceretti
Grange di Front
Rodallo
Foglizzo
Mathi
Grosso
Riserva Naturale Vauda
Rivarossa
Bosconero
Vallo
Cafasse
Nole
Ciriè
Madonna Perrero
Lombardore
Rondissone
Villanova Canavese
San Francesco al Campo
Montanaro
Boschetto
Chivasso Est
S. Maurizio Canavese
Coriasco
San Benigno Canavese
Montegiove di Sotto
Betlemme
Marságlia
Banni
Rossignoli
Malanghero
Aeroporto di Torino-Caselle
VOLPIANO
Chivasso-O.
Chivasso-Centro
Rosta
Parco Regionale La Mándria
Robassomero
S. Giacomo
T. Stura di Lanzo
Caselle-Leinì
Leinì
Volpiano
Brandizzo Est
Castelrosso
CHIVASSO
Caselle Torinese
ss460 Rivarolo
Volpiano-Sud Brandizzo Ovest
Brandizzo
Cimena
Castagneto Po
Bórgaro Torinese
Séttimo
Séttimo Tor.
Bórgaro Falchera
S. Raffaele-
Mezzi Po
Piana di S. Raffaele
San Gíllio
La Venaría Reale
Stura
Caselle Torinese
SÉTTIMO TORINESE
Séttimo Torinese
Abb. di Stura
Casalborgone
Druento
Venaria-Stadio
Gássino Torinese
Rivalba
Airali
San Pancrázio
Savonera
Bórgaro
BASSA DI STURA
Stadio d. Alpi
Castiglione Torinese
Pianezza
ss24
Corso Reg. Margherita
LE VALLETTE
Mole Antonelliana
San Máuro Torinese
Bardassano
Rivoli Bruere
Castello di Collegno
Santa Zita
TORINO
Sciolze
Cinzano
Collegno
Palazzo Madama
Palazzo Reale
Cattedrale di Torino
Mus. della Montagna
Córdova
Vernone
Abbazia di Vezzolano
Basilica di Superga
Baldissero
Pavarolo
Montaldo Torinese
Moncucco Torinese
Corso Francia
Villa della Regina
Palazzo Carignano
Superga
Corso Allamano
Corso IV Novembre
Tetti Neirotti
Grugliasco
Mus. Egizio
Galleria d'Arte
Parco Naturale della Collina di Superga
Avuglione
Torino
MOLINETTE
Castello del Valentino
Santa Margherita
Mombello di Torino
San Vito
l'Éremo
Pino Torinese
Valle Ceppi
Arignano
Andezeno
S.I.TO Interporto
Museo P. Micca
Villa Rey
CAVORETTO
Faro della Vittoria
Bausone
Beinasco
Mirafiori Drosso
LINGOTTO
Pecetto Torinese
Castelvécchio
Buttigliera d'Asti
Orbassano
MIRAFIORI
C. Unità d'Italia
Castello Moncalieri
Revigliasco
Santuario dell'Annunziata
Chieri
Beinasco
Stupinigi
San Pietro
Duomo di Chieri
San Filippo
San Giovanni
Moncalieri
Palazzina di Caccia di Stupinigi
Stupinigi
Museo di Subiet
San Paolo
Testona
Madonna della Scala
Nichelino
Riva presso Chieri
Candiolo
Debouché
Valle Sauglio
Terrazze
Parco Reg. di Stupinigi
Nichelino
Trofarello
Bauducchi
Cambiano
ss20 La Loggia
Sandavado
Bianchi
Candiolo
Bauducchi
Pessione
Volvera
T. Chisola
la Loggia
Santena
Castello di San Salva
Villanova
Vinovo
Sántena
Másio
Villanova d'Asti
Piobesi Torinese
Marocchi
T. Banna
Corvéglia
Villanova d'Asti
None
Brassi
Fiume Po
Gorra
Santi Apostoli Pietro e Paolo
Villastellone
Peretti
Poirino
Castagnole Piemonte
Borgo Cornalese
R. Stellone
Favari
Isolabella
Carignano
Santuario di Vallinotto
Vallongo
Stuerda
Torre Valgorrera
Valfenera
Pochettino
Oitana
Virle Piemonte
Brillante
Osásio
T. Rioverde
Casanova

S. 64
S. 79
S. 88

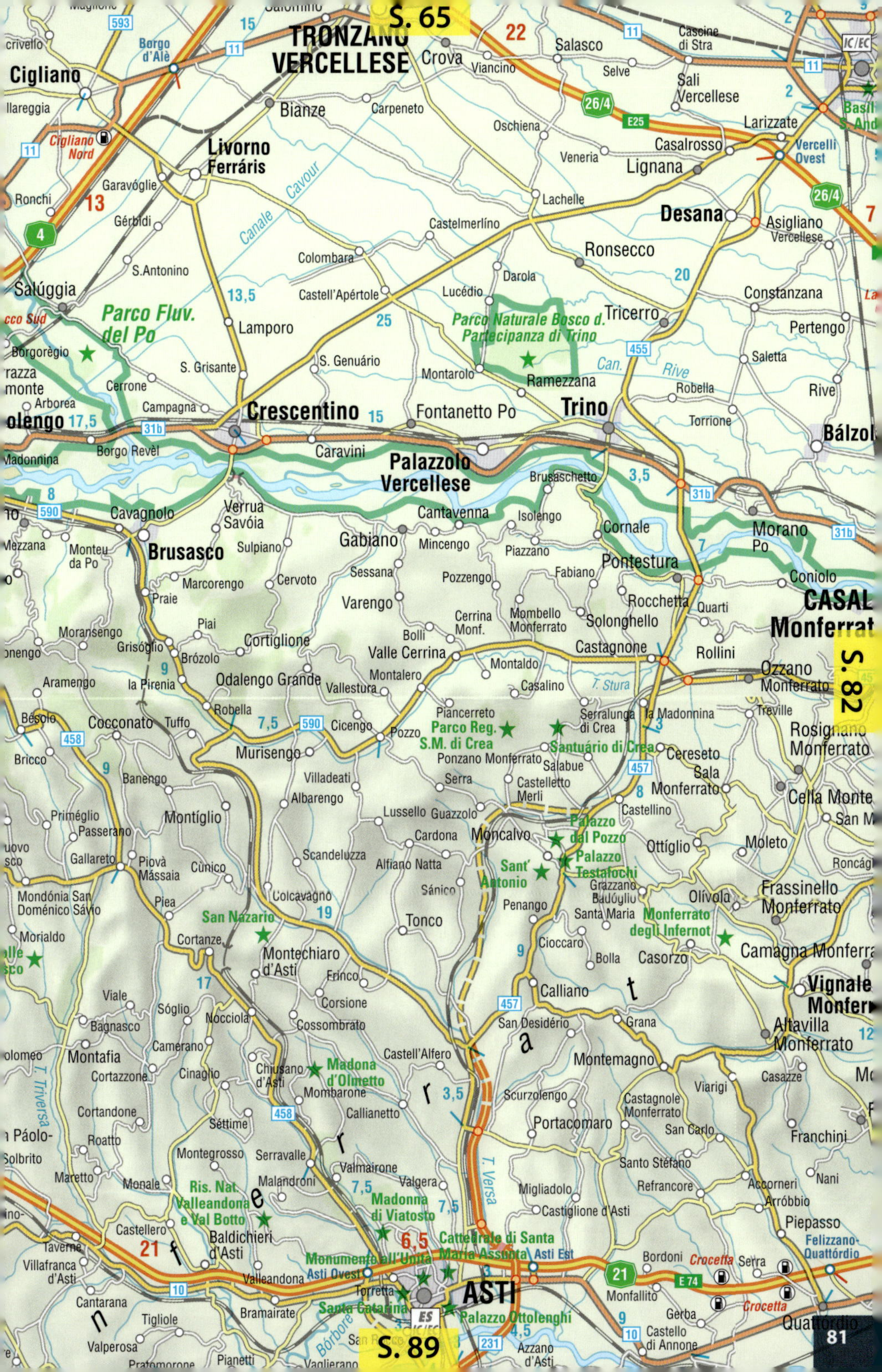
S. 65
TRONZANO VERCELLESE
Crova
Salasco
Cigliano
Borgo d'Alè
Bianze
Carpeneto
Viancino
Selve
Sali Vercellese
Cascine di Stra
Cigliano Nord
Livorno Ferráris
Oschiena
Larizzate
Vercelli Ovest
Casalrosso
Veneria
Lignana
Garavóglie
Ronchi
Gérbidi
Canale Cavour
Lachelle
Desana
Asigliano Vercellese
Castelmerlíno
Ronsecco
S.Antonino
Colombara
Darola
Salúggia
Castell'Apértole
Lucédio
Constanzana
Parco Fluv. del Po
Lamporo
Parco Naturale Bosco d. Partecipanza di Trino
Tricerro
Pertengo
Borgorègio
S. Grisante
S. Genuário
Saletta
Montarolo
Ramezzana
Rive
Cerrone
Arborea
Robella
Campagna
Crescentino
Fontanetto Po
Trino
Torrione
Bálzol
Madonnina
Borgo Revèl
Caravini
Palazzolo Vercellese
Brusaschetto
Cavagnolo
Verrua Savóia
Cantavenna
Isolengo
Cornale
Morano Po
Mezzana
Monteu da Po
Brusasco
Sulpiano
Gabiano
Mincengo
Piazzano
Fabiano
Pontestura
Coniolo
Marcorengo
Cervoto
Sessana
Pozzengo
CASAL Monferrat
Praie
Varengo
Cerrina Monf.
Mombello Monferrato
Rocchetta
Quarti
Solonghello
Moransengo
Piai
Cortiglione
Bolli
Grisóglio
Brózolo
Valle Cerrina
Castagnone
Rollini
Aramengo
la Pirenia
Odalengo Grande
Montaldo
Ozzano Monferrato
S. 82
Vallestura
Montalero
Casalino
T. Stura
Bèsolo
Cocconato
Tuffo
Robella
Piancerreto
Serralunga di Crea
la Madonnina
Treville
Parco Reg. S.M. di Crea
Santuário di Crea
Cicengo
Pozzo
Rosignano Monferrato
Bricco
Murisengo
Ponzano Monferrato
Salabue
Cereseto
Sala Monferrato
Banengo
Villadeati
Serra
Castelletto Merli
Albarengo
Castellino
Cella Monte
Montíglio
Lussello
Guazzolo
Palazzo dal Pozzo
Priméglio
Passerano
Cardona
Moncalvo
Ottíglio
Moleto
Gallareto
Piovà Mássaia
Cúnico
Scandeluzza
Alfiano Natta
Sant' Antonio
Palazzo Testafochi
Grazzano Badóglio
Frassinello Monferrato
Olívola
Mondónia San Doménico Sàvio
Piea
Colcavagno
Sánico
Penango
Santa Maria
Monferrato degli Infernot
Morialdo
San Nazario
Tonco
Cortanze
Montechiaro d'Asti
Cioccaro
Bolla
Casorzo
Camagna Monferra
Frinco
Calliano
Vignale Monfer
Viale
Corsione
Sóglio
Nocciola
San Desidério
Grana
Altavilla Monferrato
Bagnasco
Cossombrato
Camerano
Montafia
Castell'Alfero
Montemagno
Madona d'Olmetto
Chiusano d'Asti
Cinaglio
Cortazzone
Mombarone
Viarigi
Casazze
T. Triversa
Scurzolengo
Castagnole Monferrato
Cortandone
Callianetto
Portacomaro
San Carlo
Séttime
Roatto
Franchini
Montegrosso
Serravalle
Santo Stéfano
Solbrito
Valmairone
Nani
Maretto
Monale
Malandroni
Valgera
T. Versa
Migliadolo
Refrancore
Accorneri
Ris. Nat. Valleandona e Val Botto
Madonna di Viatosto
Castiglione d'Asti
Arróbbio
Piepasso
Castellero
Baldichieri d'Asti
Cattedrale di Santa Maria Assunta
Felizzano-Quattórdio
Taverne
Monumento all'Unità
Asti Ovest
Asti Est
Bordoni
Crocetta
Serra
Villafranca d'Asti
Valleandona
Torretta
ASTI
Monfallito
Cantarana
Bramairate
Santa Catarina
Palazzo Ottolenghi
Gerba
Crocetta
Quattordio
Tigliole
Castello di Annone
Valperosa
Bórbore
San Rocco
S. 89
Azzano d'Asti
Pratomorone
Pianetti
Vaglierano

S. 66

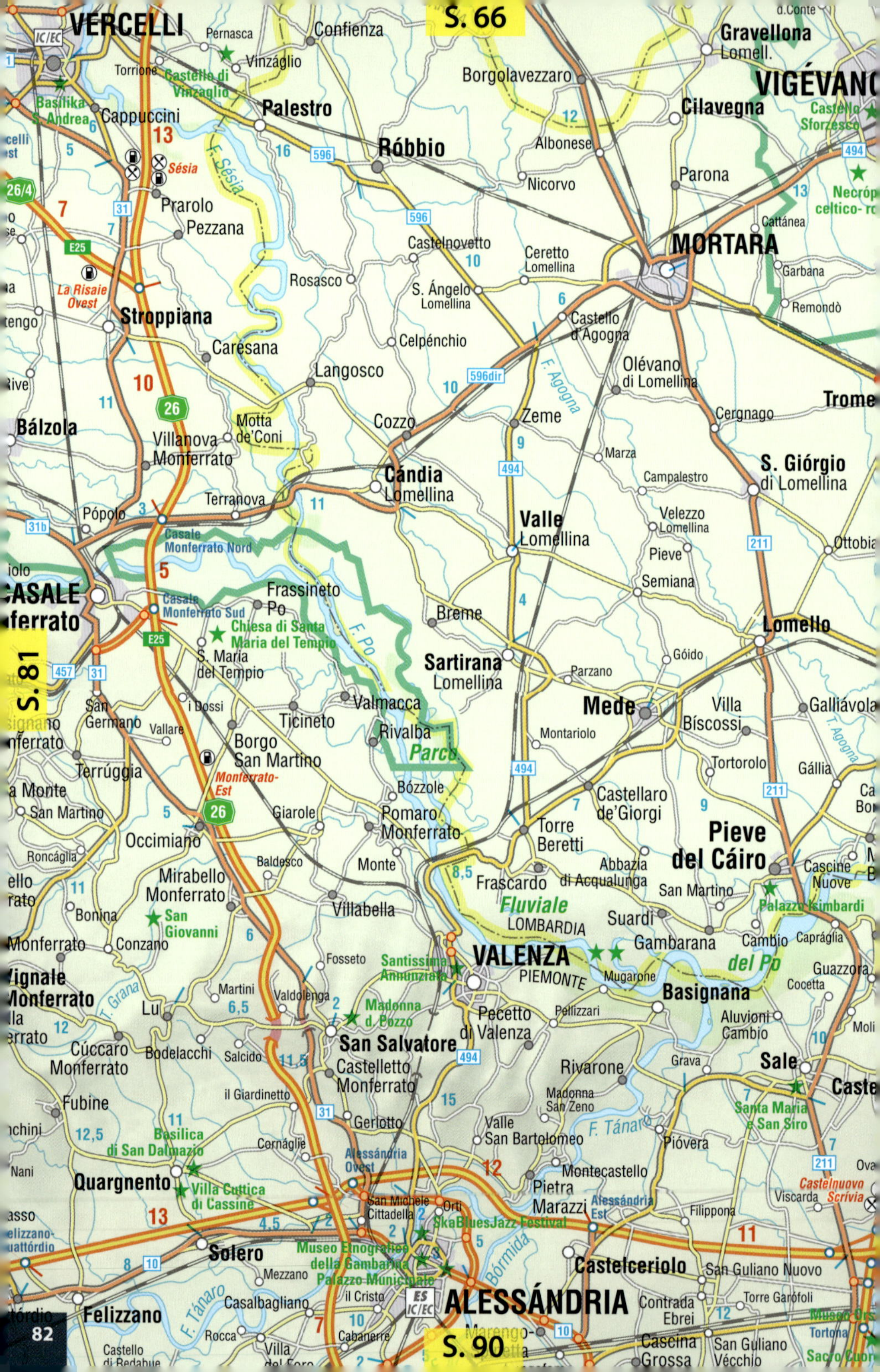
VERCELLI
Pernasca
Confienza
Gravellona Lomell.
VIGÉVANO
Vinzáglio
Torrione
Castello di Vinzaglio
Borgolavezzaro
Basilika S. Andrea
Cappuccini
Palestro
Cilavegna
Castello Sforzesco
Róbbio
Albonese
Sésia
F. Sésia
Parona
Prarolo
Nicorvo
Necropoli celtico-ro
Pezzana
Cattánea
Castelnovetto
Ceretto Lomellina
MORTARA
La Risaie Ovest
Rosasco
Garbana
S. Ángelo Lomellina
Stroppiana
Castello d'Agogna
Remondò
Celpénchio
Caresana
Olévano di Lomellina
Langosco
F. Agogna
Bálzola
Motta de'Coni
Cozzo
Zeme
Cergnago
Villanova Monferrato
Marza
S. Giórgio di Lomellina
Cándia Lomellina
Campalestro
Terranova
Valle Lomellina
Velezzo Lomellina
Pópolo
Casale Monferrato Nord
Pieve
Ottobiano
CASALE Monferrato
Frassineto Po
Semiana
Casale Monferrato Sud
Breme
Lomello
Chiesa di Santa Maria del Tempio
F. Po
S. Maria del Tempio
Sartirana Lomellina
Góido
Parzano
San Germano
i Dossi
Valmacca
Mede
Villa Bíscossi
Galliávola
Vallare
Ticineto
Montariolo
T. Agogna
Rivalba
Borgo San Martino
Parco
Terrúggia
Tortorolo
Gállia
Monferrato-Est
Bózzole
Castellaro de'Giorgi
San Martino
Giarole
Pomaro Monferrato
Torre Beretti
Pieve del Cáiro
Occimiano
Roncáglia
Baldesco
Monte
Abbazia di Acqualunga
Mirabello Monferrato
Frascardo
San Martino
Cascine Nuove
Fluviale
Palazzo Isimbardi
Bonina
Villabella
LOMBARDIA
Suardi
San Giovanni
Gambarana
Cambio
Caprágia
Conzano
VALENZA
Fosseto
Santissima Annunziata
PIEMONTE
del Po
Guazzora
Mugarone
Cocetta
Martini
Valdolenga
Basignana
Lu
T. Grana
Madonna d. Pozzo
Pecetto di Valenza
Pellizzari
Aluvioni Cambio
Molino
Cúccaro Monferrato
Bodelacchi
Salcido
San Salvatore
Castelletto Monferrato
Rivarone
Grava
Sale
Castelnuovo
Madonna San Zeno
Santa Maria e San Siro
Fubine
il Giardinetto
Gerlotto
Valle San Bartolomeo
F. Tánaro
Basilica di San Dalmazio
Cornáglie
Alessándria Ovest
Alessándria Est
Piovera
Nani
Quargnento
Villa Cuttica di Cassine
San Michele
Cittadella
Orti
Montecastello
Pietra Marazzi
Castelnuovo Scrivia
Viscarda
Filippona
SkaBluesJazz Festival
Museo Etnografico della Gambarina
Palazzo Municipale
Solero
Bórmida
Castelceriolo
San Guliano Nuovo
Mezzano
Felizzano
F. Tánaro
Casalbagliano
il Cristo
ALESSÁNDRIA
Contrada Ebrei
Torre Garófoli
Tortona
Rocca
Villa del Foro
Cabanerre
Marengo
Cascina Grossa
San Guliano Vécchio
Castello di Redabue
Sacro Cuore

S. 81

S. 90

S. 67

Morimondo
Parco Regionale Valle del Ticino
Lido Ticino
Fallavécchia
Béttola
Coazzano
Castello di Rosate
Binasco
Castello Visconteo
Basíglio
Pizzabrasa
di Triulzi
Carpiano
Gnignano
Pairana
Besate
Casorate Primo
Casarile
Lacchiarella
Zavanasco
Casirate Ol.
Siziano
Campomorto
Landriano
Sforzesca
F. Ticino
Motta Visconti
Rognano
Giussago
Turago Bordone
Vidigulfo
Zibido al Lamb.
Gugnano
Battuda
Vellezzo Bellini
Carpignago
Pontelungo
Vairano
Villa ex Crespi
Belcreda
Bereguardo
Marcignago
Certosa di Pavia
Bornasco
Vigonzone
Ceranova
Molini
Torre d.Mángano
Villaréggio
Séttimo
Marzano
Bereguardo Pavia Nord
Cascina Carpana
Divisa
Certosa di Pavia
Borgarello
S. Genésio
Lardirago
Torre d'Arese
Borgo S. Siro
Parasacco
Villalunga
Casottole
Boschetto
Torre d'Isola
Mirabello di Pavia
S. Aléssio
Cura Carpign.
Roncaro
Casc. Campagna
Pavia Nord
Calignano
Madonna della Bozzola
S. Biágio
Zerbolò
P.-Univers.
Barona
Vistarino
GARLASCO
Cascina Gaggiola
Pavia
P.-Policlinico
PAVIA
Fossarmato
Vigalfo
S. Lanfranco
Gropello Cairoli
Rom. Ticinum
Albuzzano
Villanova d'Ardenghi
Carbonara al Ticino
Duomo di Pavia
Alperolo
Alagna
Gropello C. Pavia Sud
Castello Visconteo
F. Ticino
Belgioioso
Dorno
S. Martino Siccomário
S. Martino Sicomário
Linarolo
Pavia Sud
Mezzano Siccomario
Ponte di Becca
S. Margherita
Sairano
Cava Manara
F. Po
Sosteg.
Scaldasole
Nuovo Zinasco
Sommo
Mezzanino
Zinasco Vécchio
Tre Re
Rea
Verrua Po
San Cipriano Po
Pieve Alb.
Mezzana Corti
Mezzano
Cascinino
Canova
Casanova Lonati
Albaredo Arnaboldi
Pirocco
Portalbera
Cascinotto Mensa
Mezzana Rabattone
Bastida Pancarana
Bottanone
Baselica
Stradella
Broni-Stradella
Bottarolo
Bressana
Barbianello
Balossa Bigli
Pancarana
Castelletto Po
Pinarolo Po
Stradella
Ghiáie di Corana
Cervesina
Árgine
Broni
Corana
Casatisma
Robecco
Zenevredo
Cornale
San Gaudenzio
Porana
Vicomune
Canneto Pavese
Bastida de' Dossi
Silvano Pietra
Pizzale
Lungavilla
Redavalle
Cigognola
Oriolo
Castéggio-Casatisma
Pietra de'Giorgi
Montescano
Molino dei Torti
Torricella
San Damiano al Colle
Casteggio
Fumo
Mornico Losana
Ca'dei Cristina
Casei Gerola
Campoferro
Montebello della Battáglia
Medassino
Voghera
Mairano
Buffalora
Scazzolino
Casei Gerola
Duomo
Genestrello
Sgarbina
Oliva Gessi
Lirio
Donelasco
Voghera
Castello Visconteo
Cadé
Torrazza Coste
San Biágio
Calvignano
Montalto Pavese
Finigeto
Castelnuovo Scrivia
Valle
T. Coppa
Olesi
Montecalvo Versíggia
Santa Maria della Versa
Villa Fornace
Castellaro
Polentone
Borgo Priolo
Pizzofreddo
Pontecurone
Retórbido
Codevilla
Barisonzo
Ca'del Fosso
Volpara
Mondondone
Gabbione
Caseo
Oratorio di San Rocco
San Antonino
Biancanigi
Borgoratto Mormorolo
Rivanazzano
Canavera
Pometo
Rosano
Nazzano
Murisasco
Arpesina
Pieve di Stadera
Casalnoceto
Chiusani
T. Schizzola
Fortunago
T. Curone
Salice Terme
Rocca Susella
Gravanago
Ca'del Matto
Ruino
Viguzzolo
Gomo
San Páolo
Torre degli Alberi
Lagagnolo
Sant' Eusébio
Madonna della Guardia
Salice Terme Golf Club
Bregne
Godiasco
Montacuto
T. Grue
Volpeglino
LOMBARDIA
PIEMONTE
Sanguignano
M. d. Orso
Casa Marchese
Tortona
Volpedo
S. Ilário
Prendómino
582
Val di Nizza
Monleale
Le Moline
Calghera

S. 84

S. 91

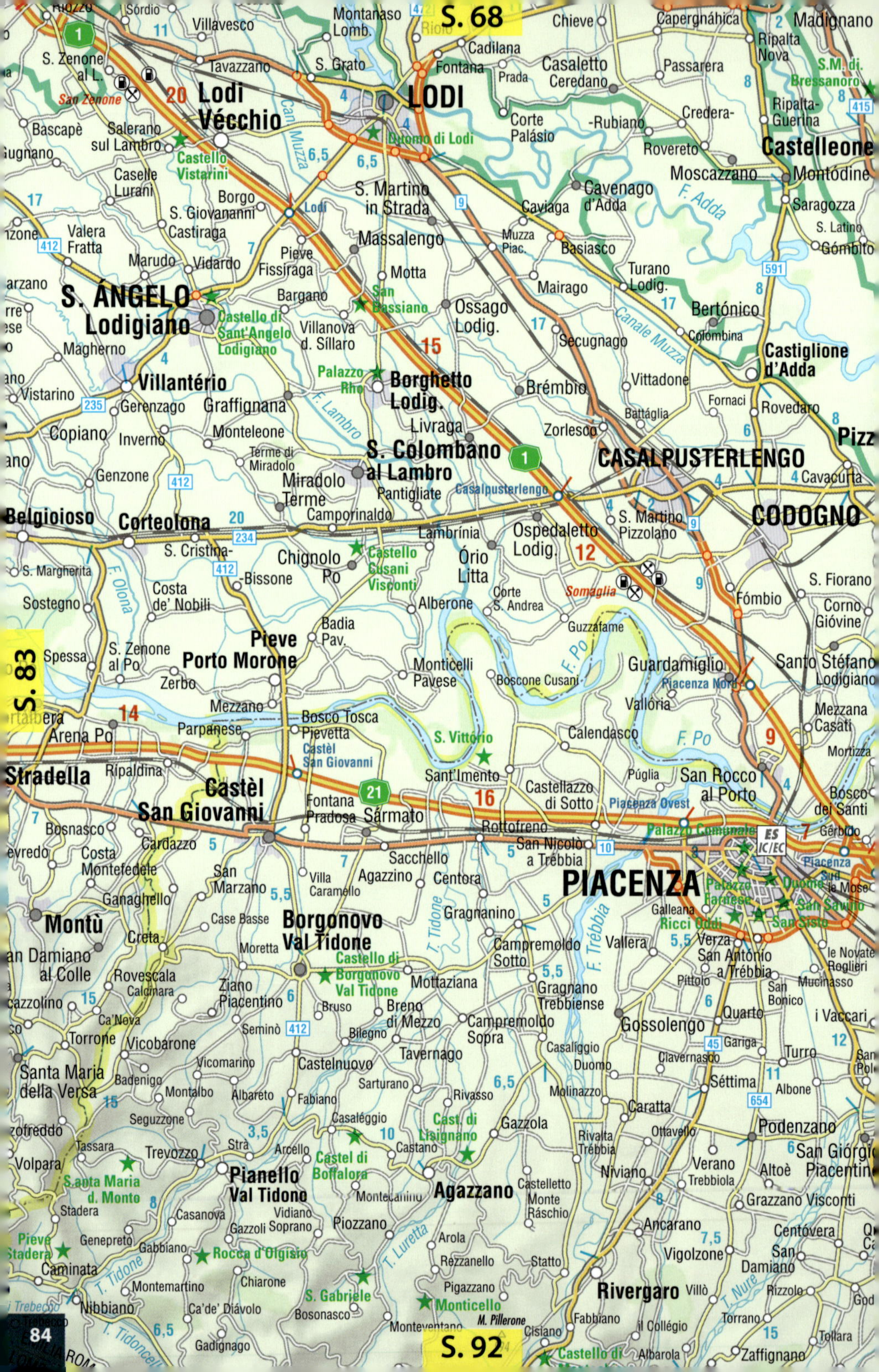
S. 68
S. 83
S. 92
Lodi
Lodi Vécchio
S. Ángelo Lodigiano
Castello di Sant'Angelo Lodigiano
Villantério
Borghetto Lodig.
S. Colombano al Lambro
Casalpusterlengo
Codogno
Castelleone
Castiglione d'Adda
Bertónico
Ospedaletto Lodig.
Belgioioso
Corteolona
Chignolo Po
Castello Cusani Visconti
Pieve Porto Morone
Arena Po
Stradella
Castèl San Giovanni
Borgonovo Val Tidone
Castello di Borgonovo Val Tidone
Piacenza
Palazzo Comunale
Palazzo Farnese
Duomo
San Savino
San Sisto
Ricci Oddi
San Rocco al Porto
Guardamíglio
Calendasco
Rottofreno
San Nicolò a Trébbia
Gossolengo
Podenzano
Rivergaro
Agazzano
Pianello Val Tidone
Rocca d'Olgisio
S. Gabriele
Monticello
Montù
Santa Maria della Versa
Santa Maria d. Monto
Pieve Stadera
Castello di Vistarini
Duomo di Lodi
San Bassiano
Palazzo Rho
Somaglia
F. Adda
F. Po
F. Lambro
F. Trébbia
T. Tidone
T. Luretta
T. Nure
F. Olona
Canale Muzza
S. Vittório
Castell di Lisignano
Castel di Boffalora
Grazzano Visconti
San Giórgio Piacentino
Vigolzone
Montemartino
Nibbiano
Caminata

S. 69

Verola-vécchia
MANERBIO
Milzanello
Ronche
Genivolta
Villagana
Trígolo
Moscona
Acqualunga
Quinzano d'Óglio
VEROLA-NUOVA
Bassano Bresc.
Gozzolette
Cígole
Pavone d. Mella
Azzanello
Castelvisconti
Valseresino
Pradazzo
Dossi
Pellegra
SORESINA
Casalmorano
Mirabello Ciria
Bordolano
Corte de' Cortesi
Villanuova
Bettegno
S. Gervásio Bresciano
Casáccie
Torchiera
Milzano
Corte Madama
Grontorto
Barzaniga
Cignone
Monasterolo
Pontevico
Pontevico-Robecco d'O.
Alfianello
Pralboino
Cappella Cantone
Acqualunga Badona
CASALBUTTANO ed Uniti
Robecco d'Óglio
Seniga
Régona
S. Bassano
Paderno Ponchielli
Polengo
Olmeneta
F. Óglio
Binanuova
Férie
Farfengo
Zanengo
Luignano
S. Martino in Beliseto
Casalsigone
Corte de'Frati
Scandolara Ripa d'Óglio
Gabbioneta
Régona
Grumello Crem.
Ossolaro
Pozzáglio ed Uniti
Castelnuovo Gherardi
Levata
Grontardo
Pescarolo ed Uniti
Cortetano
Castelverde
Solarolo
Farfengo
Sesto ed Uniti
Livrasco
Bettenesco
Dósimo
Vescovato
Pieve Terzagni
Costa S. Abramo
Persichello
Pieve Delmona
Crotta d'Adda
Acquanegra Crem.
Migliaro
Árdole S. Marino
Cicognolo
Lardara
Spinadesco
Palazzo Trecchi
Gadesco-
Montanara
Cornovécchio
Maccastorna
Cava Tigozzi
Cremona
Duomo di Cremona
Gazzo
F. Po
CREMONA
S. Maria
Malagnino
Pieve S. Giácomo
Bruzzelle
Meleti
Castelnuovo Bocca d'Adda
Mezzano
Bonemerse
Sospiro
Cà de'Bonavogli
Olza
Cremona
Gerre Borghi
San Fiorenzo del Palazzo
Tídolo
Caselle Landi
Monticelli d'Ongina
Castelvetro Piacentino
Gerre de Caprioli
San Salvatore
Pieve d'Olmi
Castelvetro P.
Stagno Lombardo
Pugnolo
Reboana
San Nazzaro
San Pietro in Corte
EMILIA ROMAGNA
LOMBARDIA
Stracóncolo
Santa Margherita
San Daniele Po
San Giuliano
Sommo con Porto
Roncarolo
Zérbio
i Boschi
Brancere
Caorso
La Villa
Fienili
Solarolo-Paganino
Soarza
Isola Pescaroli
Roncáglia
Caorso
Polignano
Cignano
Villanova sull'Arda
Stallone
Muradolo
T. Chiavenna
Polésine Parmense
Zibello
Pieve Ottoville
Ragazzola
Muradello
la Santina
San Pietro in Cerro
Vidalenzo
Chiavenna Landi
T. Arda
Villa Verdi
Motta
T. Riglio
Teatro "Eleonora Duse"
Saliceto
Ardola
Cortemaggiore
Cortemaggiore
Sant'Ágata
Rocca Pallavicino
Brè
Besenzone
Bersano
Busseto
Frescarolo
Boceto
Piazza Giuseppe Verdi
Spigarolo
Santa Caterina
Arda
Teatro Giuseppe Verdi
Cadeo
Roveleto
Zapparola
Mércore
Róncole Verdi
Sant'Ágata
Fiorenzuola
Casa Selvática
T. Ongina
Sant'Andrea
Samboseto
T. Stirone
Portone del Pizzo
Fontana-Fredda
Contrada della Chiesa
Carzeto
Zena
Bassa di Mai
Bagnolo
Soragna
San Secondo Parmense
Fiorenzuola d'Arda
San Rocco
Chero
Chiaravalle della Colomba
Carpaneto Piacentino
Dugara
Castione Marchesi
Chiusa Viarola
Castellina
Castell'Aicardi
San Protaso
Saliceto
Cimafava
Ciriano
Doppi
Caminata
Bastelli
Chiusa Ferranda
Fidenza-Salsomaggiore T.
Paroletta
Alseno
Vigostano
Lusurasco
Rimale
Cannétolo
Fontana
Travazzano
Vigolo
San Rocchino
Castelnuovo
Toccalmatto
Casalbarbato

S. 93

S. 78

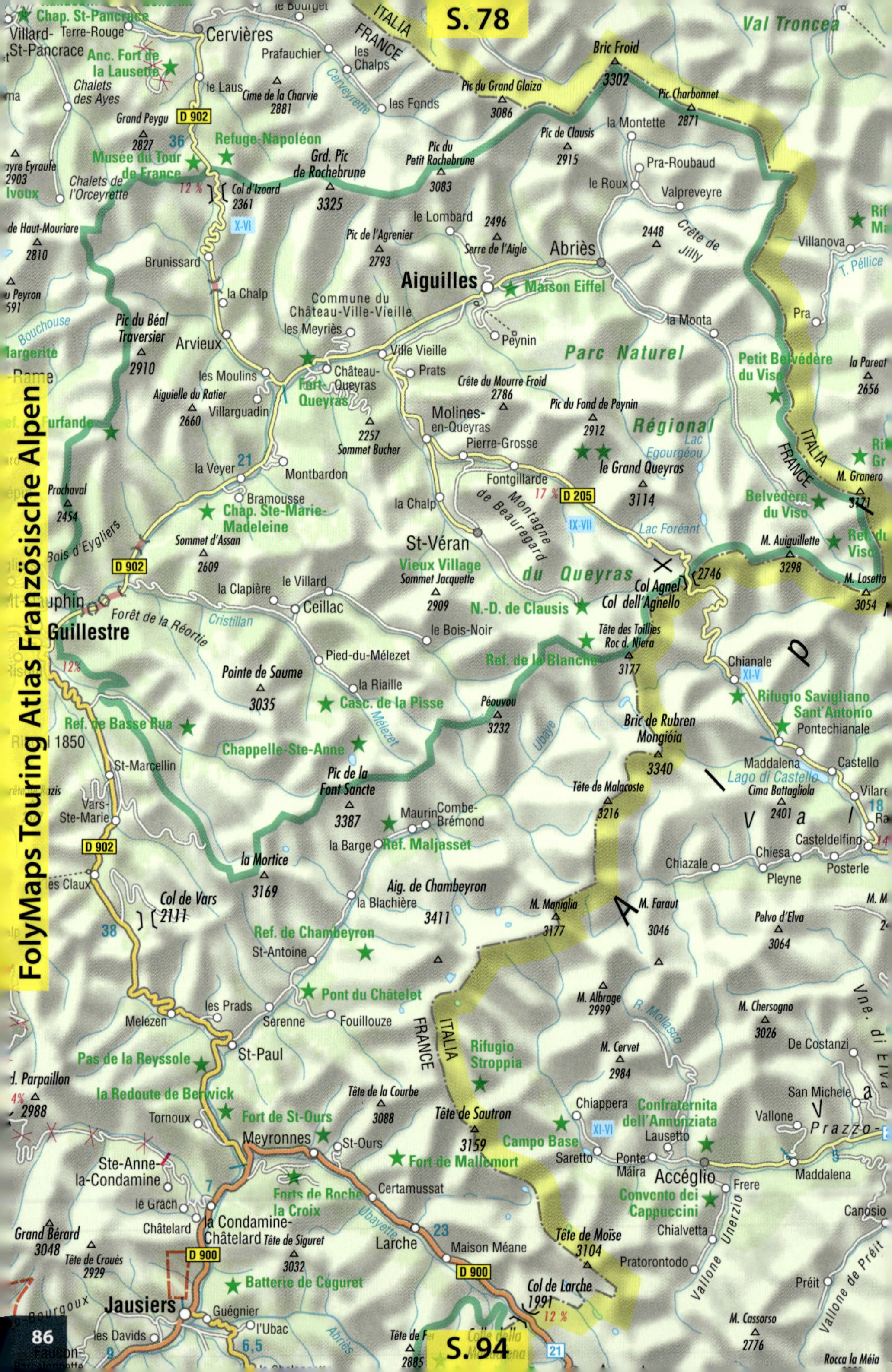

Chap. St-Pancrace
Villard-St-Pancrace
Terre-Rouge
Cervières
le Bourget
Prafauchier
les Chalps
Anc. Fort de la Lausette
Chalets des Ayes
le Laus
Cime de la Charvie 2881
Cerveyrette
les Fonds
Pic du Grand Glaiza 3086
Bric Froid 3302
Pic Charbonnet 2871
Val Troncea
ITALIA
FRANCE
Grand Peygu 2827
D 902
Refuge-Napoléon
Musée du Tour de France
Col d'Izoard 2361
X-VI
Grd. Pic de Rochebrune 3325
Pic du Petit Rochebrune 3083
Pic de Clausis 2915
la Montette
Pra-Roubaud
le Roux
Valpreveyre
Chalets de l'Orceyrette
de Haut-Mouriare 2810
le Lombard
2496
Pic de l'Agrenier 2793
Serre de l'Aigle
Abriès
2448
Crête de Jilly
Villanova
T. Pellice
Brunissard
Aiguilles
Maison Eiffel
la Chalp
Commune du Château-Ville-Vieille
les Meyriès
Peynin
la Monta
Pra
Bouchouse
Pic du Béal Traversier 2910
Arvieux
Ville Vieille
Parc Naturel Régional du Queyras
Petit Belvédère du Viso
la Pareat 2656
Prats
Château-Queyras
Fort-Queyras
les Moulins
Aiguillette du Ratier 2660
Villarguadin
Crête du Mourre Froid 2786
Pic du Fond de Peynin 2912
Molines-en-Queyras
Pierre-Grosse
Lac Egourgéou
le Grand Queyras 3114
Furfande
2257 Sommet Bucher
la Veyer
Montbardon
Fontgillarde
17 %
D 205
M. Granero
Prachaval 2454
Bramousse
Chap. Ste-Marie-Madeleine
la Chalp
Montagne de Beauregard
IX-VII
Belvédère du Viso
Bois d'Eygliers
Sommet d'Assan 2609
St-Véran
Lac Foréant
M. Auiguillette 3298
Vieux Village
Sommet Jacquette 2909
la Clapière
le Villard
Ceillac
N.-D. de Clausis
Col Agnel
Col dell'Agnello 2746
M. Losetta 3054
Guillestre
Forêt de la Réortie
Cristillan
le Bois-Noir
Tête des Toillies
Roc d. Niera 3177
Chianale
XI-V
Pied-du-Mélezet
Ref. de la Blanche
12%
Pointe de Saume 3035
la Riaille
Casc. de la Pisse
Péouvou 3232
Rifugio Savigliano Sant'Antonio
Pontechianale
Ref. de Basse Rua
Mélezet
Ubaye
Bric de Rubren Mongióia 3340
Chappelle-Ste-Anne
Maddalena
Castello
St-Marcellin
Lago di Castello
Pic de la Font Sancte 3387
Tête de Malacoste 3216
Cima Battagliola 2401
Vars-Ste-Marie
Maurin
Combe-Brémond
V a l
la Barge
Ref. Maljasset
Casteldelfino
D 902
Chiazale
Chiesa
Posterle
Pleyne
la Mortice 3169
es Claux
Aig. de Chambeyron 3411
Col de Vars 2111
la Blachière
M. Maniglia 3177
M. Faraut 3046
Pelvo d'Elva 3064
Ref. de Chambeyron
St-Antoine
38
A
M. Albrage 2999
Pont du Châtelet
R. Maira
les Prads
Melezen
Serenne
Fouillouze
M. Chersogno 3026
FRANCE
ITALIA
Rifugio Stroppia
De Costanzi
St-Paul
M. Cervet 2984
Pas de la Reyssole
d. Parpaillon 2988
la Redoute de Berwick
Tête de la Courbe 3088
San Michele
Tornoux
Fort de St-Ours
Tête de Sautron 3159
Chiappera
Confraternita dell'Annunziata
Vallone
Meyronnes
St-Ours
Campo Base
XI-VI
Lausetto
Ste-Anne-la-Condamine
Fort de Mallemort
Saretto
Ponte Máira
Acceglio
Maddalena
Forts de Roche la Croix
Certamussat
Frere
le Grach
Convento dei Cappuccini
Canosio
Châtelard
la Condamine-Châtelard
Ubayette
Larche
23
Chialvetta
Vallone Unerzio
Grand Bérard 3048
Tête de Crouès 2929
Tête de Siguret 3032
Maison Méane
Tête de Moïse 3104
Pratorotondo
D 900
Batterie de Cuguret
Col de Larche 1991
12 %
Préit
Vallone de Preit
Jausiers
Guégnier
l'Ubac
les Davids
Abriès
Tête de Fer 2885
M. Cassorso 2776
Rocca la Méia

S. 94

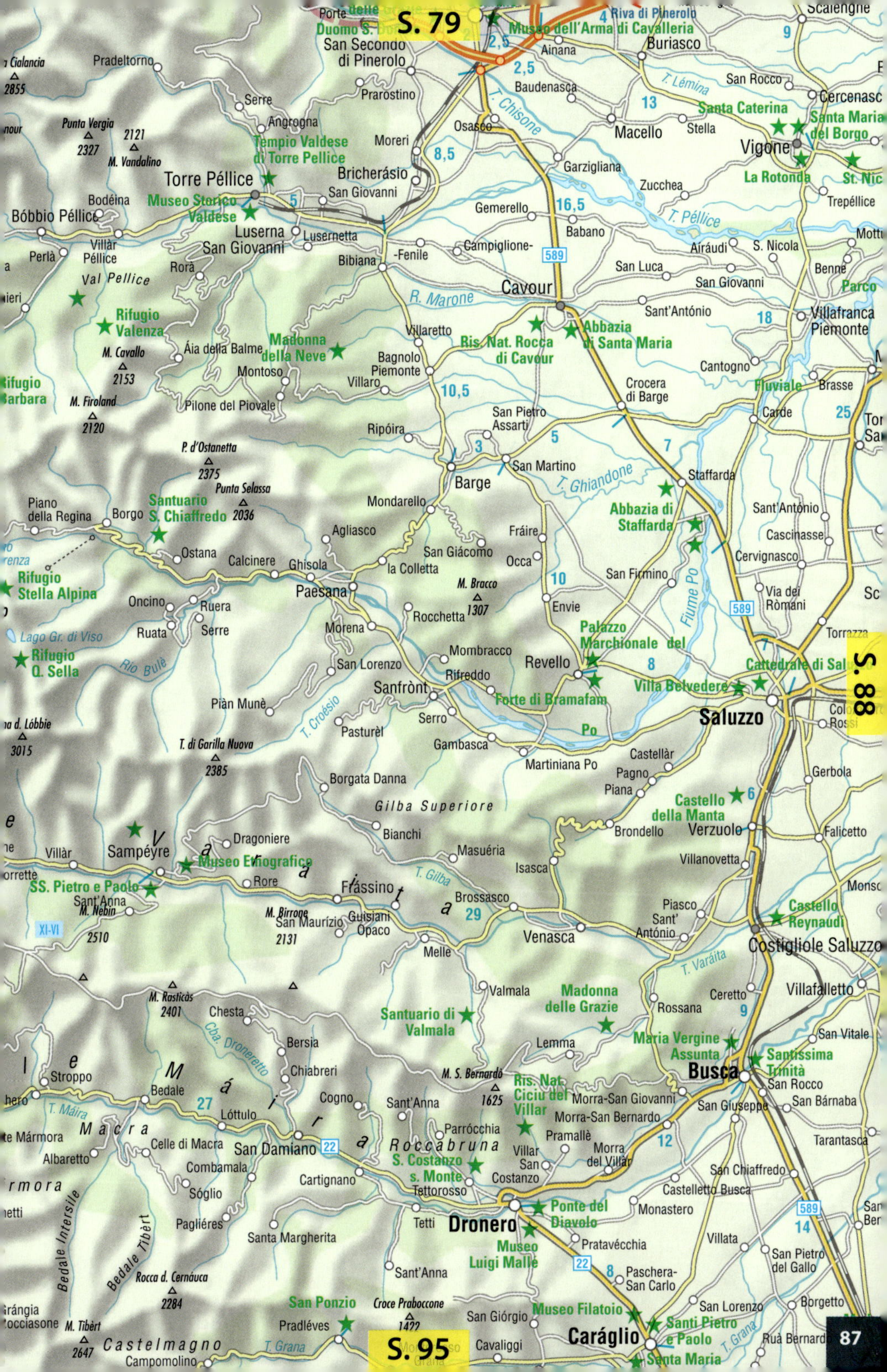
S. 79
S. 88
S. 95
San Secondo di Pinerolo
Museo dell'Arma di Cavalleria
Riva di Pinerolo
Buriasco
Scalenghe
Ainana
Pradeltorno
Serre
Prarostino
Baudenasca
T. Lémina
San Rocco
Cercenasco
T. Chisone
Angrogna
Osasco
Macello
Stella
Santa Caterina
Santa Maria del Borgo
Punta Vergia
2327
2121
M. Vandalino
Tempio Valdese di Torre Pellice
Moreri
8,5
Garzigliana
Vigone
La Rotonda
St. Nic
Torre Péllice
Bricherásio
Zucchea
Trepéllice
Bodéina
Museo Storico Valdese
San Giovanni
Gemerello
16,5
T. Péllice
Bóbbio Péllice
Luserna San Giovanni
Lusernetta
Babano
Villàr Péllice
Perlà
Bibiana
Campiglione-Fenile
589
Airáudi
S. Nicola
Rorà
San Luca
Benne
Val Pellice
San Giovanni
Parco
R. Marone
Cavour
Sant'António
Villafranca Piemonte
18
Rifugio Valenza
Villaretto
Abbazia di Santa Maria
Ris. Nat. Rocca di Cavour
M. Cavallo
2153
Áia della Balme
Madonna della Neve
Bagnolo Piemonte
Cantogno
Rifugio Barbara
Montoso
Villaro
10,5
Crocera di Barge
Fluviale
Brasse
M. Firoland
2120
Pilone del Piovale
Ripóira
San Pietro Assarti
Carde
25
P. d'Ostanetta
2375
3
5
7
San Martino
Staffarda
Barge
T. Ghiandone
Piano della Regina
Santuario S. Chiaffredo
Punta Selassa
2036
Borgo
Mondarello
Abbazia di Staffarda
Sant'António
Agliasco
Fráire
Cascinasse
Ostana
Calcinere
Ghisola
San Giácomo
Occa
Cervignasco
Rifugio Stella Alpina
la Colletta
San Firmino
Paesana
M. Bracco
1307
10
Via dei Ròmani
Oncino
Ruera
Rocchetta
Envie
Flume Po
Ruata
Serre
Morena
Palazzo Marchionale del
Torrazza
Lago Gr. di Viso
Rifugio Q. Sella
Rio Bulè
Mombracco
Revello
8
Cattedrale di Saluzzo
San Lorenzo
Rifreddo
Sanfrònt
Villa Belvedere
Forte di Bramafam
Piàn Munè
Serro
Saluzzo
T. Croésio
Pasturèl
Po
Gambasca
Castellàr
T. di Garilla Nuova
2385
3015
Martiniana Po
Pagno
Piana
Gerbola
Borgata Danna
Castello della Manta
6
Gilba Superiore
Brondello
Verzuolo
Falicetto
Bianchi
Dragoniere
Villàr
Sampéyre
Masuéria
Villanovetta
Museo Etnografico
Isasca
T. Gilba
Rore
Frássino
SS. Pietro e Paolo
Sant'Anna
Brossasco
Piasco
Castello Reynaudi
M. Nebin
2510
M. Birrone
San Maurízio
2131
Guisiani
Opaco
29
Venasca
Sant' António
Costigliole Saluzzo
XI-VI
Melle
Val Varáita
T. Varáita
M. Rasticàs
2401
Valmala
Madonna delle Grazie
Ceretto
Villafalletto
Chesta
Santuario di Valmala
Rossana
9
Cba. Dronerretto
Bersia
Lemma
Maria Vergine Assunta
San Vitale
Santissima Trinità
Stroppo
Chiabreri
M. S. Bernardo
1625
Ris. Nat. Ciciu del Villar
Busca
San Rocco
Bedale
Cogno
Sant'Anna
Morra-San Giovanni
San Giuseppe
San Bárnaba
27
Lóttulo
Parrócchia
Morra-San Bernardo
T. Máira
Valle Máira
Pramallè
12
Tarantasca
Macra
Celle di Macra
San Damiano
22
Roccabruna
Villar San Costanzo
Morra del Villar
Albaretto
S. Costanzo s. Monte
San Chiaffredo
Combamala
Cartignano
Tettorosso
Castelletto Busca
Sóglio
Ponte del Diavolo
Monastero
589
Pagliéres
Tetti
Dronero
14
Bedale Intersile
Bedale Tibèrt
Santa Margherita
Museo Luigi Mallé
Pratavécchia
Villata
San Pietro del Gallo
22
8
Paschera-San Carlo
Rocca d. Cernáuca
2284
Sant'Anna
Borgetto
San Ponzio
Croce Praboccone
1422
San Lorenzo
Museo Filatoio
Santi Pietro e Paolo
Pradléves
San Giórgio
T. Grana
M. Tibèrt
2647
Castelmagno
Campomolino
T. Grana
Cavaliggi
Caráglio
Santa Maria
Rua Bernardo

S. 80
S. 87

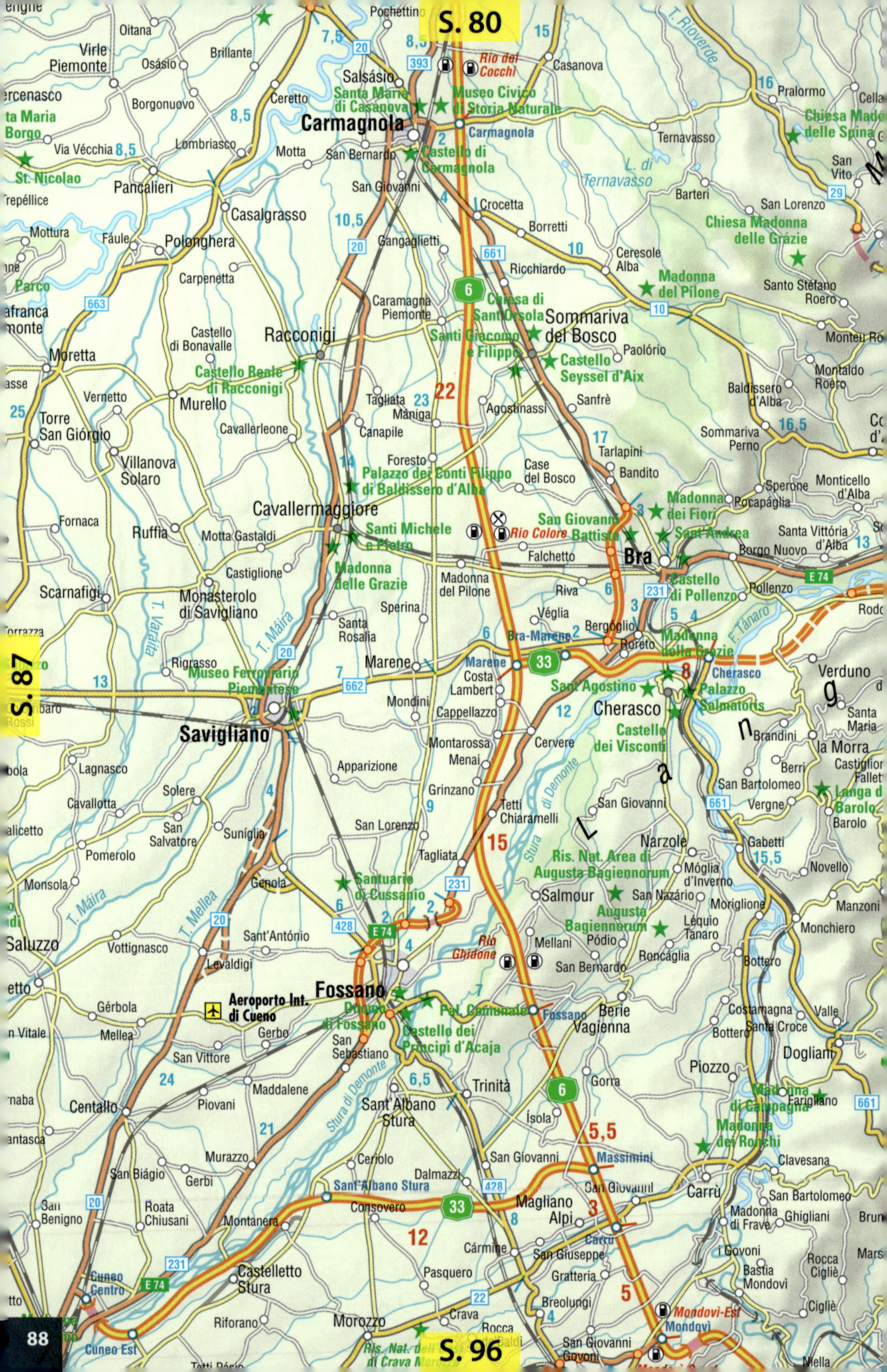
Pochettino
Oitana
Virle Piemonte
Osásio
Brillante
Salsásio
Rio dei Cocchi
Casanova
Santa Maria di Casanova
Museo Civico di Storia Naturale
Borgonuovo
Ceretto
Carmagnola
Ternavasso
Pralormo
Chiesa Madonna delle Spina
St. Nicolao
Via Véccia
Lombriasco
Motta
San Bernardo
Castello di Carmagnola
L. di Ternavasso
San Vito
Pancalieri
San Giovanni
Crocetta
Barteri
San Lorenzo
Casalgrasso
Borretti
Chiesa Madonna delle Grázie
Mottura
Fáule
Polonghera
Gangaglietti
Ricchiardo
Ceresole Alba
Madonna del Pilone
Carpenetta
Santo Stéfano Roero
Parco
Caramagna Piemonte
Chiesa di Sant'Orsola
Sommariva del Bosco
Monteu Roero
Moretta
Castello di Bonavalle
Racconigi
Santi Giacomo e Filippo
Castello Seyssel d'Aix
Paolório
Castello Reale di Racconigi
Montaldo Roero
Vernetto
Tagliata
Agostinassi
Sanfrè
Baldissero d'Alba
Torre San Giórgio
Murello
Mániga
Canapile
Sommariva Perno
Villanova Solaro
Cavallerleone
Foresto
Tarlapini
Bandito
Palazzo dei Conti Filippo di Baldissero d'Alba
Case del Bosco
Sperone
Monticello d'Alba
Fornaca
Cavallermaggiore
Madonna dei Fiori
Pocapáglia
Ruffia
Motta Gastaldi
Santi Michele e Pietro
Rio Colore
San Giovanni Battista
Sant'Andrea
Santa Vittória d'Alba
Borgo Nuovo
Castiglione
Madonna delle Grazie
Madonna del Pilone
Falchetto
Bra
Castello di Pollenzo
Pollenzo
Scarnafigi
Monasterolo di Savigliano
Riva
Sperina
Véglia
Santa Rosalia
Bergóglio
T. Váraita
T. Máira
Roreto
Bra-Marene
Madonna della Grazie
F. Tánaro
Verduno
Marene
Costa Lambert
Sant'Agostino
Cherasco
Palazzo Salmatoris
Rigrasso
Museo Ferroviario Piemontese
Santa Maria
Mondini
Cappellazzo
Cherasco
Savigliano
Castello dei Visconti
Brandini
la Morra
Montarossa
Cervere
Lagnasco
Apparizione
Menai
Berri
Castiglione Falletto
San Bartolomeo
Solere
Grinzano
San Giovanni
Langa di Barolo
Cavallotta
Vergne
Barolo
San Salvatore
Suníglia
San Lorenzo
Tetti Chiaramelli
Stura di Demonte
Narzole
Gabetti
Pomerolo
Tagliata
Ris. Nat. Area di Augusta Bagiennorum
Móglia d'Inverno
Novello
Monsola
Genola
Santuario di Cussanio
Salmour
San Nazário
Moriglione
Manzoni
T. Mellea
Augusta Bagiennorum
Léquio Tánaro
Monchiero
Saluzzo
Vottignasco
Sant'António
Rio Ghidone
Mellani
Pódio
Roncáglia
Bottero
Levaldigi
San Bernardo
Aeroporto Int. di Cueno
Fossano
Berie Vagienna
Costamagna
Valle
Gérbola
Duomo di Fossano
Pal. Comunale
Santa Croce
Mellea
Gerbo
San Sebastiano
Castello dei Principi d'Acaja
Bottero
Dogliani
San Vittore
Piozzo
Trinitá
Gorra
Centallo
Maddalene
Sant'Albano Stura
Madonna di Campagna
Farigliano
Piovani
Ísola
Madonna dei Ronchi
Murazzo
Ceriolo
San Giovanni
Massimini
Clavesana
San Biágio
Gerbi
Dalmazzi
San Giovanni
Carrù
San Bartolomeo
Sant'Albano Stura
San Benigno
Roata Chiusani
Consovero
Magliano Alpi
Madonna di Frave
Ghigliani
Montanera
Carrù
Cármine
San Giuseppe
Góvoni
Bastia Mondovì
Rocca Ciglié
Cuneo Centro
Castelletto Stura
Pasquero
Gratteria
Breolungi
Ciglié
Mondovì-Est
Riforano
Morozzo
Crava
Mondovì
Cuneo Est
Rocca de' Baldi
San Giovanni Govoni
Ris. Nat. dell. di Crava Morozzo
Mella
E 74

S. 96

S. 81

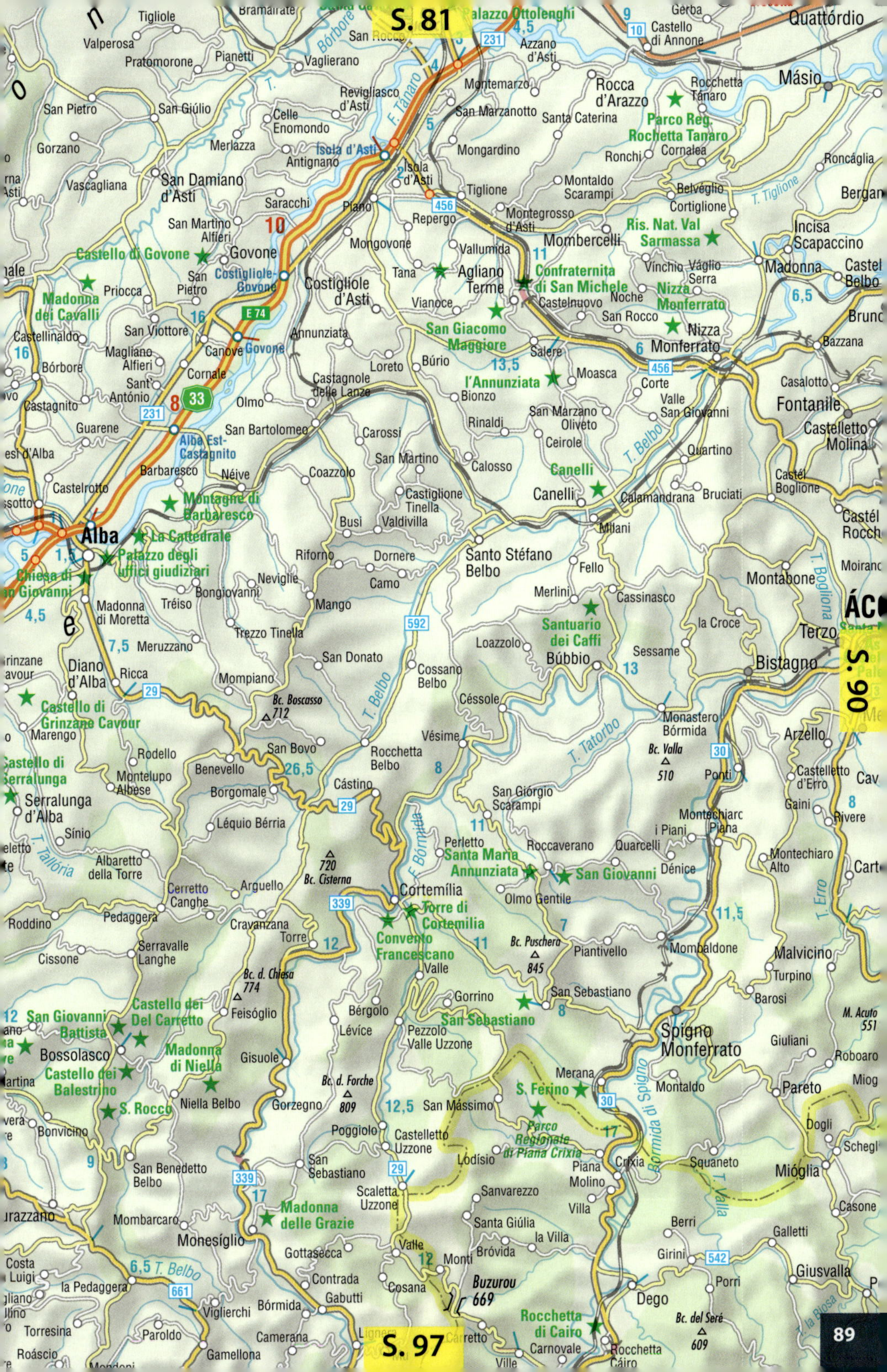
Tigliole
Valperosa
Pratomorone
Pianetti
Vaglierano
San Rocco
Palazzo Ottolenghi
Azzano d'Asti
Castello di Annone
Gerba
Quattórdio
Revigliasco d'Asti
Montemarzo
Rocca d'Arazzo
Rocchetta Tánaro
Másio
San Pietro
San Giúlio
Celle Enomondo
San Marzanotto
Santa Caterina
Parco Reg. Rocchetta Tanaro
Gorzano
Merlazza
Isola d'Asti
Mongardino
Ronchi
Cornalea
Roncáglia
Antignano
San Damiano d'Asti
Vascagliana
Isola d'Asti
Tigliole
Montaldo Scarampi
Belvéglio
Cortiglione
T. Tiglione
Bergan
Saracchi
Piano
Repergo
Montegrosso d'Asti
San Martino Alfieri
Mongovone
Vallumida
Mombercelli
Ris. Nat. Val Sarmassa
Incisa Scapaccino
Castello di Govone
Govone
Tana
Agliano Terme
Confraternita di San Michele
Vínchio
Váglio Serra
Madonna
Castel Belbo
Madonna dei Cavalli
Priocca
San Pietro
Costigliole-Govone
Costigliole d'Asti
Vianoce
Castelnuovo
Noche
Nizza Monferrato
San Rocco
San Viottore
Annunziata
San Giacomo Maggiore
Nizza Monferrato
Castellinaldo
Magliano Alfieri
Canove
Govone
Salere
Bazzana
Bórbore
Sant'António
Cornale
Loreto
Búrio
Moasca
Corte
Casalotto
Castagnito
Castagnole delle Lanze
l'Annunziata
Valle San Giovanni
Fontanile
Olmo
Bionzo
San Marzano Oliveto
Guarene
San Bartolomeo
Carossi
Rinaldi
Castelletto Molina
Alba Est-Castagnito
Ceirole
T. Belbo
Quartino
Barbaresco
Coazzolo
San Martino
Calosso
Canelli
Castél Boglione
Castelrotto
Néive
Montagne di Barbaresco
Castiglione Tinella
Canelli
Calamandrana
Bruciati
Busi
Valdivilla
Milani
Castél Rocch
Alba
La Cattedrale
Palazzo degli uffici giudiziari
Riforno
Dornere
Santo Stéfano Belbo
Moirano
Chiesa di San Giovanni
Neviglie
Camo
Fello
Montabone
Bongiovanni
Merlini
Cassinasco
Madonna di Moretta
Tréiso
Mango
Santuario dei Caffi
la Croce
Trezzo Tinella
Loazzolo
Terzo
Meruzzano
Búbbio
Sessame
Bistagno
Diano d'Alba
San Donato
Cossano Belbo
Ricca
Mompiano
Castello di Grinzane Cavour
Bc. Boscasso 712
T. Belbo
Céssole
Monastero Bórmida
Marengo
San Bovo
Vésime
Bc. Valla 510
Arzello
Rodello
Benevello
Rocchetta Belbo
T. Tatorbo
Ponti
Castelletto d'Erro
Castello di Serralunga
Montelupo Albese
Cástino
San Giórgio Scarampi
Gaini
Serralunga d'Alba
Borgomale
Montechiaro Piana
Rivere
Sínio
Léquio Bérria
i Piani
T. Talloria
Albaretto della Torre
720 Bc. Cisterna
Perletto
Roccaverano
Quarcelli
Montechiaro Alto
Santa Maria Annunziata
San Giovanni
Dénice
Cerretto Langhe
Arguello
Cortemília
Torre di Cortemilia
Olmo Gentile
T. Erro
Roddino
Pedaggera
Cravanzana
Torre
Convento Francescano
Bc. Puschera 845
Piantivello
Mombaldone
Malvicino
Cissone
Serravalle Langhe
Valle
Turpino
Bc. d. Chiesa 774
Gorrino
San Sebastiano
Barosi
San Giovanni Battista
Castello dei Del Carretto
Feisóglio
Bérgolo
San Sebastiano
Spigno Monferrato
M. Acuto 551
Lévice
Pezzolo Valle Uzzone
Giuliani
Bossolasco
Madonna di Niella
Gisuole
Merana
Roboaro
Castello dei Balestrino
Bc. d. Forche 809
S. Ferino
Montaldo
Pareto
Niella Belbo
Gorzegno
San Mássimo
Miog
S. Rocco
Poggiolo
Parco Regionale di Piana Crixia
Bormida di Spigno
Dogli
Bonvicino
Castelletto Uzzone
Lodísio
Crixia
Squaneto
Schegl
San Benedetto Belbo
San Sebastiano
Piana Molino
Mióglia
Scaletta Uzzone
Sanvarezzo
T. Valla
Madonna delle Grazie
Villa
Casone
Mombarcaro
Santa Giúlia
Berri
Monesíglio
Valle
la Villa
Galletti
Gottasecca
Bróvida
Monti
Girini
Costa Luigi
T. Belbo
Contrada
Buzurou 669
Porri
Giusvalla
la Pedaggera
Cosana
Dego
Viglierchi
Bórmida
Gabutti
Rocchetta di Cairo
Bc. del Seré 609
Torresina
Paroldo
Camerana
Carretto
Carnovale
Roáscio
Gamellona
Ville
Rocchetta Cáiro
T. la Bosa

S. 90

S. 97

S. 82

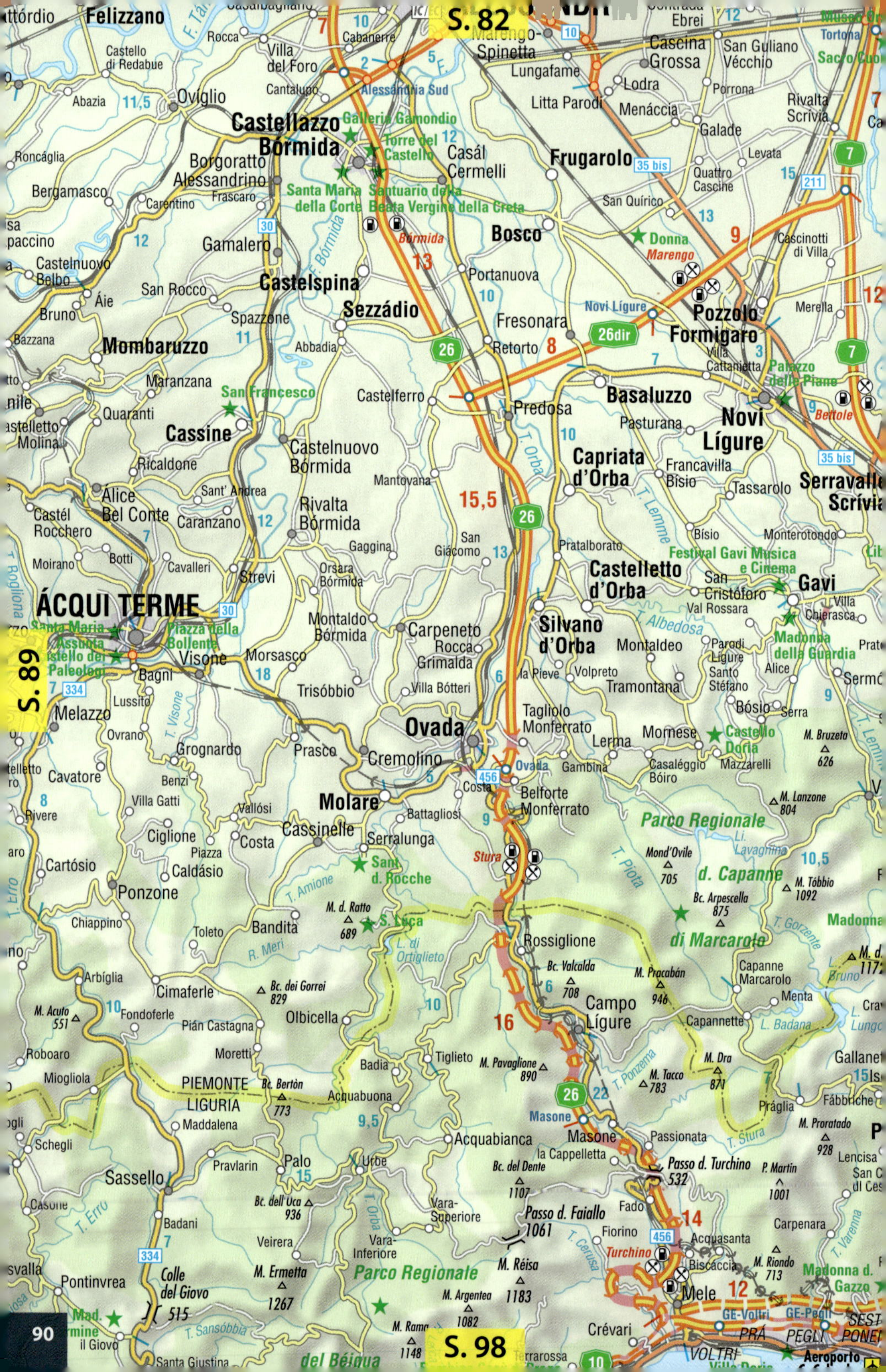
Felizzano
Castello di Redabue
Rocca
Villa del Foro
Cabanerre
Marengo-Spinetta
Lungafame
Cascina Grossa
Ebrei
San Guliano Vècchio
Tortona
Abazia
Oviglio
Cantalupo
Alessandria Sud
Litta Parodi
Lodra
Menàccia
Porrona
Rivalta Scrivia
Castellazzo Bórmida
Galleria Gamondio
Torre del Castello
Santa Maria della Corte
Santuario della Beata Vergine della Creta
Casál Cermelli
Frugarolo
Galade
Levata
Quattro Cascine
Roncáglia
Bergamasco
Borgoratto Alessandrino
Carentino
Frascaro
San Quírico
Gamalero
Bórmida
Bosco
Donna
Marengo
Cascinotti di Villa
Castelnuovo Belbo
Áie
San Rocco
Castelspina
Sezzádio
Portanuova
Novi Lígure
Pozzolo Formigaro
Merella
Bruno
Spazzone
Fresonara
Retorto
Bazzana
Mombaruzzo
Abbadia
Villa Cattaneo
Palazzo delle Piane
Maranzana
San Francesco
Castelferro
Predosa
Basaluzzo
Pasturana
Bettole
Quaranti
Cassine
Castelnuovo Bórmida
Capriata d'Orba
Francavilla Bisio
Tassarolo
Serravalle Scrivia
Ricaldone
Mantovana
Alice Bel Conte
Sant' Andrea
Rivalta Bórmida
Castél Rocchero
Caranzano
San Giácomo
Pratalborato
Bísio
Monterotondo
Moirano
Botti
Cavalleri
Gaggina
Festival Gavi Musica e Cinema
Strevi
Orsara Bórmida
Castelletto d'Orba
San Cristóforo
Gavi
Val Rossara
Villa
Chierasca
ÁCQUI TERME
Santa Maria Assunta
Castello dei Paleologi
Piazza della Bollente
Montaldo Bórmida
Carpeneto
Rocca Grimalda
Silvano d'Orba
Montaldeo
Parodi Lígure
Madonna della Guardia
Visone
Morsasco
T. Albedosa
Bagni
Villa Bótteri
la Pieve
Volpreto
Tramontana
Santo Stéfano
Alice
Melazzo
Lussito
Trisóbbio
Ovada
Tagliolo Monferrato
Bósio
Serra
Ovrano
Grognardo
Prasco
Cremolino
Lerma
Mornese
Castello Doria
M. Bruzeta 626
Cavatore
Benzi
Costa
Gambina
Casaléggio Bóiro
Mazzarelli
Molare
Belforte Monferrato
M. Lanzone 804
Rivere
Villa Gatti
Vallósi
Battagliosi
Parco Regionale
Cassinelle
Serralunga
Stura
Ciglione
Piazza Caldásio
Sant d. Rocche
Mond'Ovile 705
d. Capanne
M. Tóbbio 1092
Cartósio
Ponzone
T. Amione
M. d. Ratto 689
S. Luca
Bc. Arpescella 875
Chiappino
Toleto
Bandita
L. di Ortiglieto
Rossiglione
di Marcarolo
Madonna
R. Meri
Bc. Valcalda 708
M. Pracabán 946
Capanne Marcarolo
Arbíglia
Bc. dei Gorrei 829
Cimaferle
Campo Lígure
Menta
M. Acuto 551
Fondoferle
Pián Castagna
Olbicella
Capannette
L. Badana
Roboaro
Moretti
Tiglieto
Badia
M. Pavaglione 890
M. Dra 871
M. Tacco 783
Gallaneto
Miogliola
PIEMONTE
LIGURIA
Bc. Bertòn 773
Acquabuona
Masone
Fábbriche
Práglia
Maddalena
M. Proratado 928
Schegli
Acquabianca
Passionata
T. Stura
Lencisa
Sassello
Pravlarin
Palo
Urbe
la Cappelletta
Passo d. Turchino 532
Bc. del Dente 1107
P. Martin 1001
Casone
Badani
Bc. dell Uca 936
Vara-Superiore
Passo d. Faiallo 1061
Fado
Veirera
Vara-Inferiore
Fiorino
Turchino
Acquasanta
Carpenara
M. Ermetta 1267
Parco Regionale
M. Réisa 1183
Biscáccia
M. Riondo 713
Madonna d. Gazzo
Pontinvrea
Colle del Giovo 515
M. Argentea 1082
Mele
GE-Voltri
GE-Pegli
Mad. ... rmine
il Giovo
T. Sansóbbia
M. Rama 1148
Crévari
PRÁ
PEGLI
VOLTRI
Aeroporto
Santa Giustina
del Béigua

S. 89

S. 98

S. 83

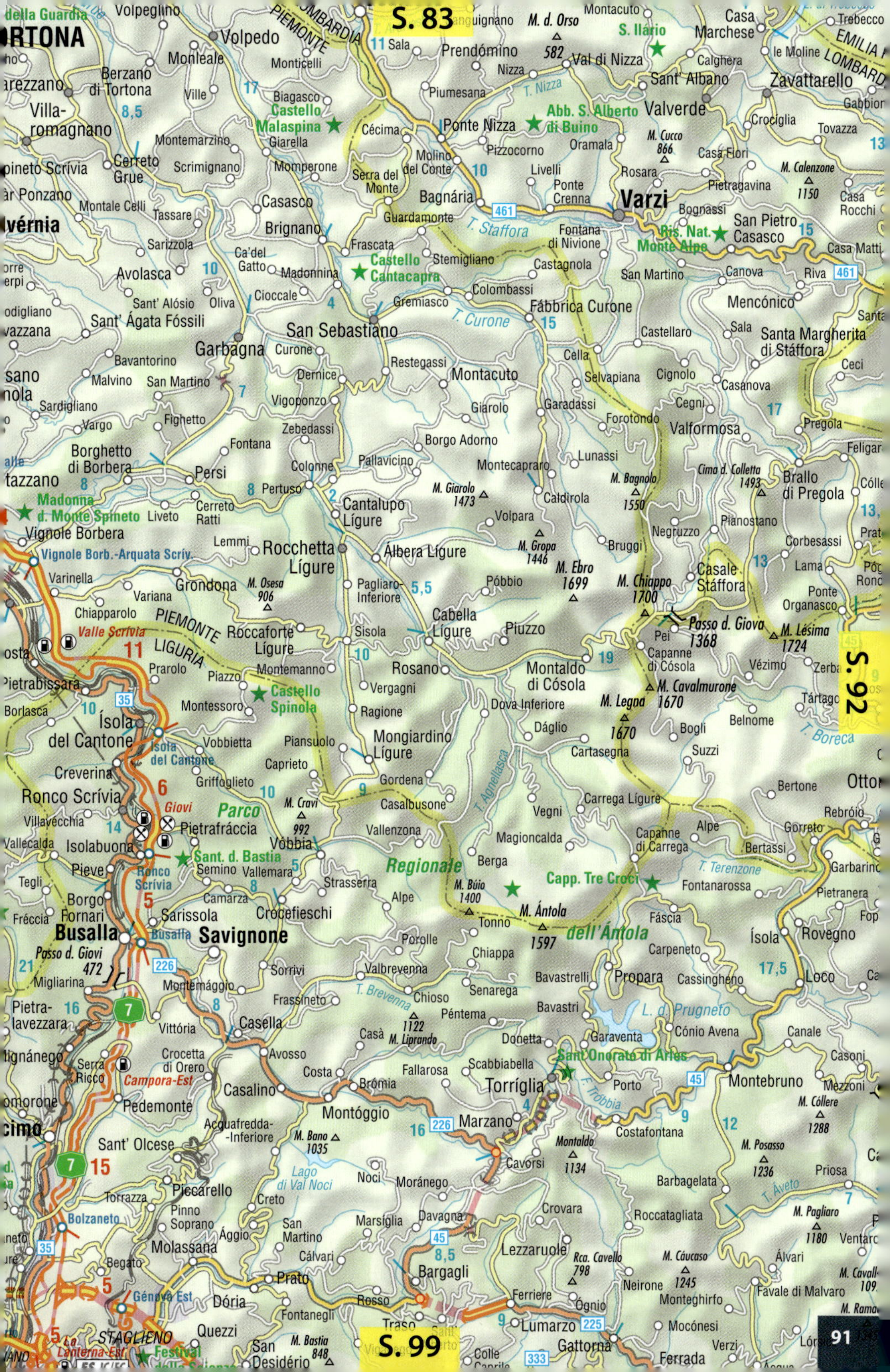

Tortona
Volpeglino
Volpedo
Monleale
Berzano di Tortona
Villaromagnano
Piemonte
Lombardia
Sala
Prendómino
M. d. Orso 582
Montacuto
S. Ilário
Casa Marchese
Trebecco
Emilia
Nizza
Val di Nizza
Calghera
le Moline
Sant' Albano
Zavattarello
Monticelli
Biagasco
Castello Malaspina
Piumesana
T. Nizza
Ponte Nizza
Abb. S. Alberto di Buino
Valverde
Gabbiona
Crociglia
Tovazza
Cécima
Giarella
Montemarzino
Cerreto Grue
Pineto Scrívia
Scrimignano
Momperone
Serra del Monte
Molino del Conte
Pizzocorno
Oramala
M. Cucco 866
Casa Flori
M. Calenzone 1150
Livelli
Rosara
Pietragavina
Ponte Crenna
Varzi
Casa Rocchi
Bognassi
San Pietro Casasco
Ris. Nat. Monte Alpe
Fontana di Nivione
T. Staffora
Casa Matti
Bagnária
Guardamonte
Montale Celli
Tassare
Casasco
Brignano
Frascata
Castello Cantacapra
Stemigliano
Castagnola
San Martino
Canova
Riva
Avolasca
Sarizzola
Ca'del Gatto
Madonnina
Cioccale
Gremiasco
Colombassi
Mencónico
Sant' Alósio
Oliva
Sant' Ágata Fóssili
T. Curone
Fábbrica Curone
Sala
Santa Margherita di Stáffora
Castellaro
San Sebastiano
Curone
Garbagna
Bavantorino
Restegassi
Montacuto
Cella
Selvapiana
Cignoli
Casanova
Ceci
Malvino
San Martino
Dernice
Vigoponzo
Giarolo
Garadassi
Cegni
Sardigliano
Vargo
Fighetto
Zebedassi
Borgo Adorno
Forotondo
Valformosa
Pregola
Borghetto di Borbera
Fontana
Persi
Colonne
Pallavicino
Montecapraro
Lunassi
Cima d. Colletta 1493
Brallo di Pregola
Feligara
Stazzano
Pertuso
Cantalupo Lígure
M. Giarolo 1473
M. Bagnolo 1550
Caldirola
Madonna d. Monte Spineto
Liveto
Cerreto Ratti
Volpara
Negruzzo
Pianostano
Vignole Borbera
Lemmi
Rocchetta Lígure
Álbera Lígure
M. Gropa 1446
Bruggi
Corbesassi
Vignole Borb.-Arquata Scrív.
Lama
Varinella
Grondona
M. Osesa 906
Pagliaro-Inferiore
Póbbio
M. Ebro 1699
M. Chiappo 1700
Casale Stáffora
Ponte Organasco
Variana
Chiapparolo
Piemonte
Liguria
Roccaforte Lígure
Sisola
Cabella Lígure
Piuzzo
Passo d. Giova 1368
Pei
M. Lésima 1724
Valle Scrívia
Capanne di Cósola
Vézimo
Zerba
Prarolo
Montemanno
Rosano
Montaldo di Cósola
Pietrabissara
Piazzo
Castello Spinola
Vergagni
Dova Inferiore
M. Cavalmurone 1670
Borlasca
Montessoro
Ragione
M. Legna 1670
Tártago
Ísola del Cantone
Dáglio
Bogli
Belnome
T. Boreca
Vobbietta
Piansuolo
Mongiardino Lígure
Cartasegna
Suzzi
Creverina
Caprieto
Griffoglieto
Gordena
Bertone
Ottone
Ronco Scrívia
Giovi
Parco
M. Cravi 992
Casalbusone
T. Agnellasca
Vegni
Carrega Lígure
Rebróio
Villavécchia
Pietrafráccia
Vallenzona
Alpe
Gorreto
Vallecalda
Isolabuona
Vóbbia
Magioncalda
Capanne di Carrega
Bertassi
Pieve
Sant. d. Bastia
Semino
Vallemara
Berga
T. Terenzone
Garbarino
Regionale
Tegli
Camarza
Strasserra
M. Búio 1400
Capp. Tre Croci
Fontanarossa
Pietranera
Borgo Fornari
Croce-fieschi
Alpe
M. Ántola 1597
Fáscia
Fréccia
Busalla
Sarissola
Savignone
Tonno
dell'Ántola
Ísola
Rovegno
Passo d. Giovi 472
Porolle
Chiappa
Carpeneto
Sorrivi
Valbrevenna
Bavastrelli
Propara
Cassingheno
Loco
Migliarina
Montemággio
T. Brevenna
Senarega
Pietra-lavezzara
Frassineto
Chioso
Bavastri
L. d. Prugneto
Vittória
Casella
Pénteme
Cónio Avena
Canale
M. Liprando 1122
Casà
Donetta
Garaventa
Serra Riccò
Crocetta di Orero
Avosso
Sant' Onorato di Arles
Casoni
Campora-Est
Costa
Fallarosa
Scabbiabella
Montebruno
Mezzoni
Brómia
Torríglia
Porto
M. Cóllere 1288
Pedemonte
Casalino
Montóggio
F. Trébbia
Acquafredda-Inferiore
Marzano
Costafontana
Sant' Olcese
M. Bano 1035
Montaldo 1134
M. Posasso 1236
Cavorsi
Lago di Val Noci
Noci
Moránego
Barbagelata
Priosa
Piccarello
T. Áveto
Torrazza
Creto
Crovara
Roccatagliata
Bolzaneto
Pinno Soprano
Marsíglia
Davagna
M. Pagliaro 1180
Ventarola
San Martino
Lezzaruole
Molassana
Ággio
Cálvari
Rca. Cavallo 798
M. Cáucaso 1245
Álvari
Begato
Bargagli
Neirone
Favale di Malvaro
Prato
Genova Est
Dória
Monteghirfo
Rosso
Ferriere
Ógnio
Fontanegli
Staglieno
Lanterna-Est
Quezzi
Trasta
Lumarzo
Mocónesi
Verzi
Festival della Scienza
San Desidério
M. Bastia 848
Colle Caprile
Gattorna
Ferrada
Lórsica

S. 92

S. 99

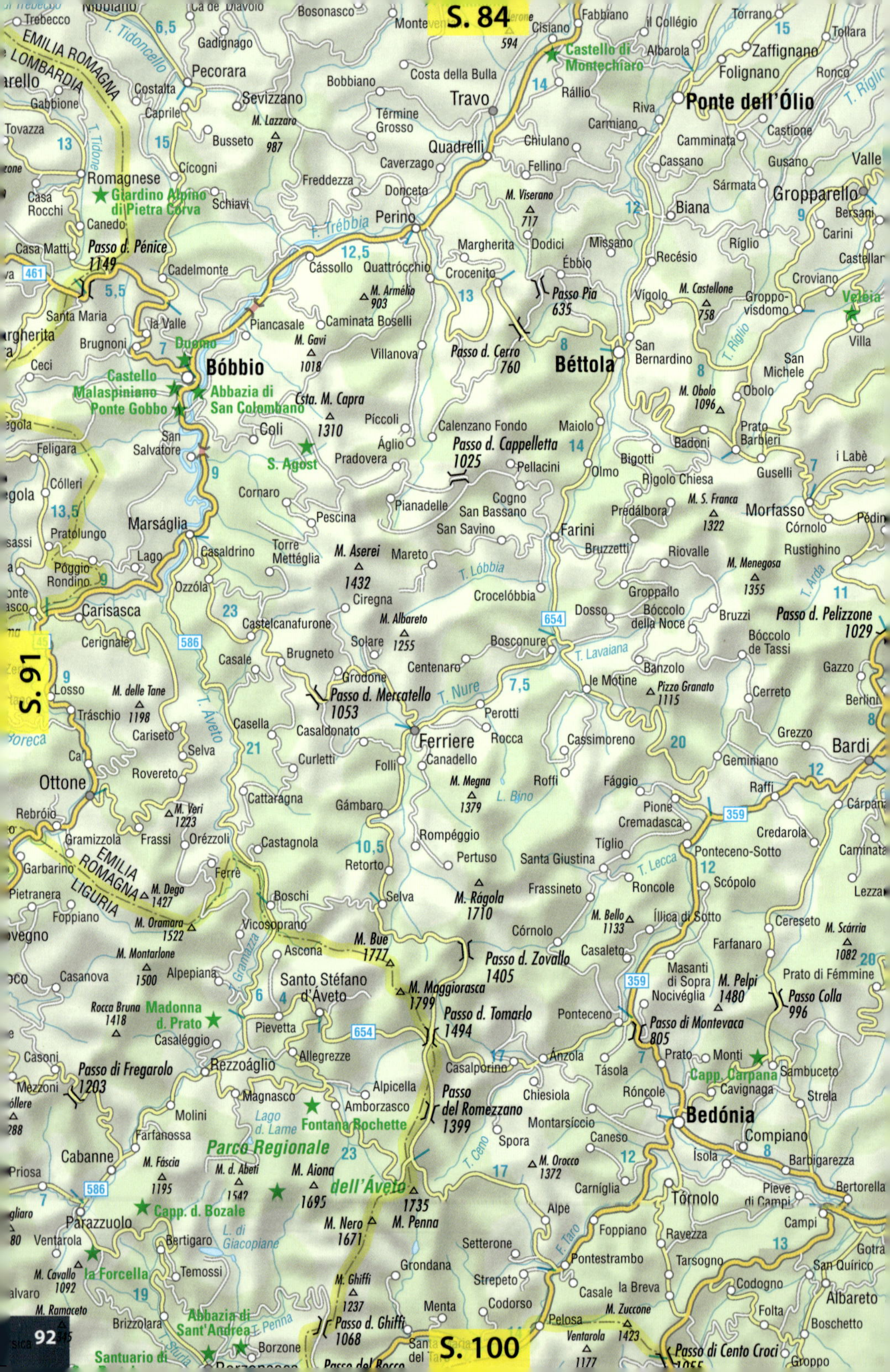
S. 84
S. 91
S. 100
EMILIA ROMAGNA
LOMBARDIA
LIGURIA
Trebecco
Nibbiano
Ca de Diavolo
Bosonasco
Montevenere
Fabbiano
il Collégio
Torrano
Tollara
Zaffignano
Gadignago
Pecorara
Costalta
Caprile
Sevizzano
Bobbiano
Costa della Bulla
Travo
Cisiano
594
Castello di Montechiaro
Albarola
Folignano
Roncò
Gabbione
Tovazza
T. Tidoncello
T. Tidone
Rállio
Riva
Ponte dell'Ólio
Términe Grosso
Quadrelli
Chiulano
Carmiano
Castione
Camminata
M. Lazzaro
987
Busseto
Cícogni
Romagnese
Casa Rocchi
Giardino Alpino di Pietra Corva
Schiavi
Caverzago
Fellino
Cassano
Gusano
Valle
Freddezza
Donceto
M. Viserano
717
Sármata
Gropparello
Bersani
Biana
Canedo
Casa Matti
Passo d. Pénice
1149
461
Cadelmonte
T. Trébbia
Perino
Cássolo
Quattrócchio
Margherita
Dodici
Missano
Ébbio
Recésio
Ríglio
Carini
Castellar
Croviano
Crocenito
M. Armélio
903
Passo Pia
635
M. Castellone
758
Vígolo
Groppo-visdomo
Veleia
Villa
Santa Maria
la Valle
Piancasale
Caminata Boselli
Brugnoni
Duomo
M. Gavi
1018
Villanova
Passo d. Cerro
760
Béttola
San Bernardino
T. Ríglio
San Michele
Ceci
Castello Malaspiniano
Ponte Gobbo
Bóbbio
Abbazia di San Colombano
Csta. M. Capra
1310
Píccoli
Áglio
Calenzano Fondo
Maiolo
M. Obolo
1096
Obolo
Prato Barbieri
Feligara
San Salvatore
Coli
S. Agost
Pradovera
Passo d. Cappelletta
1025
Pellacini
Olmo
Badoni
Bigotti
Rigolo Chiesa
Guselli
i Labè
Cólleri
Cornaro
Pianadelle
San Bassano
Cogno
Predálbora
M. S. Franca
1322
Morfasso
Córnolo
Pédina
Pratolungo
Marságlia
Pescina
San Savino
Farini
Bruzzetti
Riovalle
Rustighino
Lago
Casaldrino
Torre Mettéglia
M. Aserei
1432
Mareto
T. Lóbbia
M. Menegosa
1355
T. Arda
Póggio Rondino
Ozzóla
Ciregna
Crocelóbbia
Groppallo
Carisasca
Castelcanafurone
M. Albareto
1255
654
Dosso
Bóccolo della Noce
Bruzzi
Passo d. Pelizzone
1029
Cerignale
586
Casale
Brugneto
Solare
Centenaro
Bosconure
T. Lavaiana
Bóccolo de Tassi
Banzolo
Gazzo
Losso
M. delle Tane
1198
Grodone
Passo d. Mercatello
1053
T. Nure
le Motine
Pizzo Granato
1115
Cerreto
Berlini
Tráschio
Cariseto
T. Áveto
Casella
Casaldonato
Ferriere
Perotti
Rocca
Cassimoreno
Grezzo
Bardi
Boreca
Selva
Curletti
Folli
Canadello
Gemíniano
Ottone
Roveretto
Rebrόio
M. Megna
1379
L. Bino
Roffi
Fággio
Raffi
M. Veri
1223
Cattaragna
Gámbaro
Pione
Cremadasca
359
Cárpana
Credarola
Gramizzola
Frassi
Orézzoli
Castagnola
Rompéggio
Tíglio
Caminata
Garbarino
M. Dego
1427
Retorto
Pertuso
Santa Giustina
T. Lecca
Ponteceno-Sotto
Pietranera
Ferrè
Roncole
Scópolo
Lezzar
Foppiano
Boschi
M. Rágola
1710
Frassineto
M. Bello
1133
Íllica di Sotto
Cereseto
M. Scárria
1082
M. Oramara
1522
Vicosoprano
Selva
Córnolo
Farfanaro
M. Montarlone
1500
Ascona
M. Bue
1777
Passo d. Zovallo
1405
Casaleto
Masanti di Sopra
M. Pelpi
1480
Prato di Fémmine
Casanova
Alpepiana
T. Gramizza
Santo Stéfano d'Áveto
M. Maggiorasca
1799
Nocivéglia
Passo Colla
996
Rocca Bruna
1418
Madonna d. Prato
Pievetta
Passo d. Tomarlo
1494
Ponteceno
Passo di Montevacca
805
Caséléggio
Casoni
Allegrezze
Casalporino
Ánzola
Tásola
Prato
Monti
Sambuceto
Passo di Fregarolo
1203
Rezzoáglio
Alpicella
Passo del Romezzano
1399
Chiesiola
Cavignaga
Capp. Carpana
Strela
Mezzoni
Magnasco
Amborzasco
Róncole
Bedónia
Molini
Lago d. Lame
Fontana Rochette
Montarsíccio
Caneso
Compiano
Farfanossa
Parco Regionale dell'Áveto
Spora
T. Ceno
Ísola
Barbigarezza
Cabanne
M. Fáscia
1195
M. d. Abeti
1542
M. Aiona
1695
1735
M. Orocco
1372
Carníglia
Tórnolo
Bertorella
Priosa
Pieve di Campi
Parazzuolo
Capp. d. Bozale
M. Nero
1671
M. Penna
Alpe
Campi
Ventarola
Bertigaro
L. di Giacopiane
Setterone
Foppiano
Ravezza
Gotra
M. Cavallo
1092
la Forcella
Temossi
Grondana
Pontestrambo
Tarsogno
San Quírico
Strepeto
Casale
la Breva
Codogno
Albareto
M. Ramaceto
1345
Brizzolara
M. Ghiffi
1237
Codorso
Folta
Abbazia di Sant'Andrea
Passo d. Ghiffi
1068
Menta
Pelosa
M. Zuccone
1423
Boschetto
T. Penna
Santuario di
Borzone
Passo del Bocco
Santa Maria del Taro
Ventarola
1177
Passo di Cento Croci
Groppo

S. 85

Vigostano
Lusurasco
Rimale
Salsomaggiore
Cannétolo
Fontanellato
Albareto
Travazzano
Vigolo Marchese
San Rocchino
Castelnuovo Fogliani
Toccalmatto
Casalbarbato
Priorato
San Lorenzo
Duomo
Palazzo delle Orsoline
Salso
Castel l'Arquato
Palazzo del Podestà
Fornio
Fidenza
Fontevivo
Terme di Bacedasco
Parco Fluviale dello Stirone
Coduro
Parola
Sanguinaro
Bianconese
Fontane
Diolo
Chiavenna Rocchetta
Bacedasco
Lodesana
Cabriolo
Santa Margherita
Ponte Recchio
Castelguelfo
Lugagnano Val d'Arda
Costa Stradivari
Salsomaggiore Terme
Borghetto
Galvana
San Giorgio
Castello di Vigoleno
Vigoleno
Terme Berzieri
Tabiano Bagni
Cogolónchio
Noceto
Vernasca
Mazzaschi
Congelásio
Monte Germino 369
Tabiano
Pieve di Cusignano
Costa Pavesi
Monte Póggiolàccio 501
Trinità
Faieto
Piè di Via
Ranca
Forlano
Grotta
Monte Predella 471
Dignini
Silvani
Pontegrosso
Zerbini
Monte Canate 853
San Vittore
T. Récchio
Cornaccina
Póggio
Lago di Mignano
Monte Mezzano 958
Besózzola
Íggio
Sant'António
Pasquali
Varano d. Marchesi
Santa Lucia
Medesano
Bravi
T. Stirone
Pellegrino Parmense
Monte Inverno 559
Miano
Giarola
Ponte Sc
Visiano
Felegara
Gaiano
Case Luneto
Castellaro
Case d'Asta
Montesalso
Rocca-lanzona
Sant'Andrea Bagni
Bore
Fiori
Pratogrande
Monte S. Cristina 963
Rocca Lanzona 497
Ozzano Taro
Rocca
Metti
Rovina
Scarampi
Varano de'Melegari
Ramiola
Fornovo
Riccò
Maiático
Monte Craviago 777
Maneia
Viazzano
Fornovo di Taro
Carameto 318
Villora
Golaso
Vianino
Serravalle
Rubbiano
Bazzini
T. Ceno
Siso
Respíccio
San Michele de' Gatti
Casabianca Casanova
Tognoni
514 Pgio. Stradella
Marena
Fósio
Piantónia
Neviano de'Rossi
Varsi
Roncolongo
Límido
Monte Dosso 1245
Spécchio Lagadello
M. Prinzera 736
Rocca
Oriano
Bóio
Boschi di Bardone
Sivizzano
Tordenaso
Tosca
Sgui
Citerna
Masereto
Prelerna
Selva del Bocchetto
Bardone
Péssola
Lesignano Pálmia
Marzolara
Bianchi
Castelliere Ombria
Monte Barigazzo 1284
Bottione
Solignano
Corniana
Terenzo
Borsano
Monte Sporno 1058
Riano
Goiano
Calestano
Pianelleto
Costadásino Lennova
Selva Grossa
Monte Cássio 1022
M. Croce 945
Castello di Cásola
Pranello
Fragno
Pieve Gusalíggio
Cássio
Ravarano
Canesano
Cozzano
T. Mózzola
Borgotaro
Monte Gallinara 747
Vigolone
Monte la Tagliata 1231
Mormorola
Pagazzano
Chiastre
Monte Vitello 1052
Martano
Valmózzola
Monte Montagnana 1312
Monte Arsone 1176
Branzone
F. Taro
Castellónchio
Casaselvática
Monte Cavalcalupo 1370
Tre Rii
Signático
la Strada
Ghiare
Lózzola
Monte Marina 990
Boschi
Testanello
Caffaráccia
Roccamurata
Groppo San Giovanni
Rocca-prebalza
Reno
Tiédoli
Fugazzolo-di Sopra
M. Cervellino 1492
Pugnétolo
T. Parma
Cásola
San Pietro
Véstola
Belforte
Berceto
Maestà di Graiana
Petrignácola
Caróbbio
Musiara-Superiore
Musiara-Inferiore
Costerbosa
Córchia
Monte Binaghe 1159
Monte Polo 1419
Graiana
Miano
Borgo
Valbona
Tugo
Roccaferrara
Groppizioso
Passo della Cisa 1039
Passo della Sillara 1250
Maestà Fegna
Lago
Corníglio
Monte Cáio 1580
Schia
Passo del Brattello 953
Monte Molinático 1549
Passo del Righedo 973
Marra
Sivizzo
M. Aguzzo 1324
Lalatta
Bratto
Gravagna
Monte Borgognone 1401
Polita
Bellásola
Trevignano
Valdena
Monte Cucco 1127
Bráia
Montelungo
Passo di Cirone 1255
Bosco
Montebello
Zibana
Passo di Ticchiano 1154
Romagna
Polina
Molinello
Sesta Inferiore
Gramática
Monti
Gróndola
Groppodalósio
Riana
T. Cedra

S. 101

S. 86
FolyMaps Touring Atlas Französische Alpen
Barcelonnette
Faucon-Barcelonnette
les Davids
l'Ubac
la Chalannette
le Villard-de-Faucon
le Rochas
Cascade le Rochas
Enchastrayes
le Sauze
Super-Sauze
le Pis
Tête de l'Empeloutier
2820
Mgne. de l'Alpe
2653
le Mourre-Haut
2872
Tête Dure
2694
le Chevalier
2886
le Restefond
2794
Station le Sauze
Chapeau de Gendarme
2685
N.-D. de Très Haut
Col de la Bonette
2715
Cime de la Bonette
2862
Camp-des-Fourches
Bousiéyas
le Pra
D 64
Bachelard
St-Laurent
les Longs
Ref. de Bayasse
Bayasse
Tête de Glaudors
2630
le Cimet
3020
Parc
Ref. de la Cayolle
Mont Pelat
3051
Col de la Cayolle
2327
Mt. Gros Serre de la Braisse
2748
St-Dalmas-le-Selvage
Jalorgues
Tête de Fer
2885
Maddalena
Cascade de Fer
Argentera
Tête de l'Enchastraye
2955
Rocher des 3 Évêques
2868
F. Stura di Demonte
Bersézio
Ferrere
M. Cassorso
2776
Rocca la Méia
2831
M. Oserot
2780
M. Giordano
2766
Col d. V
Pontebernardo
Pietrapórzio
Samb
ITALIA
FRANCE
Ref. de Vens
Rifugio Talarico
Lac de Vens
Cascade de Vens
M. Vallonet
2942
Vallone del Piz
M. Vàccia
2472
Rifugio Zanotti
Vallone Ischiator
Besmorell
M. Tébibre
3031
Ref. de Rabuons
Cima di Corborant
3007
Rifugio Migliorero
Bagni di Vin
San Bernolfo
Callieri
S. Bernolfo
L. de Rabuons
Couvent des Trinitaires
St-Étienne-de-Tinée
Cime de la Bercia
2274
Chapelle St-Maur
Auron
le Bourguet
Douans
Cime de Colle Longue
2759
Santuár di Sant'Ann
Lac d'Allos
Lac d'Allos
Pointe Côte de l'Ane
2916
National
du
Mt. Triboulet
2578
las Donnas
2474
D 2205
Roya
la Blache
Isola
Cascade de Louch
Tinée
St-Jean
Chapelle St-Sébastien
Entraunes
Col des Champs
Cime de l'Aspre
2468
Mt. Rougnous
2673
Montagne de l'Alp
Mercantour
Tête de Varelios
2456
2817
Mont Mounier
Chastelonnette
Somt. de la Fréma
2747
St-Barnabé
St-Martin-d'Entraunes
Tête de Méric
2048
Rochers de Valabre
Ref. de Longon
Vignols
Forêt de la Frache
les Annous
Châteauneuf-d'Entraunes
Bouchanières
Villeneuve-d'Entraunes
Péone
les Amignons
Château de Guillaumes
Valberg
Chapelle St-Sébastien
Roubion
Roure
le Grd. Coyer
2693
Guillaumes
Croix de Valberg
Tuébi
les Launes
Beuil
Villar
Mt. St-Honorat
2517
Villetale
N.-D.-du-Buyei
Cime de Courbaissa
2065
Cime du Raton
2055
Tête du Pommier
1912
1991
Lauvet d'Ilonse
le Ruch
2100
Tête de Travers
2159
Rioul
Villeplane
Georges de Daluis
Dôme de Barrot
2137
les Cluots
2105
Forêt de la Palu
Tête de Rigaud
1906
Gorges Supérieures du Cians
Pierlas
1789
le Mont
Ilonse
Daluis
Tête de Pibossan
1618
la Méléa
1716
Coulomp
Sausses
Léouve
Castellet-les-Sausses
St-Léger
Var
Lieuche
Braux
Enriez
Auvare
Mt. Mairola
1601
Rigaud
Thiéry
Forêt de Villars
Pont de Gueydan
Agnerc-Bas
le Villars
la Croix-sur-Roudoule
la Madone
Annot
St-Benoît
Gorges de la Roudoule
Puget-Rostang
Georges Inférieures du Cians
1430
1227
Mt. Ragias
Scaffarels
Citadelle
Entrevaux
D 4202
D 6202
Pont de la Reine Jeanne
Puget-Théniers

S. 87

Castelmagno
Pradlèves
Caráglio
Santi Pietro e Paolo
Santa Maria Assunta
Valgrana
Monterosso Grana
Cavaliggi
Rua Bernardo
San Bernardo
Villa Oldofredi Tadini
Confreria
Museo Civico
Chiesa San Francesco
Bisalta
Campomolino
Chiappi
Santuario di San Magno
M. Viridio 2498
M. Bram 2357
Istíria
Villa San Pietro
Saretto
Frise
Figliere
San Matteo
Bernezzo
Cervasca
San Michele
Santa Lucia
Sant'Anna
Gorrè
Rittana
San Máuro
Vignolo
San Rocco Castagnaretta
Vallone dell'Arma
San Giácomo
Trinità
San Maurízio
Beccas d.Mezzodì 1931
Mad. d'Enrouvel
Caricatore
Chiotti
Valloriate
Airale
Castelletto
Roccasparvera
Gaiola
Cripta dell'Abbazia di San Dalmazzo di Pedona
Fontanelle
Neraissa
Aisone
Fédio
Demonte
Cornaletto
Colli
Serre
Pianetto
Moiola
Borgo San Dalmazzo
Madonna del Monserrato
San Dalmazzo
Bóves
Vinádio
Forani
Perdioni
Goletta
F. Stura di Demonte
San Antonio
Roccavione
Pratolungo
Forte Albertino
M. Ciapèl 1630
Cma. Cialáncia 1885
Festiona
Riserva Naturale di Juniperus Phoenicea
Andonno
Tetto Piano
Brígnola
Robilante
San Bernardo
San Giácomo
Vallone della Valletta
Vallone di Sant'Anna
Vallone di Rio Freddo
Madonna del Colletto
Valdieri
Tetto Chiappello
Snive
Valle Vermenagna
M. Bourel 2468
Cima Górgia Cagna 2718
San Bernardo
Roáschia
Parco
Sant'Anna di Valdieri
San Lorenzo
P. Maladécia 2745
Sottano
Soprano
Laghi d. Sella
Rifugio Bianco
Entrácque
Vernante
Dogana
Rca. d. Paùr 2972
Santa Lucia
Monte Sapè 1867
Ghiacciaio M. Matto
M. Matto 3097
Cma. d. Lausetto 2687
Santa Lucia
Col de la Lombarde 2351
Terme di Valdieri
T. Gesso d. Valletta
Naturale
Ponte delle Rovine
L. d. Piastra
T. Bousset
Trinità
Monte Bussáia 2451
Folchi
Valle Grande
M. Malinvern 2939
Lago d. Claus
Giardino Botanico Alpino di Valderia
Isola 2000
Lago d. Portette
Cima di Argentera 3297
Vallone di Rovina
Palanfrè
Riserva Nat. Reg. del Bosco e dei Laghi di Palanfrè
Limone Piemonte
Rifugio Remondino
San Giácomo di Entraque
delle
M. St-Sauveur 2711
Mollières
Lac Nègre
Cima di Fremamorta 2731
Diga del Chiotas
Lago di Rovina
Rifugio Genova
Lago Brocàn
Monte Carbonè 2873
Cma. di Mercantour 2775
Alpi
Marittime
Col de Tende 1871
Rca. d. Abisso 2755
Fort Central
Fort de Giaure
Col de Salèse
Vallon de Salèse
Ref. de la Cougourde
ITALIA
FRANCE
Cma. d. Gélas 3146
M. Clapier 3045
Lac de l'Agnel
Valmasque
Mt. Giraud 2606
Mt. Pépouiri 2674
le Boréon
Cascade de Boréon
Lac Long
Ref. de Nice
Lac Vert
Lac Noir
Casterino
Viévola
Cime du Piagu 2338
Baus de la Frema 2250
Madonne-de-Fenestre
Vallon de la Madone de Fenestre
Mt. Néglier 2785
Lac du Basto
Cascade Long
Chapelle St-Sauveur
Valdeblore (la Bolline)
la Roche
Vésubie
Chapelle Ste-Marie
Mt. Bégo 2872
Vallée des Merveilles
Gravures Rupestres
Lac Long Sup.
Lac des Mesches
D 2565
St-Dalmas
St-Martin-Vésubie
Cime de la Valette 2496
Vallon de la Minière
Cime de la Nauque 2208
Mt. Viroulet 1869
le Sueil
Rigons
Venanson
Berthemont-les-Bains
la Lauze
2685
Cime du Diable
Lac de la Moute
2414
Marie
Mt. Chalanche 2098
Libaret
Parc National du Mercantour
Granile
Bergue Sup.
Bergue Inf.
Pointe de Serenton 1839
Mt. Tournairet 2085
Roquebillière
Belvédère
Gordolasque
Mt. Péla 1519
Cime de Tuor 2149
Cime de Coss 1677
Chapelle St-Michel
Clans
Forêt de Clans
Granges-de-la-Brasque
Pointe des Trois Communes
Fontan
Saorge
Mt. Mangiarde 1623
Ciabanette
la Bollène-Vésubie
Planquette
Cayros
Maurioun
Forêt de Caïros
Pont-de-Clans
Cime de Bellegarde
les Combes
1787
Col de Turini
Cime de Suorcas
Gorges de Saorge
Roussillon
Lantosque
Ste-Anne

S. 96

S. 88

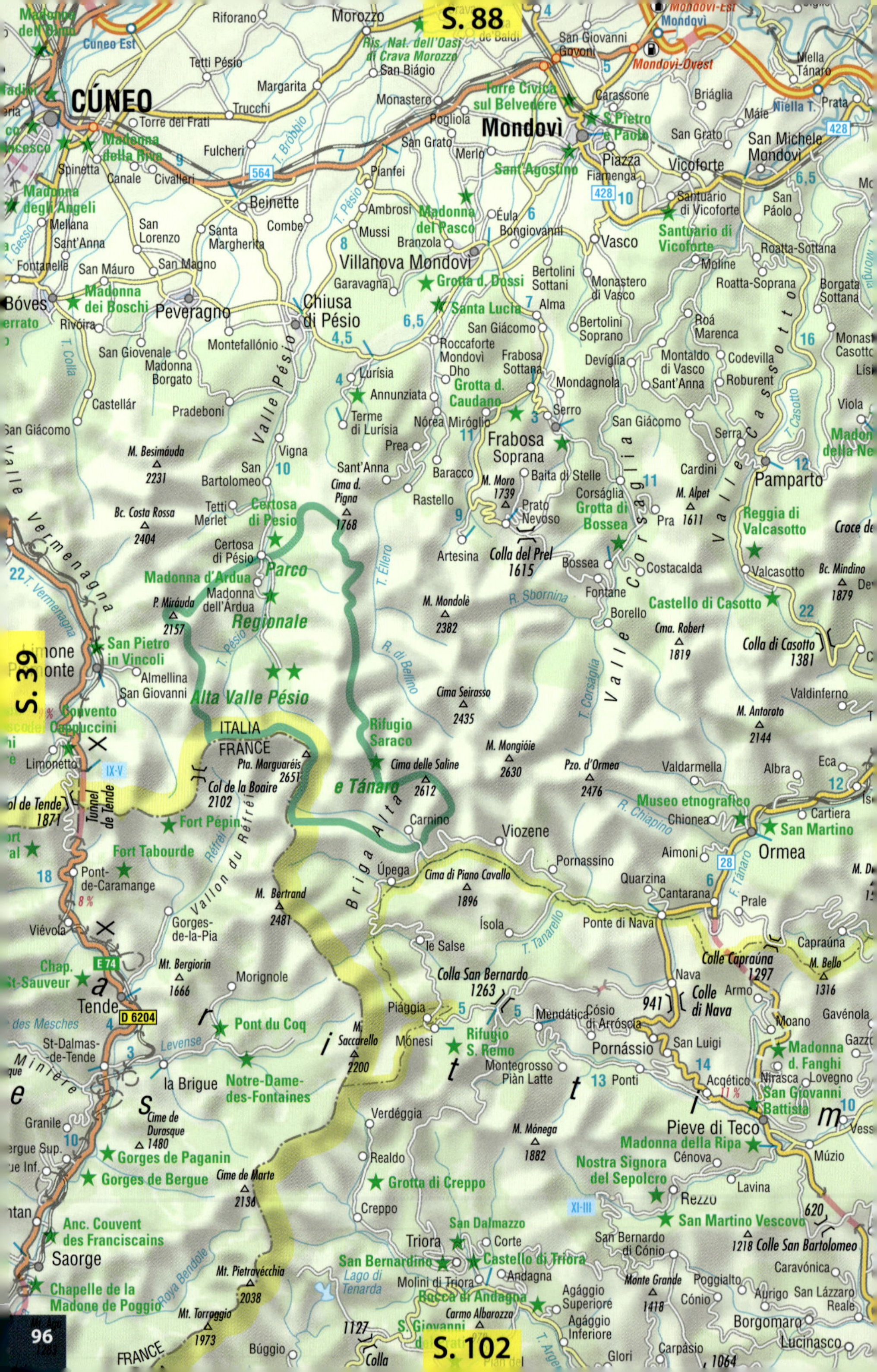
CÚNEO
Cuneo Est
Madonna dell'Olmo
Rifforano
Morozzo
Ris. Nat. dell'Oasi di Crava Morozzo
San Biágio
San Giovanni Govoni
Mondovì-Est
Mondovì
Mondovì-Ovest
Niella Tánaro
Tetti Pésio
Margarita
Monastero
Torre Civica sul Belvedere
Carassone
Bríaglia
Niella T.
Prata
Trucchi
Torre dei Frati
Pogliola
Mondovì
S. Pietro e Paolo
Máie
San Grato
San Michele Mondovì
Madonna della Riva
Fulcheri
T. Bróbbio
San Grato
Merlo
Sant'Agostino
Piazza
Vicoforte
Spinetta
Canale
Civalleri
Pianfei
Fiamenga
Madonna degli Angeli
Beinette
T. Pésio
Ambrosi
Madonna del Pasco
Éula
Santuário di Vicoforte
San Páolo
Mellana
San Lorenzo
Santa Margherita
Combe
Mussi
Bongiovanni
Santuario di Vicoforte
Sant'Anna
Branzola
Vasco
Moline
Roatta-Sottana
T. Gesso
Fontanelle
San Máuro
San Magno
Villanova Mondovì
Bertolini Sottani
Roatta-Soprana
Borgata Sottana
Madonna dei Boschi
Garavagna
Grotta d. Dossi
Monastero di Vasco
Bóves
Peveragno
Chiusa di Pésio
Santa Lucia
Alma
Rivóira
San Giácomo
Bertolini Soprano
Roá Marenca
T. Colla
Montefallónio
Roccaforte Mondovì
San Giovenale
Madonna Borgato
Dho
Frabosa Sottana
Devíglia
Montaldo di Vasco
Codevilla
Lurísia
Grotta d. Caudano
Mondagnola
Sant'Anna
Roburent
Annunziata
Castellár
Pradeboni
Terme di Lurísia
Nórea
Miróglio
Serro
San Giácomo
Serra
Viola
San Giácomo
Valle Pésio
Prea
Frabosa Soprana
Pamparto
M. Besimáuda 2231
San Bartolomeo
Vigna
Sant'Anna
Baracco
Baita di Stelle
Cardini
Valle Vermenagna
Cima d. Pigna 1768
M. Moro 1739
Corságlia
M. Alpet 1611
Reggia di Valcasotto
Bc. Costa Rossa 2404
Tetti Merlet
Certosa di Pesio
Rastello
Prato Nevoso
Grotta di Bossea
Pra
Croce di
Certosa di Pésio
Artesina
Colla del Prel 1615
Bossea
Costacalda
Valcasotto
Bc. Mindino 1879
T. Vermenagna
Madonna d'Ardua
Parco
T. Éllero
R. Sbornina
Fontane
Madonna dell'Ardua
M. Mondolè 2382
Castello di Casotto
Borello
P. Miráuda 2157
Regionale
Cma. Robert 1819
Colla di Casotto 1381
Limone Piemonte
San Pietro in Vincoli
R. di Bellino
Valle Corságlia
T. Corságlia
Valle Casotto
T. Casotto
Almellina
San Giovanni
Alta Valle Pésio
Cima Seirasso 2435
Valdinferno
Convento Cappuccini
Rifugio Saraco
M. Antoroto 2144
ITALIA
FRANCE
M. Mongióie 2630
Limonetto
Pta. Marguaréis 2651
Cima delle Saline 2612
Pzo. d'Ormea 2476
Valdarmella
Albra
Eca
Col de Tende 1871
Tunnel de Tende
Col de la Boaire 2102
e Tánaro
Museo etnografico
Chionea
Cartiera
San Martino
R. Chiapino
Fort Pépin
Carnino
Viozene
Aimoni
Ormea
Fort Tabourde
Vallon du Réfréi
Úpega
Cima di Piano Cavallo 1896
Pornassino
Quarzina
Pont-de-Caramange
Briga Alta
Cantarana
Prale
M. Bertrand 2481
Ísola
T. Tanarello
Ponte di Nava
Capraúna
Viévola
Gorges-de-la-Pia
le Salse
Colle Capraúna 1297
M. Bello 1316
Chap. St-Sauveur
Mt. Bergiorin 1666
Morignole
Colla San Bernardo 1263
Nava
Colle di Nava
Armo
Tende
Piággia
Mendática
Cósio di Arróscia
941
Moano
Gavénola
St-Dalmas-de-Tende
Pont du Coq
Rifugio S. Remo
M. Saccarello 2200
Mónesi
Pornássio
San Luigi
Madonna d. Fanghi
Levense
Montegrosso Pian Latte
Ponti
Acquético
Nirasca
Lovegno
la Brigue
Notre-Dame-des-Fontaines
San Giovanni Battista
Cime de Durasque 1480
Verdéggia
M. Mónega 1882
Pieve di Teco
Granile
Madonna della Ripa
Gorges de Paganin
Realdo
Nostra Signora del Sepolcro
Cénova
Múzio
Gorges de Bergue
Cime de Marte 2138
Grotta di Creppo
Lavina
Rezzo
Creppo
San Martino Vescovo
Anc. Couvent des Franciscains
San Dalmazzo
Triora
Corte
San Bernardo di Cónio
Colle San Bartolomeo
Saorge
San Bernardino
Castello di Triora
Lago di Tenarda
Andagna
Caravónica
Chapelle de la Madone de Poggio
Mt. Pietravécchia 2038
Molini di Triora
Rocca di Andagna
Agággio Superiore
Monte Grande 1418
Poggialto
Cónio
Aurigo
San Lázzaro Reale
Mt. Torraggio 1973
Carmo Albarozza
Agággio Inferiore
Borgomaro
Roya Bendole
FRANCE
Búggio
Colla
Glori
Carpásio
Lucinasco

S. 39

S. 102

S. 89

Ceva
San Carlo
Padri Cappuccini
Priero
Montezémolo
Castello di Millesimo
Millésimo
Céngio
Rocchetta di Cairo
Abbazia di Ferrania
San Lorenzo
Palazzo Scarampi
Cáiro Montenotte
Castello di Cosséria
Ca Lidora-Ovest
Cárcare-Est
Cárcare
Altare-Cárcare
Altare
Cadibona
Santuário
Riserva Naturale Sorgenti d. Belbo
Parco Regionale di Bric Tana
Sant. Madonna del Deserto
Nucetto
Bagnasco
Col dei Giovetti 912
Calizzano
Palazzo Franchelli
Santa Maria e San Lorenzo
C. di Melogno
Osíglia
Bórmida
Madonna della Neve
Pállare
Mállare
Torre del Brand
Quiliano
Savona-Vado Ligure
Aurelia-Sud
Vado Ligure
Bergeggi
Spotorno
Garéssio
Madonna delle Grazie
Colle S. Bernardo 957
Giogo di Toirano 807
Grotta della Básura
Grotte di Toirano
Feglino
Borsana
Finale Ligure
Castel San Giovanni
Basil. d. S. Giov. Battista
Calvisio
San Biagio
Finale Lígure
Varigotti
Pietra Ligure
San Nicolò
Pietra Lígure
Bórgio-Verezzi
Loano
San Giovanni Battista
Via Aurelia
Borghetto Santo Spirito
Borghetto Santo Spírito
Toirano
San Matteo
Baciccia
Ceriale
Parco Acquatico le Caravelle
Bella Vista
Castell' Ermo
Ortovero
Villaggio Turistico C'era una Volta
Albenga
Delfino
San Michele Arcangelo
Palazzo Vecchio del Comune
Museo Diocesano
Ísola Gallinara
Riserva Naturale Regionale dell'Isola Gallinara
Garlenda
Alássio
Torrione Saraceno
Chiesa di Sant'Ambrogio
La Madonna della Guardia
San Matteo
Laiguéglia
Andora
Rinovo
Téstico
Capo S. Croce

S. 98

S. 103

S. 90
S. 97
Mad. d. Cármine
il Giovo
515
T. Sansóbbia
Santa Giustina
del Béigua
M. Rama
1148
Crévari
Terrarossa
10
Bambino Gesù di Praga
GE-Voltri
GE-Pegli
PRÁ
PEGLI
VOLTRI
Villa Doria
Aeroporto
C. Colombo
Alpicella
Arma
Gazo
Sciarborasca
Arenzano
ARENZANO
Rovieto
le Faie
Lerca
Santi Nazario e Celso
Villa Negrotto Cambiaso
Capo San Martino
Corona
San Giovanni
San Martino
Pero
Conv. il Deserto
T. Arrestra
16
Arenzano Pineta
Cogoleto
Casanova
Varazze
12
T. Téiro
334
Éllera
8
Sanda
Sant'Ambrogio
Cantalupo
Invrea
Piani d'Invrea
1
Santa Caterina da Siena
Santuario d. Pace
San Michele Arcangelo
Celle Lígure
Varazze
San Bernardo
Albisola
La spiaggia
Carpineto
Cimavalle
9
Celle Lígure
Nostra Signora della Concordia
Museo di Villa Faraggiana
29
T. Lavanestro
Lavagnola
Albisola
Maria Assunta
San Cristoforo
Torretta
Cappella Sistina
ES IC/EC
SAVONA
4
Palazzo dei Pavoni
Zinola
Zinola
Vado Ligure
Capo di Vado
9
Ísola di Bergeggi
Rustia
Spotorno
Capo di Noli
Riviera di Ponente
Golfo di G

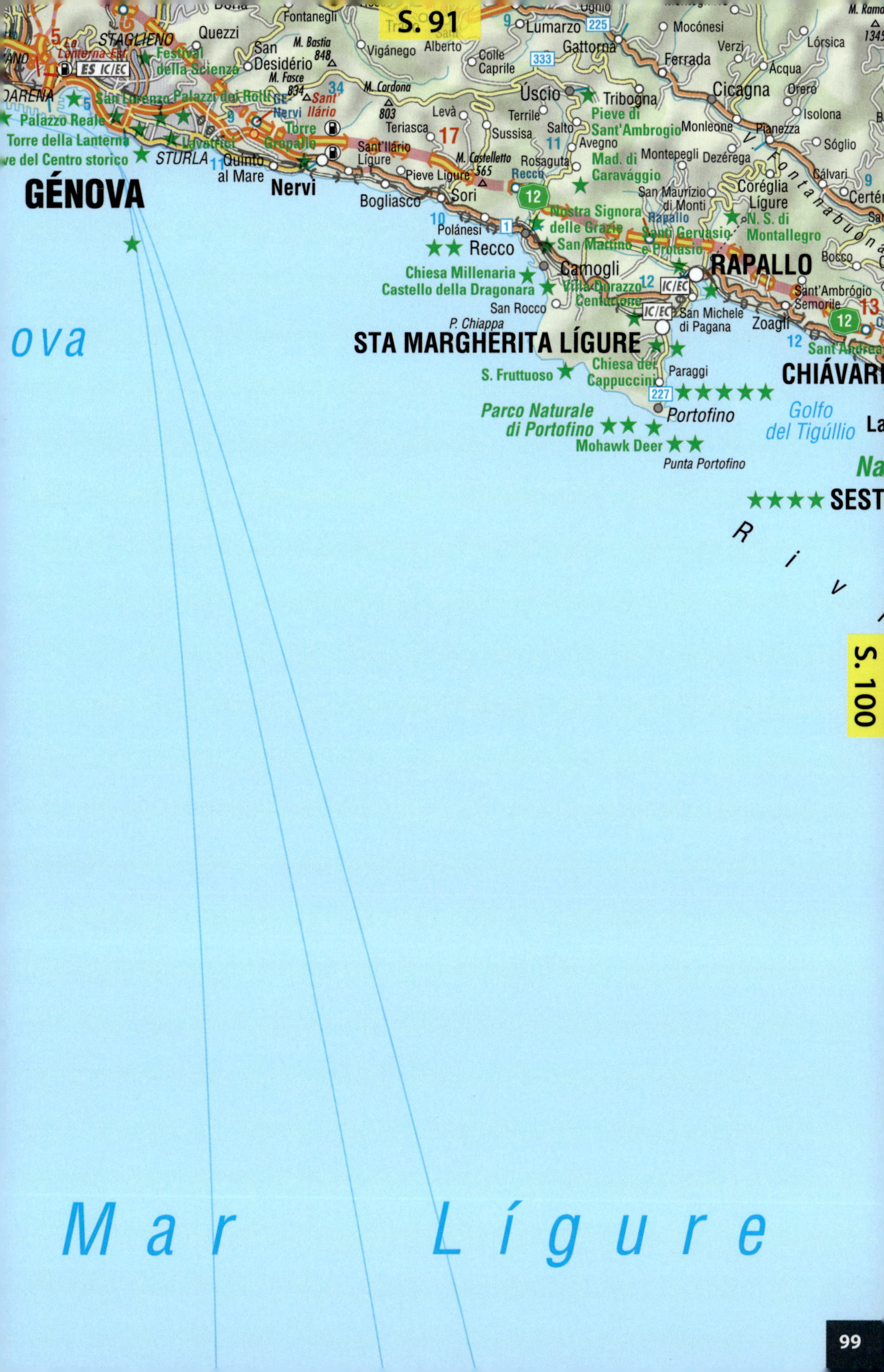
S. 91
GÉNOVA
STAGLIENO
Quezzi
San Desidério
M. Bastia 848
Fontanegli
Viganego
Alberto
Colle Caprile
Lumarzo
Gattorna
Mocónesi
Verzi
Lórsica
M. Ramaceto 1345
Ferrada
Ácqua
Cicagna
Orero
Isolona
Úscio
Tribogna
La Lanterna-Est
Festival della Scienza
M. Fasce 834
M. Cordona 803
Sant' Ilário
Levà
Terrile
Sussisa
Salto
Pieve di Sant'Ambrogio
Monleone
Pianezza
Sóglio
San Lorenzo
Palazzi dei Rolli
Palazzo Reale
Torre della Lanterna
Lavatrici
Nervi
Torre Gropallo
Teriasca
Sant'Ilário Lígure
Avegno
Mad. di Caravággio
Montepegli
Dezérega
Cálvari
Cerière
Torre Gropallo
STURLA
Quinto al Mare
Nervi
Pieve Lígure
M. Castelletto 565
Rosaguta
Recco
Sori
Bogliasco
San Maurizio di Monti
Corèglia Lígure
Nostra Signora delle Grazie
Rapallo
N. S. di Montallegro
Polánesi
Recco
San Martino
Santi Gervasio e Protasio
Camogli
RAPALLO
Bocco
Chiesa Millenaria
Castello della Dragonara
Villa Durazzo Centurione
Sant'Ambrógio
Semorile
San Rocco
P. Chiappa
San Michele di Pagana
Zoagli
STA MARGHERITA LÍGURE
Sant'Andrea
S. Fruttuoso
Chiesa dei Cappuccini
Paraggi
CHIÁVARI
Parco Naturale di Portofino
Portofino
Golfo del Tigúllio
Mohawk Deer
Punta Portofino
SEST
S. 100
Mar Lígure

S. 92

S. 99

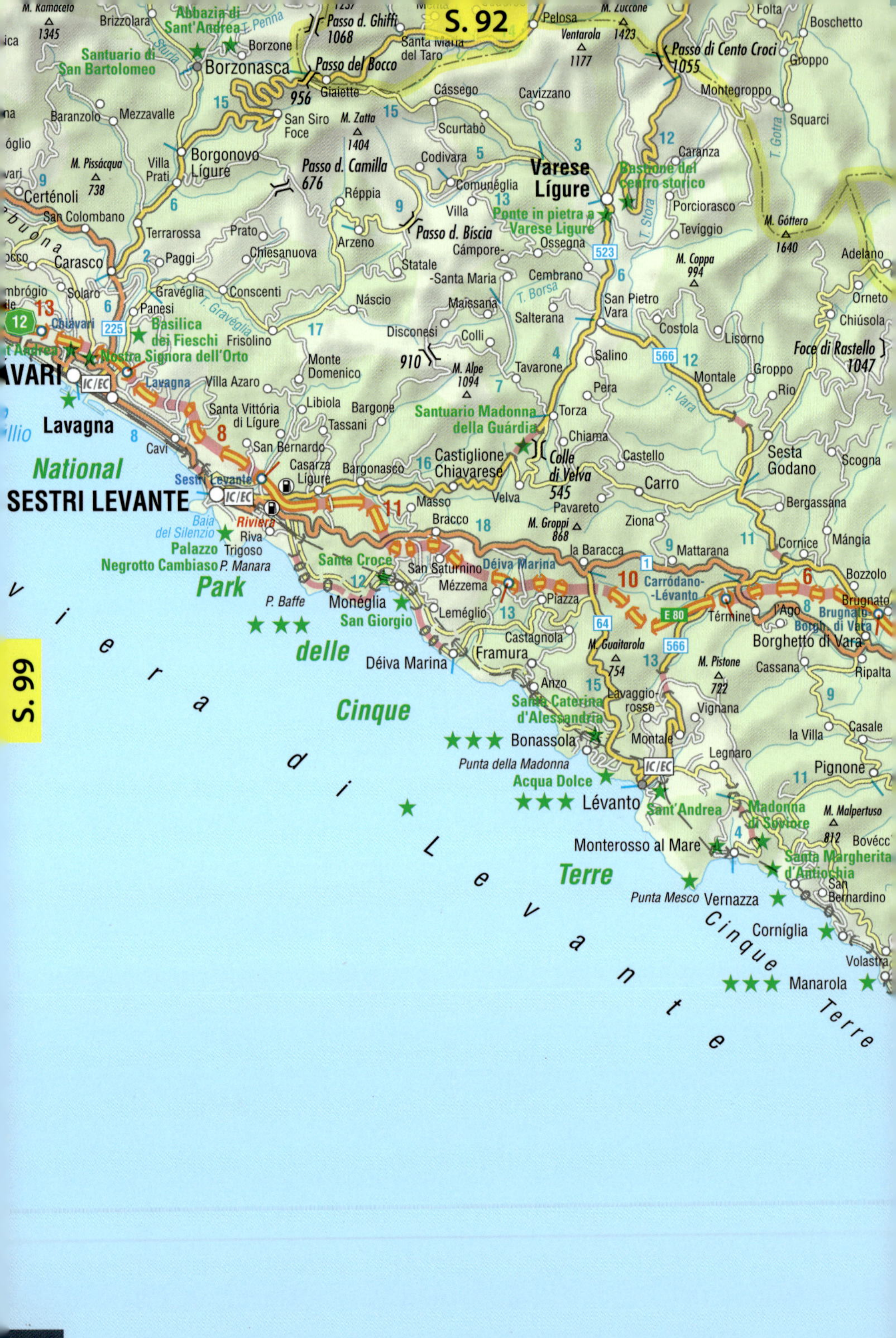
Abbazia di Sant'Andrea
Santuario di San Bartolomeo
Borzonasca
Borzone
Brizzolara
M. Ramaceto 1345
Passo d. Ghiffi 1068
Passo del Bocco 956
Santa Maria del Taro
Pelosa
Ventarola 1177
M. Zuccone 1423
Folta
Boschetto
Passo di Cento Croci 1055
Groppo
Montegroppo
Squarci
T. Gotra
Giaiette
Cássego
Cavizzano
Baranzolo
Mezzavalle
San Siro Foce
M. Zatta 1404
Scurtabò
Codivara
Varese Lígure
Bastione del centro storico
Caranza
Porciorasco
Teviggio
M. Góttero 1640
Adelano
M. Pissácqua 738
Villa Prati
Borgonovo Lígure
Passo d. Camilla 676
Réppia
Comunéglia
Villa
Ponte in pietra a Varese Ligure
Passo d. Bíscia
Cértenoli
San Colombano
Terrarossa
Prato
Chiesanuova
Arzeno
Statale
Cámpore-Santa Maria
Ossegna
Cembrano
T. Borsa
T. Stora
M. Coppa 994
Carasco
Paggi
Solaro
Gravéglia
Conscenti
Panesi
T. Gravéglia
Náscio
Maissana
Salterana
San Pietro Vara
Costola
Lisorno
Orneto
Chiúsola
Chiavari
Basilica dei Fieschi
Frisolino
Disconesi
Colli
Foce di Rastello 1047
Nostra Signora dell'Orto
Monte Domenico
M. Alpe 1094
Tavarone
Salino
Montale
Groppo
Rio
F. Vara
Lavagna
Villa Azaro
Libiola
Bargone
Tassani
Pera
Santuario Madonna della Guárdia
Torza
Chiama
Santa Vittória di Lígure
San Bernardo
Cavi
Casarza Lígure
Bargonasco
Castiglione Chiavarese
Colle di Velva 545
Castello
Sesta Godano
Scogna
National
SESTRI LEVANTE
Sestri Levante
Velva
Carro
Bergassana
Masso
Pavareto
Baia del Silenzio
Riviera
Riva
Trigoso
Bracco
M. Groppi 868
Zíona
Mángia
Palazzo Negrotto Cambiaso
P. Manara
Santa Croce
San Saturnino
Déiva Marina
la Baracca
Mattarana
Cornice
Bozzolo
Park
Mézzema
Carródano-Lévanto
Brugnato
P. Baffe
Monéglia
San Giorgio
Leméglio
Piazza
Términe
l'Ago
Brugnato
Borgh. di Vara
Borghetto di Vara
Castagnola
delle
Déiva Marina
Framura
M. Guaitarola 754
M. Pistone 722
Cassana
Ripalta
Anzo
Santa Caterina d'Alessandria
Lavaggio-rosso
Vignana
Cinque
Bonassola
Montale
la Villa
Casale
Punta della Madonna
Legnaro
Pignone
Acqua Dolce
Lévanto
Sant'Andrea
Madonna di Soviore
M. Malpertuso 812
Bovécc
Monterosso al Mare
Santa Margherita d'Antiochia
Terre
San Bernardino
Punta Mesco
Vernazza
Corníglia
Volastra
Manarola
Riviera di Levante
Cinque Terre
E 80
IC/EC

S. 93

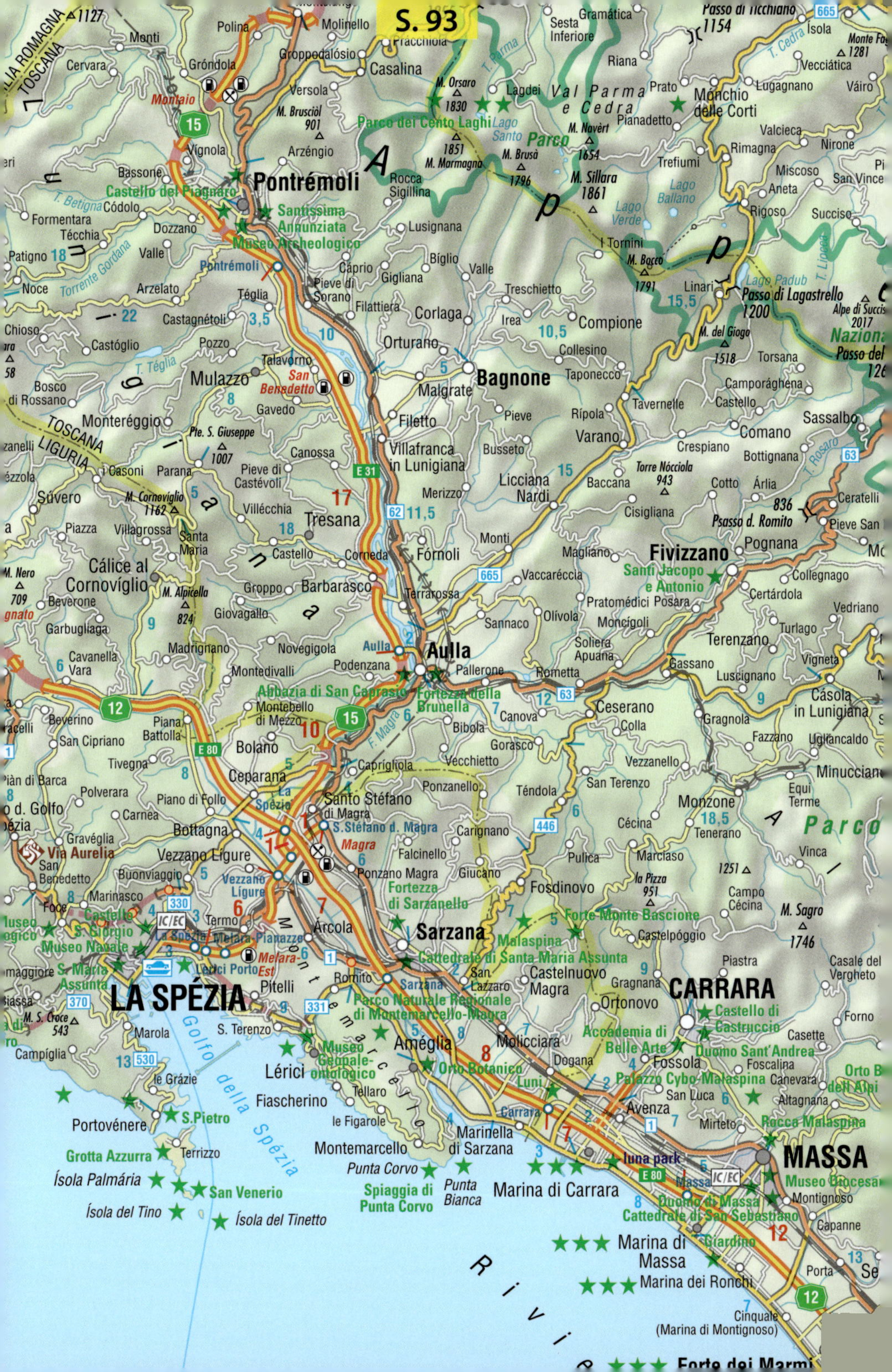
EMILIA ROMAGNA
TOSCANA
1127
Monti
Polina
Molinello
Pracchiola
Sesta Inferiore
Gramática
Passo di Ticchiano 1154
665
Isola
Monte Fa 1281
Cervara
Gróndola
Groppodalósio
Casalina
Riana
Vecchiática
Váiro
Montaio
Versola
M. Orsaro 1830
Lagdei
Val Parma e Cedra
Prato
Mónchio delle Corti
Lugagnano
15
M. Brusciòl 901
Parco dei Cento Laghi
Lago Santo
M. Navèrt 1654
Pianadetto
Valcieca
Vignola
Arzéngio
1851
M. Brusà 1796
Parco
Rimagna
Nirone
Bassone
M. Mormagna
M. Sillara 1861
Trefiumi
Miscoso
Pontrémoli
Rocca Sigillina
Lago Ballano
Aneta
San Vince
Castello del Piagnaro
T. Betigna
Códolo
Santissima Annunziata
Lago Verde
Rigoso
Succiso
Formentara
Técchia
Dozzano
Lusignana
Museo Archeologico
I Tornini
Patigno
18
Valle
Biglio
M. Bocco 1791
Torrente Gordana
Pontrémoli
Cáprio
Valle
Lago Padub
Linari
Passo di Lagastrello 1200
Noce
Arzelato
Téglia
Pieve di Sorano
Gigliana
Treschietto
Alpe di Succis 2017
22
Castagnétoli
3,5
Filattiera
Corlaga
Irea
15,5
Chioso
10
10,5
Compione
Nazional
Castóglio
Pozzo
Orturano
M. del Giogo 1518
Collesino
Passo del 126
T. Téglia
Talavorno
5
Bagnone
Taponecco
Torsana
Mulazzo
San Benedetto
Malgrate
Camporághena
Bosco di Rossano
8
Gavedo
Pieve
Tavernelle
Castello
Monteréggio
Filetto
Rípola
Sassalbo
TOSCANA
LIGURIA
Pte. S. Giuseppe 1007
Varano
Comano
Canossa
Villafranca in Lunigiana
Busseto
Crespiano
Bottignana
I Casoni
Parana
Pieve di Castévoli
E 31
Licciana Nardi
15
Torre Nócciola 943
63
Cotto
Árlia
M. Cornoviglio 1162
17
Merizzo
Baccana
Súvero
Villécchia
Tresana
62
11,5
Cisigliana
836
Psasso d. Romito
Ceratelli
Piazza
Villagrossa
Santa Maria
18
Monti
Pieve San
Fivizzano
Pognana
Castello
Corneda
Fórnoli
Magliano
M. Nero 709
Cálice al Cornovíglio
M. Alpicella 824
Groppo
Barbarasco
665
Vaccaréccia
Santi Jacopo e Antonio
Collegnago
Beverone
Terrarossa
Pratomédici
Posara
Certárdola
Garbugliaga
9
Giovagallo
Sannaco
Olívola
Moncígoli
Vedriano
Turlago
Terenzano
Cavanella Vara
Madrignano
Novegigola
Aulla
Aulla
Soliera Apuana
Montedivalli
Podenzana
Pallerone
Rometta
Gassano
Luscignano
Vigneta
Abbazia di San Caprasio
Fortezza della Brunella
12
63
12
Montebello di Mezzo
Ceserano
Cásola in Lunigiana
Beverino
10
15
Canova
Colla
Gragnola
Piana Battolla
F. Magra
Bibola
Fazzano
Ugliancaldo
San Cipriano
E 80
Bolano
Gorasco
Vezzanello
Tivegna
Vecchietto
Minuccian
Ceparana
Caprígliola
San Terenzo
Equi Terme
Piàn di Barca
Polverara
Piano di Follo
La Spézia
Santo Stéfano di Magra
Ponzanello
Téndola
Monzone
d. Golfo
Carnea
Cécina
18,5
Tenerano
Parco
S. Stéfano d. Magra
Carignano
446
Gravéglia
Bottagna
Magra
Pulica
Marciaso
Vinca
Via Aurelia
Vezzano Ligure
Falcinello
San Benedetto
Buonviaggio
Vezzano Ligure
Ponzano Magra
Giucano
la Pizza 951
1251
Fortezza di Sarzanello
Fosdinovo
Campo Cécina
Marinasco
330
M. Sagro 1746
Foce
Castello S. Giorgio
IC/EC
Termo
Forte Monte Bascione
Museo Navale
La Spezia
Melara
Pianazze
Árcola
Sarzana
Malaspina
Castelpóggio
Montemarcello
Melara-Est
Lérici Porto
Cattedrale di Santa Maria Assunta
Piastra
Casale del Vergheto
S. Maria Assunta
San Lazzaro
Castelnuovo Magra
Gragnana
Carrara
Romito
Sarzana
LA SPÉZIA
Pitelli
Parco Naturale Regionale di Montemarcello-Magra
Castello di Castruccio
Forno
370
331
Ortonovo
M. S. Croce 543
Accademia di Belle Arte
Casette
Marola
S. Terenzo
Moliccia
Duomo Sant'Andrea
Golfo della Spézia
Museo Geopaleontologico
Améglia
8
Dogana
Fossola
Foscalina
Campíglia
13
530
Lérici
Orto Botanico
Luni
Palazzo Cybo-Malaspina
Canevara
Orto B dell'Alpi
le Grázie
Fiascherino
San Luca
Altagnana
Tellaro
Carrara
Avenza
Mirteto
Rocca Malaspina
Portovénere
S. Pietro
le Figarole
Marinella di Sarzana
MASSA
Grotta Azzurra
Terrizzo
Montemarcello
Luna park
Ísola Palmária
Punta Corvo
E 80
IC/EC
Museo Diocesa
San Venerio
Spiaggia di Punta Corvo
Punta Bianca
Marina di Carrara
Montignoso
Ísola del Tino
Ísola del Tinetto
Duomo di Massa
Cattedrale di San Sebastiano
Capanne
12
Giardino
Marina di Massa
Riviera
13
Porta
Marina dei Ronchi
12
Cinquale (Marina di Montignoso)
Forte dei Marmi

S. 96

Cime de la Nauque
2208
2414
la Brigue
Notre-Dame-des-Fontaines
Montegrosso Piàn Latte
Ponti
Pieve
Granile
Cime de Durasque 1480
Verdéggia
M. Mónega 1882
Madonna della
Nostra Signora del Sepolcro
Bergue Sup.
Bergue Inf.
Gorges de Paganin
Gorges de Bergue
Cime de Marte 2136
Realdo
Grotta di Creppo
Cime de Coss 1677
Fontan
Creppo
Mauríoun
Anc. Couvent des Franciscains
San Dalmazzo
Forêt de Caïros
Saorge
Triora
Corte
San Bernardo di Cónio
Mt. Pietravécchia 2038
San Bernardino
Castello di Triora
Lago di Tenarda
Molini di Triora
Andagna
Monte Grande 1418
Gorges de Saorge
Chapelle de la Madone de Poggio
Roya Bendola
Rocca di Andagna
Agággio Superiore
Agággio Inferiore
Ste-Anne
Mt. Agu 1283
Mt. Torraggio 1973
1127
S. Giovanni dei Prati
Carmo Albarozza 979
T. Argentina
Glori
Carpásio
Búggio
Colla di Langan
Piàn del Moro
N.-D. du Mont
la Giandola
FRANCE
ITALIA
l'Arpette 1610
Chiesa Madonna di Passoscio
Madonna d. Carmine
M. Ceppo 1627
Croce di Praesto
Breil-sur-Roya
Pigna
12 %
13 %
Cime du Bosc 1026
D 6204
Mt. Forquin 1335
M. Alto 1269
M. Mera 1063
Vignai
Ciabáudo
Badalucco
Montalto Lígure
M. Fauda 1149
M. Moro 1184
Passo
E 74
Castèl Vittório
Basse
Libre
M. Morgi 819
Baiardo
T. Oxentina
Mt. Grazian 862
Piene Haute
Rocchetta Nervina
898
Passo Ghimbegna
Santi Pietro e Paolo
M. Nevéia 835
Santuario di Lampedusa
Fanghetto
M. Abéllio 1016
Isolabona
Apricale
San Nicolò
Ceriana
Bosco
Airole
T. Barbáira
Maria Vergine
San Giacomo e San Filippo
Olivetta-San Michele
Castello d. Lucertola
M. Bignone 1299
Santo Spirito
T. Armea
Tággia
Castellaro
Collabassa
Castello di Dolceacqua
Perinaldo
M. Colma 649
Palazzo Anfossi
M. Grammondo 1378
M. Pozzo 569
Trucco
Santuario dell'Addolorata
M. Caggio 1090
San Romolo
Verezzo
Arma di Tággia-Sanremo Est
Pompeiana
Torri
Dolceácqua
Borello
Castillon
San Giorgio
Villatella
Bévera
E 74
Soldano
San Basilio
Bussana Vecchia
Aurelia
Riva Lígure
10 %
D 2566
Sant'António
Carletti
Camporosso
San Biágio della Cima
Póggio
Arma di Tággia
Castellar
Sealza
Roverino
Vallecrósia Al.
Vallebona
Sanremo Ovest
Villa Nobel
San Siro
Bussana
Ventimiglia
Chiesa di San Michele Arc.
Bordighera
Coldirodi
SANREMO
Capo Verde o P. d'Arma
Jardin des Colombières
Mórtola
TGV
IC/EC
Campor. Mare
Bordigh.
Museo Bibliot.
Villaggio dei Fiori
Ospedaletti
Giardini Hanbury
Vallecrósia
Pta. di Migliarese
Balzi Rossi
Ventimíglia
S. Maria Maddal.
MENTON
Bordighera
Vieux Port de Menton
Cap-Martin
Monaco
CARLO
Port de Monte Carlo
MONACO
R i v i e

S. 97
Albenga
San Michele Arcangelo
Palazzo Vecchio del Comune
Museo Diocesano
Villaggio Turistico C'era una Volta
Ortovero
Leca
Bastia
Lusignano
Garlenda
Caso
San Fedele
F. Centa
Ísola Gallinara
Riserva Naturale Regionale dell'Isola Gallinara
Solva
Vegliasco
Móglio
Via Aurélia
Capo S. Croce
Alássio
Torrione Saraceno
Chiesa di Sant'Ambrogio
La Madonna della Guardia
Laiguéglia
Nostra Signora delle Penne
Castello di Andora
Capo Mele
Lanfredi
San Matteo
Conna
San Pietro
Tovo
Andora
San Giovanni
Rinovo
Rocca
Pigna
Marina di Andora
Valle Chiappa
Lino
Cervo
Capo Cervo
San Bartolomeo al Mare
S. Bartolomeo al Mare
San Bartolomeo
Diano Marina
Capo Berta
S. Giovanni Battista
Museo dell'Olivo
IMPÉRIA
Onéglia
Impéria Est
Impéria Ovest
Sant'Antonio
Duomo
Santa Chiara
De Wijnstok
Porto Maurízio
Basilica di San Maurizio
Santa Maria Maddalena
San Lorenzo al Mare
Piani
Stéfano al Mare
Civezza
Dolcedo
Vásia
Pontedássio
Chiusánico
Chiussavécchia
Téstico
Césio
Borghetto
Degolla
Vessálico
Múzio
Degna
Vallego
Ginestro
Casanova Lerrone
T. Lerrone
Marmóreo
Ligo
Pogli
Marta
Paravenna
Villalunga
Rossi
T. Mérula
Pizzo d'Evigno 989
Pzo. Aguzzo 757
Villa Faraldi
Déglio
Riva
Roncagli
Diano Arentino
Camporondo
T. Cervo
Borganzo
Moltedo
Diano Castello
Costa d'Onéglia
Borgo d'Onéglia
Borgo Sant'Ágata
Artallo
Caramagna Ligure
Torrazza
Montegrázie
Molini
Bestagno
T. Impero
Villa Viani
Pianavia
Sarola
Lucinasco
Caravónica
San Lázzaro Reale
Tórria
Mare di Ponente

Blattschnitt

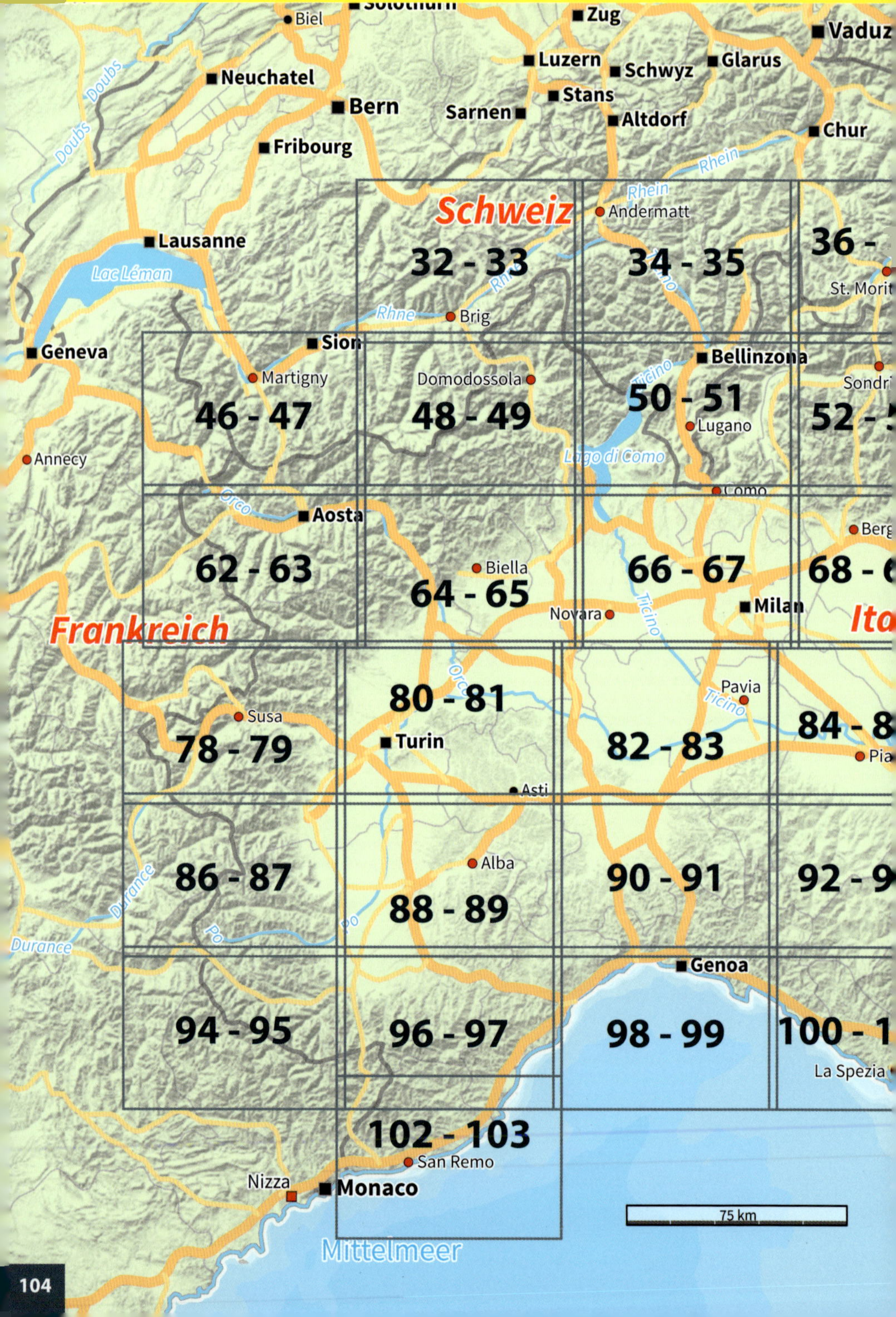